KB175642

오늘부터
퍼실리테이터

퍼실리테이션을 시작하는
당신을 응원합니다!

오늘부터
퍼실리테이터

김재인 · 박상신 · 박주연 · 우성희 · 전현정 · 한영숙 · 허지은 지음

plan b
DESIGN

일러두기

· 통상적으로 자리에 앉아 머릿수를 채운다는 의미로 '참석자'를 사용하고, 진행과정에 개입
  이 있는 경우에는 '참여자'를 사용하지만, 이 책에서는 내용 흐름상 독자의 혼동을 피하기
  위해 '참여자'로 통일하여 사용하였습니다.
· 본문에서 자주 언급되는 '자토모'는, 자유토론모임의 줄임말로 현장에서 활동 중인 퍼실리테
  이터들의 학습 조직을 지칭하며 올해로 4년차가 된 모임입니다.

우리가 책을 쓰는 이유

2020. 09.20. 06:00

지금 와서 다시 보니 모여있는 숫자도 상서롭다.

우리의 첫 새벽 모임이 시작되었다.

"서로의 경험이 학습으로 이어지면 좋겠다."

"각자 활동하는 전문적 영역에서의 사례도 듣고, 현장에서 부딪히며 느껴지는 고민 그리고 한계점 등에 대해 교류하고 방향을 찾고 싶다."

"온라인 전환에 맞춰 조금은 더 안전한 공간에서 다양한 회의 도구들을 실습해 보고 싶다."

이러한 욕구의 기반에는 같은 일을 하는 사람들끼리 그저 함께 이야기하고 싶은 마음도 컸다. 그렇게 갖가지 니즈들이 모여 '따로 또 같이'의 가치를 지닌 학습조직이 탄생했다. 모임 초기에는 운영을 위한 다양한 규칙들도 있었지만 지금은 서로를 인정하며 자연스럽게 이어오고 있다. 보통 조직에서 믿음이 약할수록 여러 측면에서 장치를 갖게 되지만, 이후 같은 방향으로 가고 있음이 느껴질 때는 부수적인 규칙들이 점차 줄어들게 된다. 우리는 지금 그 현상을 체험 중이다.

다양한 규모의 퍼실리테이션 워크숍을 진행하는 퍼실리테이터는 과연 준비 과정에서부터 진행을 마친 후 성찰까지도 퍼실리테이션 철학을 지킬 수 있을까? 최근 자신의 경험이나 사례 등을 담은 퍼실리테이션 관련 책들을 종종 찾아볼 수 있다. 하지만, 개인적 측면에서의 기록이다 보니 함께 하는 퍼실리테이터들과의 역동, 그 안에서의 성찰 등은 쉽게 접할 수 없었다. 국내에서 이루어지는 퍼실리테이션 워크숍은 수십 명에서, 많게는 수백 명까지의 참여자들이 한자리에 모인다. 대규모 활동을 진행하기 위해 수십 명의 퍼실리테이터들이 함께 하는 현장이다. 그 협업 과정에서 우리는 처음부터 끝까지 얼마나 퍼실리테이터스러울 수 있을까? 물론 수시로 의식하며 노력할 뿐 완전하지 않음도 안다.

이 책은 퍼실리테이션을 처음 접하는 사람들을 위한 현장에서의 지침부터 퍼실리테이션의 본질을 찾기 위한 주변 학문의 학습, 더 나아가서 다양한 배경의 구성원들로 이루어진 학습조직 이야기까지 두루 포함하고 있다. 그렇기에 현재 자신이 어느 시점에 있든지 이 책에서 함께 할 수 있는 부분은 충분하리라 생각한다.

이 책을 처음 접할 독자들을 위해 책의 구성에 대해 간략히 안내하고자 한다. 목차를 순서대로 읽지 않더라도 현재 자신의 궁금점이 맞닿는 부분이 있다면 거기서부터 펼쳐보시길 바란다.

1장 시작하는 퍼실리테이터에서는 자토모 멤버들의 인터뷰를 기반으로 퍼실리테이터로서의 시작과 성장 속에서 느낄 수 있는 진정한 퍼실리테이터들의 이야기를 접할 수 있다. 여러 질문을 통해 퍼실리테이터가 된 계기를 기억하고 활동 속에서 명심해야 할 퍼실리테이터의 중요한 철학과 역량에 대한 고민들을 살펴볼 수 있다. 퍼실리테이터다움을 마련해가고자 하는 퍼실리테이터들은 함께 질문에 답해보자.

2장 현장 속의 퍼실리테이터는 현장에서 마주하게 되는 다양한 상황들에 대해 저자들의 경험을 바탕으로 유용한 대응 방안을 담고 있다. 온·오프라인에서 접할 수 있는 여러 환경 속에서 퍼실리테이터는 고객은 물론 참여자들과 어떻게 함께 호흡해야 하는지, 수시로 일어나는 역동은 어떻게 관리해야 하는지를 저자들의 인사이트를 통해 그 방법들을 나눈다. 그 밖에 퍼실리테이터들에게 필요한 역량을 한국퍼실리테이터협회KFA의 역량과도 연결하며 생각해볼 수 있다. 현재 예측할 수 없는 고객과 참여자들 가운데에서 현명한 의사결정을 고민 중인 독자라면 이 장이 큰 도움이 되리라 생각한다.

3장 협업하는 퍼실리테이터에서는 크고 작은 협업 프로젝트에서부터 대규모 워크숍 현장에 이르기까지 퍼실리테이션 '찐' 팀의 형태는 어떻게 운영되는지 잘 보여주고 있다. 성공적인 마무리를 위한 메인 퍼실리테이터와 협력 퍼실리테이터의 유기적 협업의 비결은 무엇인지, 실전을 바탕으로 한 생생한 현장 노하우뿐만 아니라 나선형 성장으로 이어질 수 있는 조직학습에 대해서도 엿볼 수 있는 장이다.

4장 성장하는 퍼실리테이터는 지속적인 성장을 꿈꾸는 퍼실리테이터라면 자기 인식을 바탕으로 현장에서 어떻게 퍼실리테이션의 본질을 찾아가는지, 전체적 맥락을 고려한 입체적 접근을 위해 시스템 사고는 어떻게 작동하는지에 대해 나름의 이론들을 접목해 제안하고 있다. 조지프 캠벨Joseph John Campbell의 『영웅의 여정』이 떠올랐다면 이 부분을 펼쳐보시길 바란다.

5장 자토모 이야기는 학습과 현장의 연결고리를 위해 같은 뜻을 가진 사람들과 조직을 구성하고 싶다면 유용한 부분이 될 것이다.

이 장에서는 자토모가 어떤 니즈로 시작되었는지 수많은 온·오프라인 워크숍을 의미 있게 마무리할 수 있었던 학습조직의 탄탄함의 비결은 무엇인지 등을 함께 할 수 있다.

6장 자토모에 함께 하는 사람들에서는 자토모의 각 멤버가 개인적으로 조금 더 집중하고 있는 퍼실리테이션 활동 분야를 담았다. 자토모는 '따로 또 같이'가 잘 작동하는 조직이다. 프로젝트를 진행할 때에는 함께 '연결'되어 한 팀으로서 같은 방향으로 나아가고, 평소에는 각자 전문분야에서 활동하며 개개인의 '독특함'을 만들어 나가고 있다. 다양한 퍼실리테이션 분야가 언급되고 있는 부분이기에 자신의 활동이나 관심 분야를 퍼실리테이션 또는 퍼실리테이터라는 직업으로 연결 지어볼 수 있는 통찰의 장이 될 것이라 기대해 본다.

7명의 저자가 오랜 기간 몰입하여 퍼실리테이션의 시작부터 현장 이야기까지, 더 나아가 본질을 찾기 위한 주변 학문의 학습까지 연구하면서 이 책의 탄탄함을 더했다. 또한, 어떤 형태로 조직학습이 이루어졌을 때 현장에서 빛날 수 있는 순간으로 연결되는지를 자토모의 학습조직을 통해 담아내고자 했다. 마지막으로, 자격인증을 위한 절차와 생생한 노하우를 부록에 실었기에 국내외 퍼실리테이터 자격 취득을 앞둔 독자들에게 큰 도움이 되리라 생각한다.

사례와 경험을 비교해 보면서 워크숍 현장에서의 다양한 고민이 해소가 되어도 좋고, 함께 학습하고자 하는 장을 만들고 싶은 분들께는 실질적인 가이드라인이 되어도 좋다. 더불어 '조직 안에서 어떻게 씨앗 모임을 만들어 갈 것인가?' 라는 질문이 있는 분들께도 희소식이길 희망한다.

'커뮤니티의 실력이 자신의 실력이다.'

이 문장이 주는 힘을 믿고 우리는 이 안전한 공간에서 맘껏 실험하고 시도하면서 성장해 나가는 중이다.

저자 일동 드림

추천사

불과 몇 년 전만 해도 낯선 단어였던 퍼실리테이션이 이제는 사회 곳곳의 여러 장면에서 다양한 방법론과 결합하여 활용되고 있다. 한 사람의 전문 퍼실리테이터로서 뿌듯한 일이 아닐 수 없다. 다양한 분야에서 활용되는 만큼 배우려는 분들도 늘어나고 관련된 도서도 많이 출간되고 있다. 그중에도 가장 활발하게 활동하는 퍼실리테이터 7명이 의기투합하여 만들어낸 이 책의 출간이 매우 반갑고 감사하다. 저자들이 현장에서 경험한 성공과 아픔, 성찰을 담백하게 담아낸 글을 보면서 세션을 준비할 때의 고민, 여러 퍼실리테이터와 협업하여 만들어가는 현장의 생생함이 그대로 전해지는 듯하다. 또한 저자들의 성장의 여정을 따뜻하게 풀어낸 글들을 보며 저자들이 글을 통해 던지는 질문을 발견하는 재미를 느꼈다.

이 책은 초보 퍼실리테이터에게는 현장 중심의 가이드가 되어 주고, 전문 퍼실리테이터에게는 힐링과 성찰의 시간을 함께하는 친구가 되어 주리라 생각된다. 특히 부록에서 소개하는 한국퍼실리테이터협회(KFA)의 인증 자격 준비 안내는 가장 현실적인 안내와 최신의 정보로 이루어져 있으니 인증을 준비하시는 분이라면 꼭 읽어 보시기를 추천드린다.

— 한국퍼실리테이터협회(KFA) 협회장, ORP연구소 유희재 부대표

함께 배워가는 도반이 있다는 것은 커다란 행복이다. 이 책은 그 행복한 여정을 담고 있다. 퍼실리테이션을 현장에 녹여낸 진솔한 실천의 스토리로 가득하다. 배운 것이 사라져 버리도록 그냥두지 않았다. 여럿이 모여 연구하고, 격려하고, 협업한 성장의 숨김없는 기록이다. 강의장(강의실)과 머리 속에만 머무르게 하지 않고 실제 현장에 어떻게 적용하며 함께 성공을 이뤄냈는지에 대하여 아낌없이 독자에게 선물하고 있다. 퍼실리테이터로 성장하고 싶은 모든 분들이 항상 곁에 두면 좋을 주방의 레서피 같은 안내서이다.

— 조직개발컨설팅전문기업 (주)쿠퍼실리테이션그룹 구기욱 대표

모 기업의 리더들을 대상으로 코칭리더십 그룹코칭을 진행하게 되었다. 이때 가장 큰 도움을 받았던 부분이 퍼실리테이션 기

법이었다. 전문 퍼실리테이터와 함께 준비하는 코칭리더십 그룹 코칭은 나에게 굉장한 임팩트를 주었다. 사실 코칭과 가장 근접한 영역에 퍼실리테이션이라는 분야가 있다. 전문코치들이 전문성 개발을 위해 지속적인 학습을 해야 하는 것처럼 여기 7명의 퍼실리테이션 전문가가 모여 어떻게 학습모임을 구성하여 진행하고 어떻게 서로의 전문성을 모아서 시너지 넘치는 작품을 만들어냈는지 생생한 이야기를 들어보고 싶다면, 이 책을 읽어보자. 전문 코치들이 반드시 읽으면 좋을 책으로 기꺼이 추천하는 바이다.

— ICF(국제코칭연맹) 코리아챕터 황현호 회장

낯선 곳으로 여행을 떠날 때 가장 필요한 것은 여행지도이다. 이때 지도는 내가 어떻게 움직일지를 예측할 수 있게 만들어주는 변수이기도 하지만 기준점이기도 하다. 이 책은 퍼실리테이터로서 여행을 떠나는 스타터들에게 여행의 지도 같은 역할을 해주면서도 때로는 잘 가고 있는지를 알 수 있도록 기준점을 제시해주는 것 같다. 특히 7명의 저자 각자가 겪은 실천적 경험들을 기초로 '따로 또 같이' 유연하게 융합할 수 있고 각 챕터가 다른 내용이지만 유기적으로 연결되어 있고 인터뷰들로 그 사이 사이 책의 양념을 더한 느낌이다. 여행을 다니면 그 때 그 때 만나는 맛있는 음식들이 여행의 기억을 더 풍요롭게 하는 것처럼 말이다. 귀한 책을 통해 퍼실리테이션이라는 과정을 함께 배우고 성장하는 길에 귀한 나침반처럼 이 책이 사용되길 바라는 마음으로 이 책을 여러분들께 권하고 싶다.

— 세종특별자치시교육청 김은미 장학사

국제개발에는 '참여개발'이라는 방식이 있다. '참여개발'이란 지역개발사업의 기획부터 지역주민들의 의견을 수렴하고, 실행과 사후관리까지 주민들의 참여를 이끌어내는 개발방식이다. 이 방식의 장점은 주민들에게 주인의식이 생기고, 사업성과가 장기간 지속될 수 있다는 것이다. 이런 과정에 퍼실리테이터의 역할이 매우 중요하다.

이 책에는 퍼실리테이터의 역할에 대한 소개부터 퍼실러테이터로 성장하고 협업하는 노하우, 사회를 변화시키는 힘까지 실전 경험에 토대한 내용이 소상히 담겨있다. 이 책을 통해 국제개발분야에서도 퍼실리테이션에 더 많은 관심을 기울이고 전문성을 높일 수 있기를 기대한다.

— 이화여대 국제대학원 김혜경 초빙교수

2018년 전북학부모퍼실리테이션 기초교육으로 처음 접한 퍼실리테이터는 새로운 세계였다. '모두', '경청', '존중'과 같은 단어를 다른 시점에서 접할 수 있었다. 참여하면서 끊임없이 질문을 던져야 했고 쉼없이 들어야 하고 모두가 함께 동등하게 동의를 하는 과정은 매력적이었다.

퍼실리테이션을 접하고 학부모 리더로서, 공동체를 만들어 가는 일을 하면서 퍼실리테이터로 성장하는 것의 중요성을 실감한다. 이 책은 나와 같이 주변의 변화를 시도하고 모든 사람의 참여를 돕는 일을 하고자 하는 분들에게 꼭 필요한 친절한 안내서이다. 퍼실리테이션을 만나고 인생이 전환되는 기쁨을 맛보게 해준 퍼실리테이터분들이 현장에서 진짜 어떻게 퍼실리테이터가 되는지 이야기를 써 주셔서 반갑고 감사한 마음이다.

— 다울공동체 대표 신현이 학부모

누구나 처음이 있다. 모든 처음은 처음임으로 그 자체가 아름답다. 처음은 셀렘과 긴장이 함께 한다. 특히 퍼실리테이션은 더욱 그렇다. 많은 사람들 앞에 서야 하고, 사람들을 활발하게 해야 하고, 결론에 이르게 해야 하기 때문에 다음 기대와 두려움이 함께한다. 만남에 대한 설렘과 새로운 사람들에 대한 데면데면함이 공존한다. 이 책은 시작하는 퍼실리테이터들에게 나침반이 되어 줄 것이다.

나는 이 책은 먼저 워크샵 현장에 섰던 한 명의 퍼실리테이터로서 추천한다. 왜냐하면 경험과 방법이라는 두마리 토끼를 잘 잡을 수 있도록 도와주기 때문이다.

이 책은 저자들의 경험을 얘기할 때 따뜻하다. 시작하는 사람들에게 편안한 마음을 심어준다. 또한 방법을 알려주는 것에 친절하다. 구체적으로 어떻게 참여를 준비하고, 참여를 이끌고, 참여를 돌아봐야 하는지 설명하고 있다. 디테일한데 군더더기가 없다. 그래서 좋은 퍼실리테이션을 할 수 있도록 도와준다.

특히 현장에서 실제로 겪었던 각종 상황을 1) 상황파악, 2) 영향 인식, 3)현장 대응, 4) 역량학습의 순으로 기술한 부분은 분명 많은 도움을 얻을 것이다. 내가 처음 워크샵을 진행했던 20년 전에 이렇게 친절한 안내서가 있었다면 얼마나 좋았을까 하는 생각이 들었다.

그래서 나는 이책을 처음이라는 설렘과 긴장 사이에 서 있는 퍼실리테이터들에게 적극 추천한다.

— 조직개발컨설팅전문가그룹 (주)플랜비그룹 최익성 대표이사(경영학 박사)

차례

1   시작하는 퍼실리테이터

2   현장 속의 퍼실리테이터

3   협업하는 퍼실리테이터

4   성장하는 퍼실리테이터

5   자토모 이야기

6   자토모에 함께 하는 사람들

시작하는
퍼실리테이터

FACILITATOR

작은 나비의 날갯짓 마냥 스치는 우연들이 모이고 그 시간이 연결되어 마치 계획되었던 일처럼 시간과 가치를 공유하게 된 우리의 이야기.

우리를 끌어당기거나, 우리에게 이끌림이 남달랐던 성장의 마디마디, 그 나아가던 길 어느 순간부터 우리는 퍼실리테이터였다. 팀으로 함께 하는 시간들이 생겨나면서 의미와 재미도 끌어당겨졌다. 삶의 다양한 우연들이 모여 필연적으로 퍼실리테이션하고 있는 우리들의 나아감, 성장 이야기를 시작해 보려 한다.

◆

안녕하세요,
퍼실리테이터입니다

강한 이끌림의 시작, 퍼실리테이션

몇 년 전 배우들의 대사 한 마디 한 마디에 작지 않은 '아하!'를 외치게 했던 드라마가 있었다. 삶에서 함께하는 것에 대한 소중함을 알게 해주었던 「쓸쓸하고 찬란하神 도깨비」이다. '그대의 삶은 그대 스스로 바꾼 것이다. 그런 이유로 그대의 삶을 항상 응원했다.'라는 대사는 때론 찌릿하게 때론 먹먹하게 마음을 두드려주던 묵직한 명대사로 기억에 남는다.

이처럼 우리들은 살면서 우연한 이끌림을 통해 누군가 혹은 어떤 일을 만나면서 스스로 변화를 꾀하는 소중한 순간이 있다. 이 소중한 순간을 함께 하면서 지속적으로 성장하고, 서로를 응원하는 사람들이 '퍼실리테이터'이기도 하다. 성장하는 과정 중 관계하는 순간들은 모두 연결성을 가지고 있다. 이 만남의 마디 마디에는 지구보다 더 커다란 질량으로 끌어당겨져 심장의 진자운동을 느끼게 되는 자신의 평생직업, 업業을 만나게 되기도 한다.

'계획된 우연' 이론으로 유명한 스탠퍼드 대학의 심리학 교수 존 크롬볼츠John D. Krumboltz 교수는 계획된 진로의 성공 확률은 20% 정도이며 오히려 우연한 기회로의 성공 확률이 80%라는 연구 결과를 말하고 있다. 이를 잘 살펴보면 자토모 멤버들의 새로운 경력으로 나아가는 시간과 놀라울 정도로 연결되어 있다. 멤버들의 우연을 기회로 만든 기술 5가지를 살펴보면 더 확실해진다.

첫째, 호기심으로 새로운 배움의 기회를 얻는 것이다.

우리는 각자의 삶에서 배움과 성장의 키워드를 가지고 있는 사람들이다. 그러다 보니 어떤 삶을 살아왔든지 간에 새로운 배움과 성장에 항상 관심을 가지며 관계 속에서 소통하는 시간을 즐긴다. 그 사이 퍼실리테이션을 이야기하는 그룹이나 과정에 쏙 매료되어 적극적으로 배워 나갔던 경험들이 있다.

둘째, 간혹 일에 차질이 생기거나 어려움을 만난다 해도 인내심을 가지고 지속적으로 노력해 보는 것이다.

퍼실리테이터인 우리는 혼란과 어려움 속에서도 심판자가 아닌 학습자의 자세로 '지금 이 상황에서 해볼 수 있는 것은 무엇인가?' 등의 내면적 질문을 하면서 포기하지 않고 지속적으로 시간을 붙든다. 이전의 익숙했던 일을 넘어서게 되면 새로운 자신의 정체성을 더욱 탄탄히 다지게 되는 계기가 되기도 한다.

셋째, 유연성으로 사고와 상황을 바꾸는 것이다.

워낙 다양한 참여자들과 스폰서들을 만나게 되니, 어느 정도의 원칙과 선은 있되 프레임을 가지고 진행하다 보면 금방 한계가 드러난다. 만나는 사람들에게도 열린 마음과 생각을 가지고 있어야 하며 시뮬레이션을 통한 최악과 여러 상황을 대비하는 것은 퍼실리테이션을 진행하면서 매우 중요한 전제일 수 있다. 따라서 이 부분에 있어 우리는 항상 점검하고 성찰해 나간다.

넷째, 새로운 기회나 상황을 마주할 때 긍정적으로 반응하고 실현 가능하다고 생각하는 낙관적 사고를 가지고 있다.

인간은 누구나 가장 큰 시련 앞에 있을지라도 행복 회로를 돌리는 존재라는 말이 있다. 냉정하게 평가한다면 그저 낭만스럽게 들리거나 성과나 결과에 도움이 안 될 수 있어 보인다. 하지만 '인간은 무한한 가능성을 가지고 있다'는 철학과 연결되어 상당 부분 결과로서 입증되고 있음을 우리는 모두 알고 있다. 인간을 작은 우주로 표현하듯 인간의 한계가 어디까지인지는 알 수 없다. 우리는 퍼실리테이터로서 한계라는 선을 긋기 전에 사람들을 참여시키고, 목표했던 결과물을 도출하며 스스로의 역량을 키워나가는 데 방점을 맞춘다.

마지막 다섯째는 위험을 감수하는 것이다.

어떠한 결과일지라도 행동을 취해보는 것이다. 자주 지나다니는 지하철 어느 공간에 운동을 권유하는 광고판이 있다. 그곳에는 '시도하지 않으면 아무것도 얻지 못한다'는 말이 담겨 있다. 여기에서의 시도란 도전과도 일맥상통하는 단어라고 생각한다. 도전 없이는 원하는 것을 얻기 어렵다. 퍼실리테이터들은 매번 다양한 상황과 요청된 결과에 도전받게 된다. 보다 효과적이고 효율적인 도구와 기법을 고려하고 함께하는 협력 퍼실리테이터의 역량의 차이를 감안하며 결과물 관리에 대한 책임 감수를 마다하지 않는다.

3년차 학습 공동체로 만나온 자토모 멤버들, 퍼실리테이터로서 성장을 시작하는 이야기. '경력을 이어가는 이야기 속에는 어떤 계획된 우연들이 숨겨져 있을까?', '우리는 어떻게 퍼실리테이터가 되었을까?', '스스로 퍼실리테이터라고 생각한 때는 언제부터인가?', '퍼실리테이션을 진행할 때 가지고 있게 되는 믿음은 무엇인가?' 등 선별된 질문을 통해 얻은 내용을 인터뷰 형식으로 공유해 본다.

어느 날 만난 퍼실리테이션

Q. 퍼실리테이터가 된 계기가 무엇인가요?

💬 결혼 전에는 사회교육 기관에서 일을 했는데 그 때는 '공동체 훈련'과 '인간관계 훈련' 프로그램을 운영하면서 러닝 퍼실리테이터로 활동을 했었습니다. 결혼 후 국제개발협력 현장에서 살면서 주민 역량강화 교육을 운영하는 일에 동참하며 러닝 퍼실리테이터 역할을 했었습니다. 한국으로 돌아와 자기개발을 위한 학습을 하다가 발견한 것이 퍼실리테이션 전문 교육이었습니다. 과정을 수료한 후 지자체에서 시민퍼실리테이터를 모집하였을 때 지원하였고 이것이 계기가 되어 본격적으로 미팅 퍼실리테이터로 활동을 하게 되었습니다.

💬 회의 퍼실리테이션보다 러닝 퍼실리테이션을 먼저 알고 맛을 느끼고 있었습니다. 좀 더 깊고 자세히 알아가고 싶다는 마음에 관련 교육들을 찾아다녔고, 이후 여러 회의와 프로젝트를 진행할 기회들이 생겨났습니다. 여러 교육을 설계하고 진행하며 책임을 발휘해야 하는 시간이 늘어났습니다. 그러다가 문득 사람들의 성장과 변화를 촉진하는 나만의 프로그램을 만들고 싶다는 생각이 커졌습니다. 이를 위해 다른 사람들과 다양한 경험을 공유하고 싶다는 마음이 명확해지면서 퍼실리테이터가 되어야겠다고 생각했습니다.

💬 참여를 이끄는 학습자 중심의 교육 방법을 오랫동안 고민했습니다. 유네스코 청소년 팀 자원 활동 교육에서 세계에서 일어나는 문제를 참여형으로 경험하면서 새로운 교육 방식을 찾아 헤맸습니다. 퍼실리테이션을 알게 되면서, 사회의 변화에 발맞춘 효과성과 탁월성이 인간 중심의 철학이 돋보이는 기술 방법이라고 생각하고 보다 잘 익히고 싶었습니다. 본격적으로 전문적인 퍼실리테이션 세계에 입문하게된 계기는 영국에서 비폭력 대화 수업을 듣고 나서였습니다. 사고의 흐름에 따라 참여자들의 생각을 이끌어 내는 진행자의 힘을 느꼈습니다. 그 안에서 생각의 정리, 기록, 공유가 자연스럽게 흘러가는 모습이 아름답게 느껴졌습니다. 학습자의 참여와 성찰이 일어나는 모든 곳에는 고도의 퍼실리테이션이 숨어 있다는 것을 이해하고 이를 보다 체화하고 싶다고 생각했습니다.

💬 천직이라 여기던 교사로서의 시간을 정리하고 인생 2막을 위한 진로를 고민하던 시기였습니다. 경력이 이어지기도 하지만 새로운 경력을 쌓아보고도 싶었던 상황인지라 명확한 선택의 기준이 필요했습니다. 먹고사는 일에만 집중하는 것이 아닌 사회적 기여를 하면서도 경제활동이 가능했으면 좋겠다는 생각이 먼저였습니다. 당시 살고 있던 지자체에 참여소통과라는 분과에서 마을 인재를 육성하여 민과 관의 거버넌스 빅 픽처를 그리던 한 주무관의 지원과 믿음으로 퍼실리

테이션 교육이 시작되었습니다. 그 우연한 시간은 현재 조직문화의 변화와 그룹의 시너지 창출을 위해 설계를 하고 결과물을 다루는 것이 가능할 수 있도록 해주었습니다. 그때는 이렇게까지 될 것이라고는 생각지 못했던 같아요. 매 순간 퍼실리테이션은 제게 재미와 의미, 배움과 성장을 선물해 주고 있습니다.

💬 외국계 회사의 교육부서에서 근무하며 퍼실리테이션을 접하고, 업무에도 활용하였습니다. 당시 큰 변화의 흐름에 맞춰 전사적 교육을 해야 했는데, 방콕에서 러닝 퍼실리테이션을 적용한 교육을 받고, 이를 직원 교육에 적용하면서 퍼실리테이션에 대한 관심이 커졌습니다. 이후 싱가포르 연수에서 만난 말레이시아 퍼실리테이터와의 시간은 제가 지금 퍼실리테이터로 활동하게 된 결정적 계기였습니다. 잘 디자인된 프로세스를 바탕으로 별다른 지시와 개입을 하지 않고도 참여자들이 지속적으로 논의할 수 있도록 촉진하는 그의 행동과 분위기, 스타일이 너무나 매력적이고 멋있었습니다. 참여자의 질문에 대해 답변을 할 때 엿볼 수 있었던 그의 카리스마에서도 퍼실리테이션에 대한 또 다른 매력을 느꼈습니다. 이때부터 나만의 차별화 포인트를 만들어야겠다는 생각으로 퍼실리테이션에 본격적으로 뛰어들게 되었습니다.

💬 일반 기업과 같은 조직의 회의 문화를 떠올리는 것은 어렵지 않은 일이라 생각됩니다. 오랜 기간 기업조직의 일원으로서 경험했던 회의 문화에 찬물을 붓는 격인 퍼실리테이션을 만난 것은 아주 우연한 기회였습니다. 지역에서 청년들을 위해 기부금을 쾌척하신 분의 뜻에 따라 청년 퍼실리테이터 양성 과정이 개설되었고 지인의 추천으로 퍼실리테이션을 만나게 되었습니다. '퍼실리테이션이 뭐지?'라는 의구심을 갖고 참여했던 교육은 매일매일 퇴근 시간이 빨리 오기만을 기다리도록 만들었죠. '회의가 이렇게 재미있고 효율적일 수가 있어?'라는 즐거운 호기심으로부터 시작해서 참여적 회의가 될 수 있음에 놀라움을 가지며 퍼실리테이션에 푹 빠졌습니다. 즐거운 퍼실리테이션을 만난 저는 이제 회사원이 아닌 퍼실리테이터입니다.

아이덴티티Identity라고 하는 정체성을 심리 사회적 발달이론의 정신 분석자 에릭슨Erikson은 '총체적으로 개인이 자기 스스로를 지각하는 것을 의미하며 개인의 동일성과 영속성에 대한 의식적 감각'이라고 정의했다. 여기서 경력 정체성도 기원한다. 우리는 각자의 삶 속에서 나아가는 길, 바로 진로의 길녘에서 각자의 목적, 즉 커리어를 개발하고 역량을 강화하는 한 방법으로, 퍼실리테이션을 전문적으로 배우고 익혀나갔다. 이 배움의 기본은 퍼실리테이터라는 정체성을 명확하게 만들어가는 과정이라고 해도 과언이 아닐 것이다. 경력 정체성을 확립해 나가는 사람들은 자신을 인식하고 지속적으로 점검하고 알아차림으로 행동하게 된다. 즉 자기 인식을 통해 자신이 누구인지 자신의 강점과 보완점은 무엇인지, 자신의 감정 변화를 관찰하고 비전이나 가치 등을 이해해 나간다. 또 자기 통제를 통해 자신이 원하는 모습에 도달할 수 있도록 삶과 현장에서 이를 점검하고 실천해 나간다.

이처럼 자토모 멤버들이 경력 정체성을 개발했던 방법을 살펴보면 첫째, 성공적인 역할 모델을 관찰하거나 둘째, 자신이 목표하거나 꿈꾸는 스타일에 다다를 수 있도록 노력하는 것이다. 셋째, 자신의 커리어 기준을 점검하거나 타인과의 협업, 피드백 등이 경력 정체성을 명확히 만들어가는 데 중요한 역할을 하게 된다.

우리는 평생직장은 없고 평생직업을 이야기하고 있는 변화무쌍한 시대에 살고 있다. 자신의 커리어를 스스로 점검, 관리, 개발해야 하는 시대에 경력 정체성을 점검해 보는 일은 인생을 제대로 살아가려는 사람들에게 매우 중요한 일이 아닐 수 없다. 자토모 멤버들의 공통된 경력 정체성 즉 퍼실리테이터로서 스스로 인식하고, 인정한 순간의 이야기를 들어보고자 한다.

저는 퍼실리테이터입니다

Q. 스스로 퍼실리테이터라고 생각한 때는 언제인가요?

💬 KFA에서 인증퍼실리테이터 CF를 취득하고 몇 년간 활동을 하면서도 자신 있게 퍼실리테이터라고 생각해 보지 못했습니다. 왜 그랬을까? 지금 생각해보니 퍼실리테이션은 현장에서 얼마나, 또 어떤 경험을 하느냐가 퍼실리테이터로서 역량 성장 요건이기 때문입니다. 의뢰받은 주제를 목적과 결과물에 맞도록 프로세스를 설계할 수 있고 적재적소에 맞는 도구를 설계에 녹여 낼 수 있게 되면서 자신감이 생겼습니다. 그 시기부터 저 자신을 퍼실리테이터라고 소개함에 있어 주저함이 없었습니다. 퍼실리테이터로서의 역할을 수행할 때 프로세스를 유연하게 소화해 내고 있거나 참여자도 그 시간에 몰입하는 에너지를 느끼면서 점점 자신감이 충전되는 저 자신을 발견했습니다.

💬 퍼실리테이션을 알게 된 시간은 오래되었으나 종종 퍼실리테이션을 제대로 알고 있는 게 맞나 하는 질문을 스스로 할 때가 있습니다. KFA-CPF를 취득하고도 집중과 몰입에 대한 부분을 항상 저 자신에게 질문하곤 합니다. 퍼실리테이션을 알리고 영향력을 끼치는 게 꼭 현장에서만이 아닌 부모로서 자식으로서도 퍼실리테이터의 삶을 살고 있는가 반문하곤 합니다. 이것은 퍼실리테이터란 전문성과 기술만으로

얘기할 수 있는 직업이 아닌 그 이상의 철학을 포함한 일이기 때문이라고 생각합니다.

💬 무대 위가 아닌 일상에서 퍼실리테이션을 하고 있다고 느꼈을 때입니다. 일상에서 촉진하지 못하는데 무대에서 갑자기 촉진하는 것이 잘 될 리가 있겠냐는 깨달음이 왔을 때 퍼실리테이터가 되어 가고 있구나를 느꼈습니다. 협회 컨퍼런스에서 있었던 에피소드입니다. 어느 세션 중, 퍼실리테이터가 아닌 일반 참여자가 질문을 했습니다. "퍼실리테이션을 하고 싶은데 기회가 거의 없고, 막상 기회가 와도 사람들을 촉진하는 것이 어렵다." 질문을 한 사람에게 이렇게 조언을 했습니다. "업무가 퍼실리테이션과 직접적인 연관이 있는 것이 아니라면, 사람들은 당신이 퍼실리테이션을 할 수 있다는 것을 어떻게 알 수 있을까요? 일상에서 혹은 업무에서, 스스로를 또는 동료를 촉진하며 일상을 퍼실리테이션하는 모습을 보여줘야 합니다. 그렇지 않다면, 기회는 더 줄어들 것이고, 막상 기회가 생겨도 제대로 할 가능성이 높지 않을 것입니다. 일상의 업무 중에서 퍼실리테이션을 적용할 수 있는 것이 무엇이 있는지 생각해보고 적용해 보세요. 그렇게 자연스럽게 퍼실리테이터가 되어가리라 생각합니다."

💬 수많은 토론회에 참여하고 진행까지 하면서도 마음에서 편하게 스스로 퍼실리테이터라 일컫지 못했던 것 같습니다. CF를 취득 후에도 여전히 어색한 소개였으나 차츰 퍼실리테이터들의 협업이 편안해지고 그들의 이야기, 혹은 요청사항을 알아듣고 실행하게 되었을 때, 또 토론의 전제Working Assumption*가 마음에 남아있을 때, 주된 일자리로서 경제활동이 가능해졌다거나, 결과물에 책임을 가지고 밤을 새워 고민할 때 비로소 퍼실리테이터라는 정체성과 자긍심도 함께 성장했던 것 같습니다.

💬 제가 속한 공동체나 작은 모임 등에서 참여와 소통이 필요한 자리에 사람들을 자연스럽게 참여하도록 역할을 하는 자신을 볼 때 스스로 퍼실리테이터라는 생각을 합니다. 모임에서 공식적으로 퍼실리테이터로 세워지지 않았어도 모임의 목적에 따라 모인 사람들이 다같이 참여하여 소통하도록 돕고 있는 모습을 볼 때 퍼실리테이터로서 삶을 살고자 하는 정체성을 만나곤 합니다.

---

* 토론에 참여하는 사람들을 위한 ICA에서 정리한 가정을 말함. '모든 사람에게 지혜가 있다.', '가장 현명한 결과를 얻기 위해서는 모든 사람의 지혜가 필요하다.', '틀린 답은 없다.', '전체는 어떤 부분의 합보다 크다.', '모든 사람이 경청하고 경청 받을 자격이 있다.'. ICA(Institute of Cultural Affairs) 한국지부인 ORP연구소에서 관련된 정식 교육을 받을 수 있음.

배가 항구로 들어서서 머무르게 될 때 배를 고정하느라 사용하는 것이 닻이다. 미국의 조직심리학자 샤인Schein은 경력개발 과정을 항해하는 배에 비유하였다. 지속하는 항해 끝에 드디어 자신이 정박하고자 하는 항구, 다시 말해 자신이 원하는 경력을 찾게 되면 닻을 내리고 안정적인 위치를 확보하게 되는 것이다. 이것이 경력 닻이다. 이 경력 닻Career Anchor*은 사람 개인마다 차이가 있으나 매우 안정적이다. 이는 자신의 경력 및 업業에서 마주하게 되는 어려움 속에서도 치우치지 않고 도전하고 해결하고자 하는 행동으로 연결되기 때문이다.

자토모 멤버들 역시 커리어 항해 중 퍼실리테이션에 정박하게 된 것이라 말할 수 있다. 단기간 쉽게 바뀌지 않으면서도 개인적으로 경력목표 설정 및 방향을 뚜렷하게 갖게 된 것이다. 이를 안정되게 돕는 자토모 멤버들의 묵직한 경력 닻 이야기도 들어본다.

---

* 개인에게 있어 경력과 관련하여 끝까지 포기하지 않는 직무상의 관심사나 가치를 말함.

퍼실리테이션 속 나의 믿음

Q. 퍼실리테이션을 할 때 마주하게 되는 나만의 믿음은 무엇인가요?

💬 사전 준비를 철저히 하는 것입니다. '언제나 다양한 변수를 고려하고 준비해야만 현장에서 제대로 퍼실리테이션을 할 수 있다'는 것을 경험을 통해 믿고 있습니다. 여기서 말하는 사전 준비란, 고객으로부터 전달받은 회의와 관련된 정보가 충분한지 확인하고, 최적의 프로세스와 도구를 디자인하여, 현장에서 제대로 실행될 수 있을지 시뮬레이션을 지속적으로 반복하는 것입니다. 질문은 어떻게 할 것인가, 도구나 기법을 사용할 때는 어떻게 퍼실리테이션을 할 것인가, 사람들이 쉽게 참여하지 못한다면 어떻게 바꿀 것인가, 참여자들의 특성과 반응을 예상하며 어떤 질문이나 멘트로 대응할 것인가, 프로세스는 어떻게 수정해야 하는가로 생각을 확장합니다. 시뮬레이션 후 수정하고 다시 시뮬레이션하는 과정을 통해 다양한 측면을 고려하면서, 사람들이 더 쉽게 참여할 수 있도록 사전 준비를 하고 있습니다.

💬 회사원이었던 제가 직접 설계한 프로세스로 첫 메인 퍼실리테이터를 맡은 5급 교육공무원들과의 만남은 떨리기도 하고 긴장이 많이 되었습니다. 경험이 별로 없던 제가 무대와 같은 곳의 앞에 서게 되니 긴장을 하게 되고 제 단점인 말이 빨라지고, 전달해야 할 부분들에서

놓치는 일이 생겨났습니다. 그때 팔짱을 끼고 참여 의지 없이 관람 상태로 지켜만 보는 참여자 한 분이 눈에 들어왔습니다. 그 모습을 보는 순간 정신이 확 차려지면서 퍼실리테이터인 내가 워크숍에 몰입하지 못하고 있다는 생각이 들었습니다. 평정을 찾기까지 약간의 시간이 걸리기는 했지만, 나만의 전달 스타일, 편안함으로 참여자를 다시 만나기 시작했습니다. 시간이 지나면서 팔짱을 끼고 있던 분들까지 가슴을 앞으로 내밀고 참여하는 모습과 워크숍에 흡수되는 모습을 보았습니다. 퍼실리테이터가 워크숍과 참여자를 대하는 진정성 정도가 참여자의 참여 정도를 변화시킬 수 있는 것이구나! 하는 경험적 신념을 갖게 되는 계기였습니다.

💬 참여자들에게 모임의 목적과 그라운드 룰Ground Rule을 공유하고 서로에 대한 긴장을 풀어줄 짧은 대화와 역할이 나누어지면서 참여적 분위기가 조성되면 오늘의 여행을 떠날 준비가 되었다고 생각합니다. 무엇보다도 퍼실리테이션을 이끌어갈 좋은 질문과 시간 관리로 그날의 결과물을 향한 운항이 퍼실리테이터의 기술과 태도를 통해 물 흐르듯 연결되고 참여자들은 자신들의 경험 속 지혜를 잘 풀어내면서 의사결정에도 적극적으로 참여할 뿐 아니라 실행할 의지를 발휘한다고 믿습니다.

💬 우리가 흔히 말하는 심리적 안전감이 생기면 사람들은 자신이 가지고 있다고 생각하는 것보다 혹은 하려고 했던 것보다 그 이상을 발휘하고 발산할 수 있다고 생각합니다, 그래서 저는 무엇보다도 심리적 안전감, 안전한 실험실이라는 분위기가 생겨날 수 있도록 고려하여 퍼실리테이션을 설계합니다.

💬 '사람은 기본적으로 지혜롭고 올바른 일을 할 수 있으며 그렇게 하고 싶어 한다. 모든 의견은 지혜를 담고 있으니 틀렸다가 아닌 다르다로 그 다름을 도움으로 연결할 수 있는 적재적소의 도구와 기법을 다루는 일'이 퍼실리테이션입니다. 따라서 참여자들의 지혜가 발산되고, 그 지혜가 수렴될 수 있도록 다양한 경험과 성찰 과정을 지속해야 하며 가장 효율적이고 효과적인 프로세스와 도구를 관리하고 책임질 수 있어야 합니다.

러시아의 위대한 사상가이자 작가였던 레프 톨스토이Lev Nikola-yevich Tolstoy의 질문이 남다르게 다가온다.『사람은 무엇으로 사는가』라는 짧은 소설의 제목이자 강렬한 이 질문은 깊은 휴머니즘과 삶을 소중히 여기는 생의 성찰을 지혜로 안겨준다.

우리가 퍼실리테이션하는 것이 단순히 돈을 벌거나, 그냥 마지 못해서 하게 되는 일이라면 얼마나 괴로운 일이 될까? 지금 이 글을 읽는 당신에게 되물어 본다.

'퍼실리테이터들은 무엇으로 일하는 걸까?' 퍼실리테이션을 진행하면서 퍼실리테이터다워지는 이야기가 다음 장에서 펼쳐질 예정이다. 퍼실리테이터들이 무엇을 가지고 일하는지 자토모 멤버들이 추구하는 가치와 역량이 무엇인지 깊이 있게 다루어 이야기해 보고자 한다.

♦

퍼실리테이터다워지는
중입니다

한국퍼실리테이터협회에서는 퍼실리테이션의 역량을 디자인 차원, 퍼실리테이션 차원, 기반 차원의 세 가지 차원에서 구분하고 있다.

본 장에서는 역량에 정리된 내용 중 퍼실리테이션 차원에서의 효과적 커뮤니케이션 역량과 상황 관리 역량에 해당하는 경청과 질문, 기록과 연결되는 측면에서 퍼실리테이터로 발돋움하게 도운 경험들에 대한 첫 번째 질문의 답변들을 확인할 수 있다. 두 번째 질문은 기반 차원에서 중요시되는 전문성 개발, 전문가 의식, 유연성이 연결되는 퍼실리테이터의 중립성, 진정성, 신뢰성 등의 태도적 측면에서 퍼실리테이터다워지게 도운 워크숍 경험에 대해 자토모 멤버들을 인터뷰한 내용을 담고 있다. 활동하는 퍼실리테이터들의 생생한 고민과 성장 과정에 대한 솔직한 이야기를 통해 앞으로의 활동 방향성을 마련해보기를 바란다.

경청, 질문, 기록의 기술이 자라다

효과적 커뮤니케이션: 적극적 경청

그룹의 구성원들이 효과적인 기법과 절차에 따라 적극적으로 참여하고, 상호작용을 촉진하여 목적을 달성할 수 있게 하는 것이 퍼실리테이션이다. 퍼실리테이션을 진행하기 위해 퍼실리테이터가 갖춰야 하는 중요한 태도 중의 하나가 참여자들의 이야기에 대해 적극적 경청의 자세를 갖는 것이다. 적극적 경청이란 '집중해서 들음으로써 놓치지 않고 말하는 바를 이해하며 기억할 수 있도록 듣는 것'이다.[*]

회의의 목적을 벗어나거나 주변은 아랑곳하지 않고 자신의 생각을 주장하고 계속 이어가는 참여자들이 있다. 그럴 때조차 퍼실리테이터는 그들의 소리에 귀를 기울여야 한다. 더불어 주변의 반응을 함께 살펴야 한다. 단순히 들리는 내용에 집중하는 것이 아

---

[*] 주현희, 『더 퍼실리테이션』 2020, 플랜비디자인.

닌 그들이 진짜 하고 싶은 이야기가 무엇인지, 무엇을 강조하는
지, 발언자의 이야기에 다른 구성원들이 어떻게 반응하는지를 민
감하게 알아차리는 것이 중요하다. 참여한 모든 이들이 목적 달성
을 위해 함께 할 수 있게 들어주고 마음을 모아나가게 돕는 힘을
발휘하는 것이 경청의 힘이다.

효과적 커뮤니케이션: 효과적 질문 스킬

구성원들의 생각을 확산, 정리, 탐색, 수렴할 수 있도록 돕는 퍼
실리테이션의 핵심기술은 바로 질문이다. 질문은 퍼실리테이터
라면 누구나 고객 인터뷰에서부터 회의 설계와 진행 그리고 성찰
에 이어지기까지 끊임없이 고민해야 하는 숙제임을 잘 알 것이다.
회의의 목적과 결과물을 대신 만들어주는 것이 아니기에 참여자
들 스스로 완성해낼 수 있도록 돕는 핵심 질문을 잘 마련하는 것
이 회의의 성공 여부를 좌우한다. 중간중간 참여자들의 발언이 목
적에서 벗어나면 제자리로 돌아올 수 있게 하는 것도 질문이며,
그들이 더 이상 아이디어를 내지 못할 때 서로의 생각을 연결하게
돕거나 다른 관점에서 생각해볼 수 있게 하는 것도 질문이다. 회
의의 목적을 기억하며, 그래서 자신이 최선을 다해 집중할 수 있
게 돕는 다양한 질문 도구에 대한 배움과 활용법을 훈련하는 것이
무엇보다 중요하다.

상황 관리: 기록 관리

계획된 시간 내에 목표 달성을 도우며 워크숍의 전체 흐름을 한 눈에 정확히 볼 수 있도록 요약정리를 돕는 것이 기록이다. 잘 들어주는 것에 더해 논의되고 있는 내용을 효과적으로 정리한 것을 함께 바라보고 집중하여 회의의 목적에서 벗어나지 않게 돕는 과정을 통해 워크숍의 흐름을 관리할 수 있다. 기억은 왜곡되어도 기록은 현장을 그대로 보존해 준다. 반복된 발언을 방지하기도 하고, 자신의 발언이 존중받고 있음을 느끼게도 하며, 발언에 책임감을 더하기도 한다. 참여자들의 발언을 입에서 글로 옮겨 적는 것에서 나아가 그들의 발언을 연결시키고 회의의 목적으로 집중시키는 효과를 지닌 기술이 '기록의 힘'임을 기억해야 한다.

7명의 퍼실리테이터들이 워크숍을 실제 진행하며 이런 역량들을 어떻게 적용하고, 익혀왔는지 각자의 성장을 도운 워크숍의 다양한 경험들을 답변을 통해 살펴보도록 하자.

Q. 퍼실리테이션의 기술(경청, 질문, 기록)이 성장하게 도움을 받았다고 느낀 워크숍 경험은 무엇인가요?

💬 모 부처의 국민 참여 사회적 대화에서 참여자가 이야기하는 논점을 명확히 파악하여 질문하고 기록하는 퍼실리테이션 기술이 성장

했던 경험으로 떠오릅니다. 온라인에서 참여자들과 함께 주제에 관한 자신의 의견을 공유하고 그것들을 온라인 툴에 기록, 공유하는 시간이었습니다. 참여자의 생각은 각기 다르므로 개개인의 의견을 묻고, 온라인이라는 공간에서 기록을 하고 참여자들에게 공유를 하는 것이 만만치 않았습니다. 함께 하는 참여자들의 의견이 왜곡되지 않고 유의미하게 구체적으로 표현되기 위해 계속 질문을 하고 기록했던 순간들은 온라인 워크숍뿐만 아니라 퍼실리테이터로서의 역량에 엄청 큰 성장을 주었던 경험이었습니다.

💬 저는 한 지자체 생활권 계획 워크숍의 경험이 떠올라요. 그때 재개발 관련된 지역이어서 주민들 사이에도 갈등이 있었는데 특히 참여자 한 분이 처음부터 날카롭게 반응을 했어요. 그래서 먼저 주제와 다른 의견을 기재하는 생각 주차장을 마련했어요. 말씀하시는 것을 계속해서 받아 적고, 해당 의견이 잘 정리되어 지자체에 전달될 것이라고 안내드렸죠. 후반으로 접어들어서는 토론에 자연스럽게 참여하시기 시작했습니다. 참여자의 의견을 기록하고 반영하고, 그 사실을 공유한다고 표현하는 것이 중요함을 알게 한 워크숍이었어요. '공유 기록의 중요성'과 '퍼실리테이터의 경청'이란 기록을 하고 질문을 하는 것임을 깨달은 시간이었습니다.

💬 저도 기록의 중요성을 경험하게 한 학교 갈등 상황 현장이 떠오릅니다. 지적장애인을 위한 치료 시설이 학교 주변에 들어오는 상황에서 지역 주민과의 갈등을 해결하기 위한 자리였는데 그때 기록 역량을 활용하여 논의를 정리해 나가는 일을 지원한 적이 있습니다. 기록은 갈등이 치솟는 상황에서 상대방을 경청하고 존중한다는 메시지를 가시적으로 전달할 수 있는 기술이라고 생각합니다. 서로의 갈등 에너지가 차분해지면서 이성의 상태로 돌아오게 돕는 경험을 통해 논의가 반복되지 않게 기록이 도왔어요. 점차 자신들의 논의가 기록으로 적혀서 함께 바라보며 공유된 것을 나누면서 핵심 논의 사항의 의제들을 정리해 나가는 도움을 드렸던 소중한 기억이 떠오릅니다.

💬 질문의 기술을 활용하는 것이었습니다. 협력 퍼실리테이터로 참여했었던 모 지자체 인구정책토론에서 메인 퍼실리테이터가 메타포를 이용한 질문이 기억에 남습니다. ○○○시의 행복한 시민의 삶에 대한 주제를 요리에 비유한 '맛있는 요리를 하려면 뭐가 필요할까요?'라는 질문이었습니다. 비유를 통해 행복한 삶을 연상하게 하고, 인구정책이 다양한 주제와 연결되어 잘 이루어져야 ○○○시에서 살고 싶어질 것이라는 전체를 상상하게 하는 메타포를 활용한 질문이 인상 깊었어요.

💬 다양한 주제의 워크숍과 토론회를 진행하면서, 경청의 중요성에 대해 그 의미를 두고 있습니다. 무언가를 기록하지 않더라도, 잘 들어주는 것만으로도 서로 안정감을 만들어주고, 도움을 주며, 깊이 있는 대화를 촉진할 수 있다는 것을 지속적으로 경험하고 있습니다. 타이완 퍼실리테이터인 로렌스 필브룩Lawrence Philbrook이 국내에서 '대화 속 깊은 참여'를 주제로 진행한 특강을 통해서도, 경청은 상대방을 수용하고, 서로에게 잠재되어 있는 공통점을 탐색할 수 있는 것임을 배울 수 있었고, 깊은 참여를 위해 때로는 기록이 불필요할 수 있다는 것도 알게 되었습니다. 경청은 퍼실리테이션의 가장 중요한 기술 중 하나이지만, 현장에서는 시간, 참여인원 등 여러 가지 여건들로 인해 충분히 적용하는 것이 쉽지는 않습니다. 하지만 경청이라는 강력한 힘을 믿으며, 현장에서는 물론 일상 속에서도 적용하려고 노력하고 있습니다.

💬 포커스 퀘스천Focus Question*에 대한 물음을 스스로 갖게 하는 워크숍을 경험할 때 많은 성장을 하곤 합니다. 저를 성장시키는 한 가지 큰 키워드는 질문입니다. 좋은 질문은 좋은 답을 찾아가게 돕습니다. 이를 위해 적극적 경청이 필요합니다. 이것은 참여그룹의 정보와 정서를

---

* 집단이 작업을 시작하기 위한 출발점으로, 창의적인 답변을 유도하면서 집단의 관심을 특정한 주제에 맞추는 질문. '초점질문'이라고도 하며, ICA(Institute of Cultural Affairs) 한국지부인 ORP연구소에서 관련된 정식 교육을 받을 수 있음.

모두 듣는 것을 말합니다. 이를 왜곡하지 않기 위해 기록 또한 중요합니다. 특히 갈등적 요소가 있는 퍼실리테이션일수록 기록의 힘을 경험하곤 합니다. 한 지자체에서 참여자 90%가 경제적 이해관계자로 이루어져 다툼이 일어날 뻔했던 적이 있습니다. 자신들의 이익을 전혀 포기할 생각이 없었던 그들이지만 모두의 발언이 기록되는 과정을 통해 자신의 목소리를 경청하며 기록된 내용을 확인해 나갔습니다. 이후 놀랍게도 그들은 다시 생각해봐야겠다며 돌아갔고, 결국 자자체는 다수의 시민들을 위해 길을 만들 수 있었다며 감사 인사를 해온 적이 있습니다.

💬 저 역시 참여자들이 스스로 바라보고 생각할 수 있는 시간적 여유와 그것을 가능하게 하는 질문과 그들의 생각을 들어주는 것의 중요성을 많이 생각하고 있습니다. 특히 초기에 퍼실리테이션 인증 교육을 받으면서 제가 진행하는 모습을 본 교육 담당자의 피드백이 떠올라요. "선생님 혹시 강사나 교사이신가요? 참여자들에게 나온 의견을 일일이 전달하는 설명이 너무 많습니다." 참여자들을 믿지 못하는 것이 아닌 습관적으로 확인하고 설명하고 전달하려고 했던 나의 태도를 전체적으로 돌아보고 바꿀 수 있게 도와준 한마디였습니다. 지금은 퍼실리테이션이나 강의 진행 시 늘 참여자들이 스스로 바라보고 생각하고 대화를 나누게끔 신경을 씁니다. 그들의 힘을 온전히 믿고, 경청하고 질문하는 여유와 믿음이 생겨서 늘 감사하며 그날을 떠올리곤 해요.

자토모 멤버들의 다양한 경험과 배움을 통해 퍼실리테이터로 단단해져가는 과정의 이야기 속에서 우리가 기억할 것은 무엇인가? 정리를 하면서 느낀 것은 매 순간 깨어있는 퍼실리테이터들의 성장 의지를 확인했다는 것이다. 경청, 기록, 질문의 중요성을 기억하고 매 순간 현장에서 적용해 보며 진행 과정과 결과물을 통해 끊임없이 성찰하고 있는 과정 자체가 진정한 퍼실리테이터로 거듭나기 위해 노력하고 있다는 증거가 아닌가 생각해 본다. 계속 진화하는 퍼실리테이티브한 삶의 자세를 마련해 가고 있는 시작하는 퍼실리테이터들은 어떤 태도를 지녀야 할까? 이어지는 장에서 활동을 통해 더욱 퍼실리테이터의 면모를 갖춰가는 우리들의 태도적 측면이 자라난 경험들을 바라보도록 하자.

경험을 통해 쌓여가는 퍼실리테이터다움

퍼실리테이터의 태도: 중립성, 신뢰, 진정성

기술의 중요성을 익힌 경험 속에서 퍼실리테이터들은 중요한 내적, 외적 태도를 갖추어간다. 회의에 앞서 우리는 '모든 의견은 동등하게 귀중하다. 모든 사람은 지혜를 가지고 있다. 잘못된 답은 없다.' 등으로 전제를 내세우고 회의를 진행한다. 이와 같은 약속을 함께 공유하는 것은 참여자들뿐만이 아니라 퍼실리테이터 스스로에게도 기술과 도구의 장치 외에 퍼실리테이터로서의 태도를 유지할 수 있게 돕는 것이다.

퍼실리테이터는 절차에 있어서 진행을 위한 의견 발언을 할 수는 있으나 회의의 내용에 대해서는 자신의 의견을 내지 않아야 한다. 또한 회의에서 다루어지는 내용에 대해 찬반 의견을 갖지 않으면서 발언 내용의 양과 질에 대해서도 자신의 의견을 내지 않는 것이 중립성이라고 할 수 있겠다. 이와 같은 중립성은 신뢰를 기반해야 갖추어질 수 있다. 우리는 얼마나 고객에 대해 신뢰하는가? 참여자들이 회의 목적을 이해하고 결과물을 완성할 수 있다고 생각하는가? 퍼실리테이터의 신뢰란 상대가 나의 기대와 다른 행동을 하더라도 감당할 수 있고, 상대가 할 것이라고 기대하는 것에 대해 내가 통제할 수 있음에도 불구하고 스스로 취약해지려는 의지willingness to be vulunable*이다.

또한 고객, 참여자 그리고 자신에 대해서 편견 없이 바라볼 수 있는 힘을 갖추고 있는지를 고민해야 한다. 나의 지식과 경험, 가치관에 반하는 다름을 맞닥뜨렸을 때 균형을 맞추어 나의 행동을 선택할 수 있는가? 나와 다른 타인의 생각을 균형감 있게 바라보

---

* 유튜브 'KOOFA', 〈[퍼실리테이션의 세계] 29화. 신뢰와 퍼실리테이션 - 산으로 갈 때 필요한 것〉中 신뢰의 정의(메이어·데이비스·슈만, 1995)

는 마음의 힘이 퍼실리테이터로써 갖추어야 진정성 있는 자세일 것이다.

퍼실리테이터는 사람과 함께 하기에 사람을 믿고 사람들 속에서 자신을 드러내지 않으면서도 사람들이 함께할 수 있도록 기꺼이 촉진할 수 있어야 한다. 그러기 위해서 7인의 퍼실리테이터들은 어떤 부분을 중요하게 생각하며 배우고 있는지 두 번째 질문의 답변 속에서 퍼실리테이터다움을 만들어가는 모습을 확인할 수 있겠다.

다져지는 퍼실리테이터의 태도

Q. 퍼실리테이션의 태도(진정성, 중립성, 신뢰성)에서 성장을 도운 워크숍 경험은 무엇인가요?

💬 워크숍을 하다보면 누군가의 강한 발언으로 한 순간에 공기가 냉랭해지는 경우가 있습니다. 예전 같으면 그런 상황을 맞닥뜨릴 때 순간 '앗 이 분위기 어쩌지?'라는 생각이 먼저 올라왔습니다. 하지만, 요즘에는 담담하게 또 필요하다면 그 역동을 감사히 여길 때도 있습니다. 함께 했던 순간에 그 참여자는 자신의 그런 발언이 필요했다고 느꼈고, 그들의 조직에서 한 번쯤 생각해 보고 지나갔으면 하는 마음

으로 의견을 제기했던 경우도 있었으니까요. 물론 한 개인의 불편감이나 불만을 호소할 때도 마찬가지입니다. 표면 위로 꺼내서 먼저 상대의 마음을 읽어주고, 충분히 그럴 수 있음을 표현해 줍니다. 그리고 해야 할 일은 공을 다수의 참여자들에게 넘기는 것입니다. "다른 분들의 생각은 어떠세요?"와 같은 질문으로 함께 생각해 볼 이슈로 만들면 어느새 우리가 같이 고민해야 할 공동의 주제가 되는 것이지요. 진정성이 필요한 순간입니다. '내가 하는 생각은 나의 기준에서 나오는 것일 뿐이다. 누구나 인간은 편견을 갖고 태어나기에 나의 시선의 한계성을 인정하자.' 제가 갖는 진정성입니다. 최소한 이의를 제기한 그 참여자는 내가 모르는 어떤 니즈가 있을것이고, 그 욕구를 다른 참여자들과 함께 나눔으로써 '저런 얘기를 꺼내도 되는구나.', '퍼실리테이터가 외면하거나 대충 넘어가지 않고 진지하게 함께 하려고 하네.' 라는 생각을 하고, 말 그대로 심리적 안전감이 그 공간에 퍼질 수 있도록 돕는 것, 그것이 퍼실리테이터의 역할이라 생각합니다.

💬 여러 퍼실리테이터들과 협력해야 하는 대규모 회의에 참여하며, 사전 준비 과정 속에서 함께 고민하고 의견을 나눌 때, 퍼실리테이터들의 진정성을 서로 느낄 수 있었습니다. 의견 충돌이 있을 때도 있지만, 이는 곧 다양한 관점으로 여러 가지 상황들을 고려할 수 있는 것들이어서 퍼실리테이터로서의 성장에도 큰 도움이 되고 있습니다. 또한,

메인 퍼실리테이터로 참여하든 협력 퍼실리테이터로 참여하든, 얼마나 치열하게 고민하는 과정을 거쳤는가는, 현장에서 참여자들에게 또 다른 진정성으로 다가갈 것이고, 이를 통해 참여자들은 좋은 역동을 만들며 깊은 논의를 할 수 있을 것입니다. 디자인한 프로세스가 참여자들에게 보다 쉽게 전달되고, 더 나은 퍼실리테이션이 될 수 있도록, 오늘도 함께 준비하고 고민하며, 퍼실리테이터의 진정성에 대해서 한 번 더 생각해 보게 됩니다.

💬 주제와 연결된 내용을 다루고 논의를 이끌어야 하는 경우 참여자의 논의 수준에 대한 신뢰도와 목적하는 결과물 사이에서 고민이 될 때가 있습니다. 가르치는 형태가 강할 경우 참여자의 잠재성에 대한 믿음이 약화되는 것 같고 '정말 퍼실리테이션이 잘 작동하고 있을까?' 하는 의문이 될 때가 있습니다. 그럴 경우 돌아서면 '진정성이 있었나?' 하는 의문점을 가지게 됩니다. 때로는 적절한 콘텐츠를 활용하여 정확하게 사실 파악이 가능하게끔 프로세스를 설계해 참여자들이 유의미한 결과물을 얻게 될 때가 있는데 이때 정말 진정성 있게 접근했다는 생각을 하게 됩니다. 정보 전달이 함께 할수록 정보 수집부터 왜곡되지 않게 중립성을 유지하는 전문성 갖추기와 시스템적으로 이해도를 갖춰야 하는 부분에 대해 도전을 받는 과정을 늘 진행 중입니다.

💬 제법 많은 갈등 테이블을 경험했던 것 같은데 참여자들의 갈등 및 첨예한 의견을 들으면서 중립의 필터링을 갖게 된 것이 저의 성장에 중요한 역할을 했다고 생각합니다. 이런 갈등 테이블에서 중립성은 진정성과 신뢰성을 동반하게 도왔어요. 퍼실리테이터가 고객과 연관되어 의견을 대변하러 온 사람이 아님을 밝히고 파킹랏을 활용하여 모든 의견을 받아 보고서에 작성한다는 입장을 고수하며 테이블의 주제와 목적에 따른 프로세스를 지속적으로 알리면서 다양한 의견을 담아 보았던 경험이 제게는 의미 있는 시간이었습니다.

💬 저도 비슷한 경험이 있습니다. 모두가 주어진 주제와 관련된 이야기를 나눌 때 혼자 계속해서 전혀 다른 의견을 제시하는 참여자가 있었습니다. 계속 같은 말을 반복하는 그분 때문에 다른 참여자들의 얼굴 표정도 안 좋아지던 순간, 파킹랏을 만들어 그 분의 의견을 적어 드리고 세 번이나 해당 주제의 말씀을 하시는 특별한 이유가 있는지를 물어보았습니다. 본질적인 문제를 우선 해결하길 바란다는 그분의 깊은 고민을 들으신 다른 참여자들이 그 의견에 동의했습니다. 이후 모든 분들이 주제에 대해 더 깊이 고민하고 실질적인 아이디어를 내는 것을 보게 되었어요. 한 분 한 분의 말씀을 신뢰하고 진정성 있게 다가가며 목적을 잃지 않고 판단하지 않는 중립적인 진행의 필요함을 느낀 감사한 시간이었습니다.

💬 마을공동체 사업의 실행계획을 세우는 워크숍이었는데 시간이 좀 부족했습니다. 하지만 참여자들을 신뢰하며 "이 사업이 실행되면 무엇이 좋아지나요?"라는 질문을 통해 참여자들의 동기와 이 사업에 대한 목표를 공유했습니다. 그 후 사업별로 구체적인 계획을 세우시도록 안내했는데 퍼실리테이터로서 마을 공동체 사업에 대한 진정성 있는 태도와 참여자들에 대한 신뢰, 그리고 중립적인 태도로 촉진을 도왔던 것이 참여자들의 실행 동기를 높이고 자발적으로 일을 분담하도록 도왔다고 기억하는 순간입니다.

💬 어느 시의 주차장 건립에 대한 찬성과 반대가 공존하는 참여자들과의 토의 경험입니다. 협력 퍼실리테이터로서 주민에게 신뢰성과 중립성을 가지고 임했었나를 고민하게 했던 워크숍이었습니다. 워크숍 이후 찬성하는 주민과 반대하는 주민이 워크숍에 '참석'만 하는 것이 아니라 '참여'할 수 있도록 촉진했었나 깊이 성찰 하는 시간을 가졌습니다. 워크숍의 프로세스에 고객(스폰서)의 니즈가 반영되어 찬성의 분위기로 몰아가는 듯함을 감지한 일부 반대측 주민들이 반발을 한 것입니다. 워크숍에서 반대하는 주민을 대표해서 자신들의 반대 의견을 마이크를 잡고 토로하며 잠시 워크숍이 중단되었습니다. 이후 다시 재개된 워크숍에서 찬성하는 주민 외에 반대하는 주민들이 반대 이유를 구체적으로 발언하게 하고 꼼꼼히 기록했습니다. 그리고 함께

나는 토론의 결과물을 잘 정리, 전달하는 퍼실리테이터로의 역할을 명확히 전달했습니다. 토론의 목적과 결과물을 다시 상기시키고 찬성하는 주민과 반대하는 주민들의 의견을 충분히 듣고 그 의견을 전달하는 역할을 하고자 했을 때 워크숍에 적극적으로 참여하는 주민들을 보고 퍼실리테이터의 신뢰성과 중립성의 의미를 다시 한번 느낀 시간이었습니다.

퍼실리테이션 자체가 다양한 주제와 다양한 배경을 지닌 사람들과 함께 하는 기회가 많기도 하지만 인터뷰에서도 알 수 있듯이 경험이 쌓여갈수록 사람에 대한 이해와 신뢰가 깊어짐을 알 수 있다. 인간에 대한 깊은 신뢰를 바탕으로 할 때 활동 속에 진정성, 중립성들이 균형감을 이루어 발현되는 것이라 생각한다.

나에게 묻다. "지금 퍼실리테이션 중?"

퍼실리테이터로서 역할을 수행하며 참여적 의사결정을 돕기 위해 꾸준히 활동 중인 자토모 멤버들은 자신에게 어떤 질문을 하며 지속적으로 성장하길 희망할까? 퍼실리테이터다움을 마련하기 위해 스스로를 점검하게 돕는 내적 질문에 대해 자토모 회원들에게서 나온 답변들을 한국퍼실리테이터협회 퍼실리테이터 역량 기준에 기반해 정리해 보았다. 인증 시험을 준비하는 분이 이 글을 읽는다면, 활동 속에서 스스로 퍼실리테이션의 모습을 점검하는 용도로 아래의 질문을 활용해 봐도 좋겠다.

Q. 꾸준한 성장을 위해 스스로 점검하는 내적 질문은 무엇인가요?

먼저, 디자인 차원에 있어서의 역량인 고객 니즈 파악, 협력 관계 조성, 프로세스 설계 역량을 고려한 질문들을 스스로에게 갖는다.

- 고객의 니즈를 제대로 반영하고 있는가?
- 고객이 의뢰한 회의의 주제와 목적, 결과물을 명확히 하고 그것을 고객과 협의하였는가?
- 목적과 결과물을 염두에 둔 최선의 설계인가?
- 각 단계별 연결성에 있어서 완성도가 높고 연결이 잘 되고 있는가?
- 참여자들이 주제의 목적을 기억하며 몰입할 수 있게 설계하였는가?
- 참여자를 염두에 두고 있나?
- 어떻게 하면 참여자들이 질적인 시간을 보낼 수 있게, 가치있게 느끼게 할 수 있을까?

둘째는 퍼실리테이션 차원에서 효과적 커뮤니케이션, 참여환경 조성, 리스크 관리의 역량과 연결되는 질문들을 스스로에게 던지고 있었다.

- 나는 명확하게 질문했는가(질문하고 있는가)?
- 목적과 결과물에 적합한 or 꼭 필요한 질문이었나?
- 참여자들과 퍼실리테이터, 참여자와 참여자의 상호작용이 적절히 일어나고 있는가?
- 참여자들이 좀 더 편안하고 안심하며 몰입할 수 있는 환경을 위해 무엇이 필요한가?
- 참여자들이 좀 더 편안하고 안심하며 몰입할 수 있게 돕기 위해 할 수 있는 다른 방법은 무엇일까?
- 정말로 참여자들의 잠재성을 믿고 있는가?
- 참여자들에게 호기심을 가지고 대하고 있는가?
- 참여자들을 가르치려는 마음이 일어나지는 않았나? 혹은 가르친 적은 없는가?
- 돌발 상황에서 나는 유연하고 민첩하게 대응하였는가?
- 돌발 상황에서 내가 해야 했던 일은 무엇인가?
- 진행을 하며 나는 중립성을 유지하였는가?
- 다양한 상황과 의견들 사이에서 나는 유연하게 대응하였는가?
- 참여자들의 의견과 반응에 민첩하게 반응하였는가?

• 나의 감정과 태도에 대해 스스로 조절력을 잃지는 않았나?

자신이 진행한 퍼실리테이션의 전체 과정을 돌아보며 다시금 이불킥을 할 때가 있다. 마지막 질문들은 그런 과정 속에서 일어날 수 있는 성찰 질문들을 모아보았다.

• 내가 정말 퍼실리테이션을 하였는가?
• 나의 질문과 태도가 최선이었나?
• 과정을 진행함에 있어서 내가 소홀했던 부분이 있었나?
• (전체 과정을 돌아보며) 내가 놓쳤던 준비와 요소는 무엇이었나?
• 다시 하게 된다면 수정/보완해야 할 부분은 어디인가?
• 시간에 쫓겨 조급한 나머지 촉진이 아니라 재촉하지는 않았나?

모든 사람이 최선의 사고를 할 수 있도록 지원하는 퍼실리테이터의 사명을 지키고자 애쓰는 자토모 멤버들의 노력이 곳곳에서 느껴진다. 이러한 사명은 『민주적 결정방법론』으로 번역된 책에서 샘 케이너Sam Kaner가 말한 온전한 참여 장려, 상호 이해 증진, 포괄적 해법 지원, 공유 책임 함양이라는 참여적 의사결정의 4가지 핵심가치 실현으로 드러난다. 퍼실리테이터의 역할을 기억하며 끊임없이 성찰하고 지속적인 성장을 위해 퍼실리테이터들이 역할과 기능을 제대로 발휘하다 보면 그 결과는 감동으로 이어질 것이다. 현장에서 맞닥뜨리는 다양한 상황 속에서 퍼실리테이터가 갖추어야 할 상황 대응 능력과 역량들에 대해 다음 장에서 좀 더 알아보자.

2

현장 속의
퍼실리테이터

FACILITATOR

퍼실리테이션 관련 일을 하는 사람들에게 퍼실리테이션을 처음 배우게 된 계기를 물어보면, 조직에서 직접적으로 관련된 업무를 하고 있거나, 다양한 회의에 참여하며 간접적으로 퍼실리테이션을 보거나 경험하면서 관심을 갖게 되어 입문하였다는 경우가 많다. 다른 한편으로는 의사소통과 같이 일상 속에서도 퍼실리테이션 기법이나 스킬들을 적용할 수 있을 것 같다는 생각에서 배우게 되었다는 분들도 있다.

　전문 퍼실리테이터가 되기 위해서 혹은 관련된 업무나 일상에 잘 적용하기 위해서, 필요한 이론과 경험이 정리된 서적들을 찾아서 읽고, 혼자 혹은 관심 있는 사람들과 함께 스터디 모임도 하고, 관련된 다양한 교육에 참여해 퍼실리테이션의 전반에 대해 배우게 된다. 학습하는 동안에는 다양한 기법과 스킬은 물론 한 번도 생각하지 못했던 퍼실리테이션의 가치와 태도, 철학, 다양한 관련 이론들을 배우면서, 적용 가능한 범위가 넓고, 깊이 있는 전문성에 감탄하게 된다.

어느 정도 학습을 하고 나면, 이제는 회의 현장에서 퍼실리테이션의 도구, 기법, 철학 등을 적용하며 멋진 퍼실리테이터로 등장하는 것을 기대한다.

◆

고객, 참여자 그리고
퍼실리테이터 역량

"현장은 달라요."

"이론과 실제는 다르더라고요."

"참여자들 덕을 많이 본 거 같아요."

"오늘 에너지를 많이 썼네요."

"논의 시간이 여유롭지는 않았어요."

"결과물에만 쫓기지 않았나 하는 생각이 들어요."

"덕분에 오늘 논의가 잘 끝난 것 같다는 말에 기분이 좋았습니다."

퍼실리테이션을 준비하고 현장에서 이를 적용하다 보면, 많은 변수를 만나게 된다. 논의 주제, 현장의 환경, 참여자의 특성, 회의 규모, 의뢰한 고객의 니즈, 관련된 이해관계자들, 당일의 분위기,

시간, 회의 프로세스 등 퍼실리테이션에 영향을 미치는 변수들은 정말 다양하다. 다시 말하면 퍼실리테이션을 의뢰받았을 때부터 수많은 변수가 실제 현장에서는 시작된다고 볼 수 있다.

때로는 회의가 준비한 것보다 더 잘 마무리가 될 때도 있고, 때로는 기대에 못 미치는 결과를 낼 때도 있다. 준비했던 퍼실리테이터의 입장에서든, 의뢰했던 고객의 입장에서든 말이다.

스스로 다양하면서도 어려운 상황에 잘 대응하고 촉진했을 때, 결과물을 잘 이끌어 냈을 때, 참여자들이 만족해하며 고맙다는 말을 전할 때, 퍼실리테이터들은 기뻐하며 서로를 격려해주기도 한다. 반대로 좌절하는 경험도 많다. 제한된 시간에 쫓기기도 하고, 갈등과 불만을 표출하는 참여자로 인해 원활한 논의가 되지 못하기도 하며, 경험이 적을 때는 익숙하지 않은 도구와 프로세스로 인해 어려움을 겪기도 한다. 어느 회의에서는 참여자가 많이 오지 않아서도 문제가 되고, 어느 회의에서는 중간에 나가는 사람이 많아서 퍼실리테이터들을 당황하게 만들기도 한다. 그보다 이전 단계인, 의뢰한 고객들과의 준비 과정에서도 때로는 어려움을 겪기도 한다.

퍼실리테이터는 관련 이론의 학습과 함께, 예측 가능한 다양한 변수들에 대한 준비는 물론, 현장에서의 돌발사항들에 대해서도 잘 대응할 수 있어야, 비로소 집단이나 조직이 공동의 목적을 달

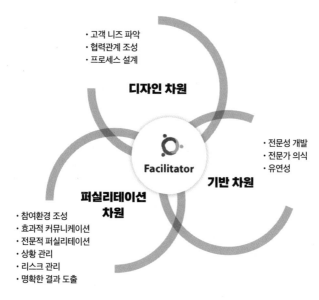

・고객 니즈 파악
・협력관계 조성
・프로세스 설계

디자인 차원

Facilitator

・전문성 개발
・전문가 의식
・유연성

기반 차원

퍼실리테이션 차원

・참여환경 조성
・효과적 커뮤니케이션
・전문적 퍼실리테이션
・상황 관리
・리스크 관리
・명확한 결과 도출

[그림 1] 퍼실리테이터 역량*

성할 수 있도록 촉진하는 전문가가 될 수 있다.

여기서는 다양한 변수 중에서도 '고객'과 '참여자'에 초점을 맞추어서, 자토모 멤버들이 만난 어려웠던 고객과 참여자들에 대해 경험을 나누고자 한다. 더 나아가 이러한 상황 속의 경험들을 한국퍼실리테이터협회KFA에서 정리한 퍼실리테이터 역량과도 연결하여, 어떤 전문적인 역량을 학습하면 좋을지 생각해 볼 수 있도록 하였다.

---

*   한국퍼실리테이터협회 홈페이지(https://facilitator.or.kr/)

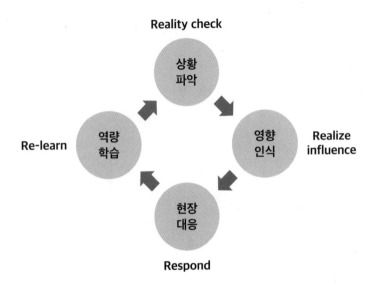

[그림 2] 4R 현장대응 모델*

　만약, 내가 제시된 현장 속의 퍼실리테이터라면, [그림 2]의 '4R 현장대응 모델'을 활용해 보자. 단계별(상황파악 → 영향 인식 → 현장 대응 → 역량학습)로 어떻게 할 것인지 생각해보거나, 이미 비슷한 상황을 경험해보았다면, 내가 적용했던 것들과 비교해 보는 것도 퍼실리테이션을 이해하고 필요한 역량을 학습하는 데 도움이 될 것이다.

---

*　현장에서 일어나는 상황들에 대해 퍼실리테이터 역량을 적용하면서 체계적이고 효과적으로 대응하기 위해, 박상신 퍼실리테이터가 개발한 4R 현장대응 모델.

♦

자토모 멤버가 만난 고객들,
이럴 때는 이렇게!

　퍼실리테이션 회의를 준비하고 진행할 때 직접 만나는 사람들은 두 가지 유형으로 구분된다. 회의를 의뢰하는 고객과 회의에 참석하는 참여자이다. 여기서 고객은 다시 퍼실리테이터와 직접 논의하는 담당자와 회의를 전체적으로 지원하는 스폰서 혹은 담당자의 상위 매니저인 의사결정자로 구분할 수 있다.

　고객은 회의의 성패를 가르는 매우 중요한 요인이다. 고객을 통해 회의의 목적과 결과물을 명확히 하고, 관련된 필요 정보들을 수집하며, 함께 파트너십을 형성하여 적합한 프로세스를 디자인하고, 현장에서의 최상의 실행을 위해 좋은 협력관계를 유지하는 것이 필요하기 때문이다. 따라서 퍼실리테이터는 회의를 준비하는 단계에서부터 회의를 진행하고 마무리할 때까지 고객을 제대로 만나고 파악하는 것은 매우 중요하다고 할 수 있다.

　대부분의 경우에는 성공적인 회의라는 공동의 목표를 달성하기 위해 고객과 퍼실리테이터는 함께 원활한 협력을 하게 된다. 하지만 간혹 어려운 고객을 마주하게 되는 경우가 있다.

　자토모 멤버들과 함께 실제 회의를 준비하고 실행하는 과정에서 만났던 어려웠던 고객에 관해서 대화를 나누고, 몇 가지 상황들을 함께 정리해 보았다. 각각의 상황들에서 퍼실리테이터는 어떻게 대응하면 좋을지 함께 생각해보자.

마음이 바뀌는 고객 & 명확하지 않은 고객

> "이게 아닌데…"
>
> "음…"

　회의를 의뢰하는 해당 조직이나 기관 혹은 단체의 담당자는 퍼실리테이터와 가장 많은 소통을 하는 중요한 고객이다. 회의의 시작과 종료까지 지속적으로 소통하고 연결된다. 담당자는 회의하고자 하는 배경과 목적, 원하는 결과물을 설명해주고, 초기 인터뷰부터 마지막 결과물 도출까지의 과정에서 지속적으로 대화하고 함께 조절해나간다.

그런데 간혹 퍼실리테이터에게 어려움을 주는 고객도 있다. 의뢰 내용이 명확하지 않은 경우인데, 해결하고자 하는 문제나 목적이 명확하지 않거나 결과물에 대한 요구가 명확하지 않은 경우가 대표적이다. 겉으로 드러나는 목적과 이면에 숨어 있는 목적이 다른 경우도 마찬가지이다. 이러한 경우에는 회의를 준비하는 단계에서도 그리고 회의가 진행되는 단계에서도 고객과 부딪힐 가능성이 있다.

1) 상황 파악

함께 사전 준비하는 단계에서, 고객이 회의의 목적과 결과물 혹은 프로세스에 반복된 변경을 요청한다면, 여러 가지 상황을 고려해볼 필요가 있는데, 대표적인 경우는 다음과 같다.

우선은, 퍼실리테이터로서 충분히 정보를 수집하고, 의뢰한 내용에 대해 이해하고 있는지 먼저 점검해 보아야 한다. 고객의 니즈를 잘못 이해하거나 정보가 부족한 경우도 많으므로, 대부분은 이 부분이 해결되면, 쉽게 다음 단계로 나아갈 수 있다.

의뢰를 받고 소통하고 있는 고객이 신입이거나 새롭게 업무를 맡은 담당자인 경우도 있다. 이런 경우에는 아직 퍼실리테이션 회의와 관련하여 경험이 적어서 잘 모르거나, 관련된 내부의 결정이나 정보를 잘 전달하지 못하는 경우도 있다.

가끔은 의뢰하는 회의의 드러나 있는 목적, 즉 퍼실리테이터에게 전달했던 회의의 목적이, 실제로는 그 조직이나 기관 혹은 단체 내부에 있는 숨어 있는 목적과는 다른, 하고자 하는 것이 따로 있는 경우에도 결과물이나 프로세스에 대해 반복적으로 변경을 요구하는 경우들이 있다.

2) 영향 인식

명확하게 상황과 문제를 파악하지 않는다면, 회의의 목적과 결과물, 특히 회의 프로세스가 제대로 구성되지 않게 될 가능성이 크다. 이러한 경우 퍼실리테이터는 물론 참여자들도, 회의가 진행되면서 '왜 이 회의를 하는지', '왜 지금 이 논의를 하는지' 혼란에 빠질 수가 있다.

당일, 회의가 진행되는 상황에서도 마찬가지이다. 사전에 충분히 제어할 수 있는 참여자와 관련된 변수들이 문제나 갈등 상황으로 커질 수도 있다. 실제로 어떤 회의 현장에서는 논의하는 이슈가 참석하고 있는 노동조합원들과 사전에 합의가 되지 않은 채 진행되어, 갈등이 심화된 경우도 있었다.

때로는 회의 결과가 어떻게 반영될 것인지 불명확하여, 회의는 형식적으로 진행이 되고, 참여자들은 이런 회의에 대해 좋지 않은 경험으로 퍼실리테이션 회의가 무의미하다고 생각하게 되는 경우도 발생할 수 있다.

3) 현장대응

퍼실리테이터는 이러한 문제의 발생 가능성을 줄이기 위해, 고객과 사전 회의를 위한 소통을 하면서, 담당자의 준비가 어느 정도까지 되어 있는지 파악할 필요가 있다. 그리고 늦어도 담당자와 대면 혹은 비대면 인터뷰를 할 때 상세한 확인을 통해 담당자의 의도를 파악해야 한다.

만약 준비되어 있지 않거나 담당자가 경험이 적어서 잘 모른다면, 목적과 결과물을 포함하여 사전에 명확히 해야 할 것들을 알려주어야 한다. 그래서 의뢰하는 기관의 내부에서 논의하며, 회의에 필요한 주요 사항들을 미리 결정할 수 있도록 해야 한다. 가끔은 제안 단계의 내용과 확정된 내용이 달라질 수 있으므로, 퍼실리테이터가 이를 정확히 확인하는 것도 필요하다.

이전 회의 이슈와 관련된 히스토리에 대해서도 확인하는 것이 필요하다. 왜 이러한 회의를 기획하게 되었는지, 이전의 비슷한 회의 경험이 있는지, 그 결과는 무엇이었는지, 어떻게 반영되었는지, 그 회의에 참석했던 사람들의 피드백은 어땠었는지 파악하는 것도 고객과 소통하고 회의를 준비하는 데 도움이 된다.

회의 준비 과정에서는 담당자뿐만 아니라 의사결정권자도 준비 내용을 확인할 수 있어야 한다. 관련 메일에서 참조로 포함되었는지 확인이 필요하며, 사전 준비 회의 역시 의사결정권자와 함께 하는 것이 좋다. 담당자와 의사결정권자 혹은 스폰서가 함께 합의된 내용으로 의뢰가 온 것인지, 담당자와의 준비 내용이 의사결정권자에게 보고가 되고 있고 합의가 되고 있는지 확인하는 것도 때로는 필요하다.

조금 더 긴 기간 동안 프로젝트를 함께 디자인하고 진행하는 경우에는, 조직 내부에 어떤 변동사항이 있는지, 혹은 처음과 다르게 어떤 변화가 진행되고 있는지 파악하는 것도 중요하다. 변동된 상황을 고려하여 고객과의 추가적인 준비 회의가 필요한지, 회의 당일에는 어디까지 논의할 것인지, 이슈에 따라 퍼실리테이터와 고객이 어디에서 개입할 것인지 그 범위와 상황을 명확히 하는 것이 필요할 때도 있다.

4) 역량 학습

이러한 상황 속에서 요구되는 퍼실리테이터의 역량을, 한국 퍼실리테이터협회KFA에서 정리한 내용과 연결해서 생각해보자. 12가지 상위 역량 항목 중에서 퍼실리테이터에게 필요한 우선적

・고객 니즈 파악
・협력관계 조성
・프로세스 설계

디자인 차원

Facilitator

・전문성 개발
・전문가 의식
・유연성

기반 차원

퍼실리테이션 차원

・참여환경 조성
・효과적 커뮤니케이션
・전문적 퍼실리테이션
・상황 관리
・리스크 관리
・명확한 결과 도출

[그림 3] 마음이 바뀌는 고객 & 명확하지 않은 고객 대응 시 필요한 퍼실리테이터 역량

인 역량은 '고객 니즈 파악', '협력관계 조성'이라고 볼 수 있다. 각 역량들은 다시 각각 3가지씩의 하위요소로 세분화 된다. 이 책의 부록 편에 '퍼실리테이터 역량'의 세부 내용을 모두 수록하였으니, 상위 역량별 정의와 각각의 하위요소들을 살펴보며 나에게 필요한 역량은 무엇인지 점검해 보자.

마음이 바뀌는 고객 & 명확하지 않은 고객

- 사전 인터뷰를 통해 회의와 관련된 고객의 의도 파악하기
- 목적과 결과물을 포함하여 사전에 명확히 해야 할 것들에 대해 알려주기
- 이슈와 관련된 히스토리를 확인하기
- 준비 과정은 담당자뿐만 아니라 의사결정권자도 함께 논의되고 있는지 확인하기
- 의뢰받은 조직 내부의 변동사항 확인하기

결과가 정해져 있는 고객

"이렇게 해주세요."

퍼실리테이션 회의를 의뢰받고, 고객을 만나서 이야기를 나누다 보면, 이미 원하는 결과가 정해져 있는 회의를 요청하는 상황을 마주하기도 한다. 어떻게 보면 회의의 목적과 결과물이 아주 명확한 회의를 요청하는 것 같지만, 사실 회의를 주최하는 입장만

을 고려한 일방적인 회의를 요구하는 것이라고 할 수 있다. 물론 의도한 경우도 있지만 그렇지 않은 경우도 있다. 중립성을 유지하고 공동의 목적을 달성할 수 있게 도움을 주어야 하는 퍼실리테이터에게는 분명 어려운 상황이 아닐 수 없다.

1) 상황파악

의뢰를 하는 회의의 목적이나 방향성이 이미 결정되어 있어서, 회의의 결과가 별다른 영향을 주지 못할 때도 있다. 이런 경우는 사전에 퍼실리테이터에게 회의와 관련된 충분한 정보나 정확한 내용이 전달되지 않고, 형식적으로 회의를 진행하는 것일 수도 있다. 그래도 퍼실리테이터는 준비 과정에서 담당자와 충분한 대화를 나누고, 필요하다면 참석자와의 사전 인터뷰를 통해 숨어 있는 이슈를 찾아내는 수밖에 없다.

이슈에 따라서는 내부에서도 충분히 퍼실리테이터 역할을 할 수 있는 사람이 있음에도 불구하고, 굳이 외부의 퍼실리테이터를 요청하는 회의라면, 정확한 의도를 한 번 더 파악해 보는 것도 좋다.

의뢰하는 고객이 퍼실리테이션 회의에 대해 이해하지 못하고, 회의 결과에 대해서만 초점을 맞추며, 예상하는 결과가 나올 수 있게 요청을 하는 경우도 있다. 이러한 경우에는 먼저 퍼실리테이션 회의의 특징과 프로세스에 대해 설명할 필요가 있다.

2) 영향 인식

　방향과 결과가 모두 정해져 있는 회의를 맡게 된다면, 이 회의를 통해 퍼실리테이터 본인은 물론 참여자들에게 퍼실리테이션 회의에 대해 좋지 않은 경험을 심어주게 된다. 자유로운 의견을 나누며 합의를 해나가는 과정이 아닌, 의도된 결과로 방향을 몰고 가거나, 이미 준비된 결과나 계획된 정책들을 홍보하기만 한다면 참석자들은 끌려갈 수밖에 없다. 이런 회의에 참석한 사람들은 이용당했다는 느낌을 받는다. 특히 요즘에는 퍼실리테이션을 적용한 다양한 종류의 회의를 경험한 참여자들이 많으므로, 이번 회의에 어떤 문제가 있는지 금방 눈치챈다.

　결과가 정해져 있는 회의는, 당일 현장에서 참여자 간 혹은 참여자와 이해관계자 간의 잠재되어 있던 갈등이 표출되거나 단계별 대화가 진행되는 도중에 갈등이 발생하게 되는 경우도 있다. 이러한 상황에서의 갈등은 퍼실리테이터는 물론 회의 관계자도 조정하기가 쉽지 않다. 회의를 어쩔 수 없이 맡게 되었다면, 발생 가능한 갈등 상황들에 대해 미리 준비하고, 담당자와 함께 어느 부분까지 서로 역할을 나눌 것인지도 미리 합의를 보는 것도 필요하다.

3) 현장대응

　의뢰받고 준비하는 단계에서부터 지속적으로 퍼실리테이터 스스로 점검해 볼 필요가 있다. '퍼실리테이션 회의가 필요한 것인가?', '퍼실리테이터가 필요한 것인가?', '참여자들에게는 회의의 성격이나 목적이 사전에 얼마나 전달되어 있는가?', '이전에는 어떤 일이 있었는가?', '회의가 끝나고 나면 결과들은 어떻게 반영되고, 다음 단계는 무엇인가?'

일회성 이벤트가 아닌, 다시 말해 단지 한 번의 회의만을 맡은 퍼실리테이터가 아닌, 긴밀한 파트너의 입장에서 넓은 시야로 전체를 바라볼 필요가 있다. 고객에게는 '이미 결과가 결정되어 있는 회의'에서 발생 가능한 문제점들을 함께 대화할 수 있어야 하며, 개선하거나 변화를 줄 수 있는 부분을 전문가로서 조언할 수 있어야 한다.

때에 따라서는, 과감하게 의뢰를 맡지 않는 결단도 필요하다. 퍼실리테이터의 진정성, 중립, 신뢰의 핵심 가치들을 생각해보며, 특별한 입장을 가진 것이 아닌 공동의 목적을 이해하고 달성할 수 있도록 돕고 지원하는 퍼실리테이션의 개념과 나의 철학에 맞는 일인지도 함께 고려할 필요가 있다.

퍼실리테이션 회의의 특징에 대해 고객과 충분히 논의하고 절차에 변화를 줄 수 있는 상황이 된다면, 반드시 해야 하는 것이 있다. 바로 준비하는 단계에 이해관계자나 관련 참석자가 함께 참여할 수 있도록 요청해, 회의 프로세스를 함께 디자인하고 점검할 수 있도록 하는 것이다. 참여가 어렵다면 사전 인터뷰를 하는 것도 방법이다. 이를 통해 주최자와 이해관계자들의 다양한 니즈를 확인하여, 최적의 회의 프로세스를 준비하는 것이 필요하다.

일례로 지자체 단위에서 많이 진행되고 있는 주민자치회 회의의 경우, 보통은 담당 공무원이 퍼실리테이터를 섭외하고 회의 정보를 전달하고 준비를 요청하게 되는데, 사전 회의에는 관련 주민자치 회장과 사무국 직원 등 이해관계자들도 함께 참여할 수 있도록 요청해야 한다. 지역주민들의 니즈와 지역 공무원의 니즈가 서로 다를 때가 많기 때문이다. 회의에 참여하는 사람들은 주로 주민들이기 때문에 주민들의 대표인 주민자치회 임원들의 사전 회의 참여는 회의 이해관계자들을 파악하기 위해 중요한 과정이므로 놓치지 말아야 한다. 그렇지 않으면 일방적으로 회의가 준비될 수도 있다.

4) 역량학습

퍼실리테이터 역량과 연결을 해보면, 우선적으로 필요한 역량은 '전문가 의식', '고객 니즈 파악'이라고 할 수 있다. 부록 편에서 각 역량의 하위요소들도 함께 살펴보며, 나의 역량은 어느 정도 준비가 되어 있는지 점검하고 실전에서도 적용해 보자.

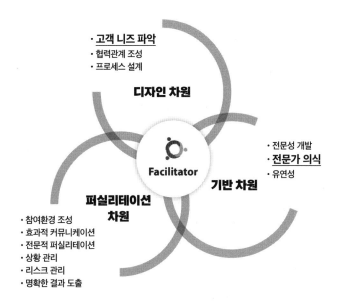

- **고객 니즈 파악**
- 협력관계 조성
- 프로세스 설계

디자인 차원

Facilitator

- 전문성 개발
- **전문가 의식**
- 유연성

기반 차원

퍼실리테이션 차원

- 참여환경 조성
- 효과적 커뮤니케이션
- 전문적 퍼실리테이션
- 상황 관리
- 리스크 관리
- 명확한 결과 도출

[그림 4] 결과가 정해져 있는 고객 대응 시 필요한 퍼실리테이터 역량

결과가 정해져 있는 고객

- 퍼실리테이션 회의가 필요한지 혹은 퍼실리테이터가 필요한 회의 인지 확인하기
- 발생 가능한 문제점에 대해 고객과 대화하고 퍼실리테이터 전문가 로서 조언하기
- 준비 단계에서 이해관계자 혹은 관련 참석자와 함께 사전 준비하기

너무 많이 개입하는 고객

"이거는요…."

회의 현장에서는 여러 가지 변수가 나타난다. 사전에 고객과 충분히 논의하더라도, 예상치 못한 일들이 나타나기 마련이다. 예정된 주제와는 상관없이 전혀 다른 주제를 논의하자고 제안하는 참여자가 있을 때도 있고, 소위 말하는 '빅마우스Big Mouth'가 나타나서 다른 방향으로 논의를 끌고 가려는 경우도 있다. 때로는 참여자 간에 갈등이 생겨날 수도 있고, 소극적인 참여자들로 인해 원활하지 못한 논의가 될 때도 있다.

고객과 퍼실리테이터는, 돌발상황에는 빠르게 서로 논의하여 해결하거나, 사전에 조율 혹은 합의된 내용을 바탕으로 대응해 나가야 하지만, 그렇지 못할 때도 종종 발생한다. 특히 대규모로 진행되는 회의인 경우에 가끔 고객이 너무 많은 개입을 하며 사전에 준비된 것 이외에도 즉흥적으로 새로운 주제나 논의 방식을 조별 참여자들에게 제시하는 경우도 있다.

고객과 퍼실리테이터가 알고 있는 주제의 히스토리, 참여자의 특징, 참여자와의 이해관계, 이전 회의에서의 결과와 그 실행 단계에서의 결과, 조직과 정책의 방향성 등에서 정보의 차이가 있다면, 변수에 대응하는데 차이가 있을 수밖에 없다. 퍼실리테이터는 스킬적으로 접근을 하지만, 고객은 정보를 바탕으로 접근하기 때문이다. 물론 해당 산업군이나 조직의 정보, 논의 주제의 이슈에 대해 잘 알고 있는 퍼실리테이터는 고객과 비슷한 관점으로 대응하기도 한다.

이러한 것들은 결국 더 좋은 회의, 더 성공적인 회의를 만들어 나가기 위한 서로의 노력이기도 하다. 어떻게 하면 더 효율적으로 회의를 함께 운영해 나갈 수 있을지 생각해보자.

1) 상황파악

앞서 언급한 것처럼, 서로의 정보와 생각, 관점의 차이로 인해서 고객과 퍼실리테이터 혹은 협력 퍼실리테이터들의 대응이 조금씩 달라질 수 있다. 고객이 많이 개입한다는 것은 고객의 니즈를 퍼실리테이터가 잘 모르고 있을 수도 있고, 충분히 대화가 이루어지지 않은 것일 수도 있다.

또한, 현장에서 발생할 수 있는 이슈, 갈등, 참여자, 경험 등의 변수들에 대해서도, 적절히 준비하고 대처하는 방안에 대해 사전 합의가 이루어지지 않았을 수도 있다. 대규모로 진행되는 경우 협력 퍼실리테이터들이 많이 참여하게 되는데, 이들도 충분히 준비할 수 있도록 사전에 메인 퍼실리테이터의 확인도 중요하다.

고객이 퍼실리테이션 회의에 대한 경험이 많지 않을 때도, 현장에서 개입을 많이 하게 되는 요인 중의 하나이다. 고객에게 익숙한 기존의 전통적인 회의 방식과 퍼실리테이션 회의의 장단점에 대해서도 사전에 충분히 인지하고 이해할 수 있게 하는 것도 필요하다.

2) 영향 인식

퍼실리테이터를 대신해 고객이 너무 많이 개입하게 되면, 참여자와 퍼실리테이터 간의 신뢰가 낮아질 수밖에 없다. 참여자의 눈에는 퍼실리테이터가 제대로 진행하는 것이 맞는지, 주제에 대해 제대로 알고 진행하는지 불신을 갖게 될 수도 있다.

제한된 시간 안에 논의가 원활하게 진행되지 않을 수도 있다. 규모가 크지 않다면 시간과 논의 방식을 적절히 조절하며, 유연하게 상황을 대처할 수 있지만, 대규모 원탁회의의 경우는 조별로 논의 시간을 최대한 맞추어야 하는데, 다른 지시나 제안으로 인해 시간에 쫓기듯 결과물만 만들어내기도 하고, 조별 결과물들이 서로 차이가 나기도 한다.

그리고 퍼실리테이터가 많이 참여하는 회의에서는 예기치 않은 고객의 개입으로 인해 메인 퍼실리테이터와 협력 퍼실리테이터 간의 불만이 야기될 수도 있다. 이는 회의가 진행되는 동안에 계속 영향을 주어, 고객과 퍼실리테이터 간의 원활하지 못한 의사소통으로 이어질 수도 있다.

3) 현장대응

고객과 함께 사전에 충분히 정보를 수집하고 학습하는 것이 필요하다. 회의와 참석자에 대한 자료는 많으면 많을수록 좋다. 항상, 내가 모르고 있는 것은 무엇이며, 고객의 니즈는 무엇인지 잘 파악하여, 당일 현장에서 예측 가능한 변수들이 무엇이 있을지 준비해야 한다.

예상되는 변수들은 어떤 것들이 있는지 고객은 물론 협력 퍼실리테이터들과 공유하며, 어떻게 대처할 것인지에 대해서도 함께 논의하고 합의를 해야 한다. 고객과도 충분히 대화하며 고객이 어떤 우려 사항을 가지고 있는지도 퍼실리테이터들의 사전모임에서 정보를 제공하고, 모두가 준비할 수 있는 가이드도 준비되었다면 함께 전달하는 것이 좋다.

협력 퍼실리테이터는 내가 메인 퍼실리테이터라고 생각하고 항상 회의를 준비하는 것을 잊지 말아야 한다. 경우에 따라서는 현장에서의 고객과 퍼실리테이터의 역할과 개입의 정도에 대해서도 함께 이야기를 나누는 것도 필요하다.

당일 현장에서 퍼실리테이터는 논의 과정을 지속적으로 점검하고, 쉬는 시간에는 논의 도중에 전체 혹은 조별 이슈가 없었는지 확인한다. 전체적인 진행 상황과 시간, 남은 프로세스를 점검해 보고, 변화가 필요할 때는 빠르게 고객과 논의하고 협력 퍼실리테이터들에게도 전달해야 한다.

4) 역량학습

우선적으로 요구되는 역량은 '협력관계 조성', '유연성'이라고 할 수 있다. 각 역량의 하위요소와 정의 내용은 부록 편에서 살펴

[그림 5] 너무 많이 개입하는 고객 대응 시 필요한 퍼실리테이터 역량

볼 수 있다. 나의 경험을 바탕으로 현재 역량을 스스로 점검해 보고, 실전에서도 활용해 보자.

너무 많이 개입하는 고객

- 고객과 함께, 회의와 관련된 충분한 정보를 습득하고 학습하기
- 예상되는 변수와 대응방법을 준비하여, 고객 및 협력 퍼실리테이터들과 공유하기
- 현장에서의 고객과 메인, 협력 퍼실리테이터의 역할을 사전에 명확히 정하기
- 전체 및 조별 논의 과정과 이슈를 고객과 함께 지속적으로 점검하고 대응하기

◆
자토모 멤버가 만난 참여자들,
이럴 때는 이렇게!

고객과 함께 혹은 협력 퍼실리테이터들과 함께 회의 준비를 완료하고 나면, 이제는 현장에서 참여자들이 관련 주제와 이슈, 문제에 대해 논의하며 그들이 공동의 목적을 달성할 수 있도록, 직접적으로 퍼실리테이션의 가치와 스킬들을 적용하며 돕는 역할이 남아있다.

참여자들은 회의 환경과 함께 속한 그룹의 분위기에 영향을 받는다. 그래서 퍼실리테이터는 참여자들이 안전하고 편안한 환경에서 논의 주제에 초점을 맞추어서 대화할 수 있도록 만들어주어야 한다. 회의 목적이 힘겨운 사고를 필요로 하는 것이라면 퍼실리테이터는 참여자들간의 대화와 소통에 더더욱 신경을 써야 한다.

참여자들은 때로는 퍼실리테이터의 조력자가 되기도 하지만, 때로는 퍼실리테이터를 힘들게 만들며 다른 참여자들에게도 좋지 못한 영향을 줄 때가 있다. 퍼실리테이터가 어떻게 하느냐에 따라, 참여자 그룹의 역동이 변화하기도 하고, 제한된 시간 내에 참여자들이 효율적이고 효과적인 논의를 할 수도 있다.

퍼실리테이터는 사전에 참여자와 관련된 특징적인 정보를 얻지만, 실제로 현장에서 사람들을 만나게 되면, 개개인의 다양성에 그룹에서 작동하는 역동까지 더해져서 거대하고 복잡한 흐름을 마주하게 된다. 퍼실리테이터가 얼마나 잘 준비되었느냐에 따라 참여자와 그룹의 역동은 달라진다.

자토모 멤버들이 만났던 어려운 참여자들은 세 가지 유형으로 구분할 수 있다. 회의 중에 사라지는 참여자, 주제와 상관없는 의견을 지속적으로 어필하는 참여자, 프로세스를 이해하지 못하고 불만을 표시하는 참여자. 이러한 참여자들을 만났을 때는 어떻게 대응하면 효과적일지 함께 생각해보자.

사라지는 참여자

퍼실리테이터로서 일을 하다 보면, 다양한 참여자들을 많이 만나게 된다. 회의의 주제와 목적에 따라 그 대상과 참석하는 사람들이 정말 다채롭다. 초중고 학생들, 학부모, 교원, 교육청 관계자들이 한곳에 모여서 협업과 개선을 위한 회의를 할 때도 있고, 기업의 신입사원들이나 경력사원들이 함께 문제 해결을 위한 회의를 할 때도 있으며, 사장님을 비롯한 임원진과 혁신 회의를 할 때도 있다. 평화와 통일이라는 주제로 20대부터 70대까지 다양한 연령대의 참여자와 함께 대화를 나눌 때도 있고, 어느 마을의 발전을 위해 각 위원회의 대표들과 함께 발전 계획 수립을 위한 회의를 한 적도 있다. 부처 공무원들과 함께 업무 개선을 위한 회의, 대학교수를 비롯한 각계 전문가분들과 혁신 간담회를 할 때도 있으며, 학생, 일반인들과 함께 지역의 문제를 해결하기 위해 디자인 씽킹 워크숍을 할 때도 있다. 퍼실리테이터가 되지 않았다면 아마도 만나보지 못했을 다양한 환경과 배경을 가진 사람들이다.

이렇게 많은 사람을 만나며 퍼실리테이션을 하는 동안, 우리를 공통적으로 어렵게 만들었던 참여자는 바로 회의 중 사라지는 참여자들이었다. 한, 두 명이 빠지면서 논의하던 그룹의 참여 에너지가 떨어지기도 하고, 조에서 원활한 논의가 힘들어지기도 한다. 어떤 경우에는 여러 명의 인원이 갑자기 빠지면서 회의 시간을 부득이 단축해야 하는 경우도 발생한다. 이런 일은 흔하지 않지만 퍼실리테이션 일을 하는 사람들은 아주 가끔은 마주하는 상황이다. 아주 가끔이지만, 우리를 당황하게 만들기에는 충분하고, 이 강렬한 경험은 아쉬운 여운을 오래 남긴다.

1) 상황파악

참여자만큼이나 가야만 하는 이유도 다양하다. 급하게 처리해야 할 업무가 생겨서 회의 도중에 나가기도 하는데(물론 돌아오지 않을 때도 있다), 전화나 문자를 받고 나가거나, 참여자의 매니저가 들어와서 급하게 양해를 구하고 팀원을 데리고 나가기도 한다.

학부모가 참여하는 원탁회의에서는 오후 시간에 자녀들의 하교와 학원 픽업을 위해 회의장을 빠져나가는 경우도 있고, 오후 늦은 시간에는 자영업자들이 가게를 오픈하기 위해서 갈 때도 있다. 농촌 지역의 주민 워크숍에서는 추수나 상품 출하를 위해 회의에 잠깐 참석했다가 가는 경우도 있다.

본인이 생각했던 토론회와 달라서, 주제가 생각보다 어려워서

간다고 말하는 참여자도 있고, 주변에 한두 명이 나가니 쉬는 시간에 조용히 따라 나가는 참여자도 있다. 회의가 마무리되어 갈 무렵에는 이미 본인은 할 말을 다 했으니 미리 빠져나가는 사람들도 종종 발견된다.

2) 영향 인식

참여하고 있는 나머지 사람들은 에너지가 떨어질 수 있다. 가야만 하는 상황이 해당 참여자만의 문제가 아니기는 하지만, 어떤 사정이 있든 모두가 바쁜 와중에 시간을 내어서 회의에 참석하고 있는데, 함께 논의하던 참여자가 사라진다면 논의에 열정을 가진 나머지 참여자들은 의욕이 저하될 수밖에 없다.

주제에 대해 충분히 논의하거나 합의 혹은 결과를 이루기가 어려워질 수도 있다. 논의하는 인원이 적어진다는 것은, 곧 많은 참여자들의 의견을 들어볼 기회가 줄어든다는 것이다. 다양한 관점에서 주제를 바라보는 것이 힘들 수 있으므로, 대규모 회의에서는 특히 조별 논의 결과에 영향을 줄 수 있다.

퍼실리테이터도 참석한 인원이 줄어들면, 그룹의 역동과 논의나 결과에 미칠 변수들에 대해 생각하지 않을 수 없다. 충분한 논의가 이루어질 수 있을지, 모두가 합의된 결과물을 도출할 수 있을지, 나중에 참여자간 갈등이 생기지는 않을지 여러 가지 경우를 생각하고 가장 이상적인 대응 방안을 생각해야 한다.

3) 현장대응

퍼실리테이션 회의를 준비하는 단계에서부터 참석자들의 정보를 최대한 확인해야 한다. 참석하는 사람들의 특성에 대해서 담당자에게서 확인하고, 이전 회의에서의 참석률, 중간에 사람들이 나가는 상황은 없었는지, 지난 회의 참여자들의 피드백은 어떠했는지 함께 점검해 보는 것이 좋다.

참석 대상자들의 정보를 확인해서, 가장 많은 사람이 참여할 수 있는 회의 시간을 담당자와 함께 확인해 보고 필요하다면 조정안을 제안할 수 있어야 한다. 만약 시간을 조정할 수 없다면, 조별 논의하는 인원을 최대한 많이 배정해서, 일부 인원이 빠져나가더라도 남은 참여자들이 주제에 대해 원활히 논의하고 합의해서 결과물을 만들 수 있도록 해야 한다. 물론 조별 인원 구성에 대해서도 담당자와 사전 합의가 필요하다. 중요한 논의는 참여자가 가장 많은 시간대로 회의 프로세스를 구성하는 것도 적합한 방안이 된다.

회의가 시작되고 나서 주요 이해관계자인 사람들이 갑자기 혹은 어쩔 수 없는 상황으로 빠지게 된다면, 해당 참여자들이 없는 상태에서 회의를 끝까지 지속할 것인지 확인하는 것도 필요하다.

만약 이슈와 관련된 주요 이해 당사자들이 빠져버리면 논의 자체가 의미가 없을 수 있으므로, 이러한 경우의 회의 지속 여부는 담당자와 관계자들의 의견을 확인해봐야 한다.

참여자가 많이 빠져나간 조가 발생할 경우에는, 남은 인원으로 논의를 이어나갈 것인지, 같은 주제의 다른 조와 합칠 것인지를, 남아있는 참여자, 담당자 혹은 협력 퍼실리테이터와 빠르게 확인하여 결정하는 것이 좋다. 조가 합쳐질 때는 협력 퍼실리테이터들은 역할을 어떻게 조정할 것인지도 빠른 논의가 필요하고, 혼란을 줄이기 위해서는 이러한 상황을 예상하여 메인 퍼실리테이터가 역할 가이드를 미리 준비하는 것도 필요하다. 인원이 적은 조로 논의를 이어간다면 해당 협력 퍼실리테이터는 적절한 질문을 이어나가며 참여자들이 주제에 대해 충분히 논의하여 의미 있는 결과물이 나올 수 있도록 촉진한다.

중간에 다시 자리에 돌아오는 사람들을 위해서는, 조별 중간 결과물을 잘 보이는 곳에 게시하여, 논의된 내용을 빠르게 이해하고 다음 논의에 참여할 수 있도록 한다. 필요하면 조에서 진행 상황을 업데이트해줄 수 있도록 안내한다.

누군가 특정 참여자를 자주 찾아오거나, 찾는 사람이 많은 참여자가 있다면, 담당자나 회의 관계자를 통해서 정말 급한 일인지 확인해 보고, 회의가 종료된 이후에 해당 건들을 처리할 수 있도록 부탁하는 것도 좋은 방법이 될 수 있다.

4) 역량학습

　퍼실리테이터 역량과 연결을 해보면, 필요한 우선적인 역량은 '프로세스 설계', '참여환경 조성' 역량이다. 부록 편에서 해당 역량과 각각의 하위요소들의 의미를 꼼꼼히 확인하고, 나의 현재 역량과 비교해 보며 한 단계 더 발전시켜 보자.

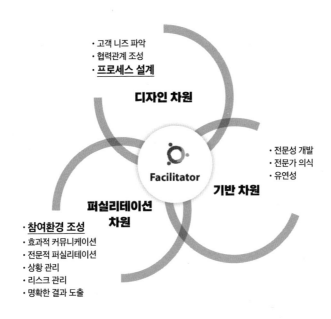

· 고객 니즈 파악
· 협력관계 조성
· **프로세스 설계**

디자인 차원

Facilitator

· 전문성 개발
· 전문가 의식
· 유연성

기반 차원

퍼실리테이션 차원

· **참여환경 조성**
· 효과적 커뮤니케이션
· 전문적 퍼실리테이션
· 상황 관리
· 리스크 관리
· 명확한 결과 도출

[그림 6] 사라지는 참여자에 필요한 퍼실리테이터 역량

- 준비 단계에서 참여자들의 정보와 특성 파악 및 지난 회의 피드백 확인하기
- 이슈와 관련된 주요 이해 당사자들 파악하기
- 가장 효율적인 회의 시간과 프로세스, 조별 인원 분배하기
- 현장에서는 필요한 경우 조별 인원 재조정하기
- 다시 돌아오는 참여자를 위해, 중간 결과물 게시 및 조별 진행 상황 업데이트 해주기

주제와 상관없는 의견을 지속적으로 어필하는 참여자

"제 얘기는요…."

　회의에 참여하는 사람들은 저마다 다른 목적과 기대를 가지고 온다. 새로운 정보를 얻고 사람들의 의견을 나누고 싶어 하는 참여자도 있고, 이슈가 있는 주제에 대해 열띤 토론을 하기 위해 오

는 참여자도 있다. 크게 의견을 주장하지 않아도 다른 사람들이 어떤 생각을 가지고 있는지 알고 싶어 하는 참여자도 있으며, 내가 소속된 지역 사회 혹은 조직, 기관에서 어떤 일들이 일어나고 있는지 어떤 방향으로 흘러가고 있는지 확인하고 싶어서 오는 참여자들도 있다. 참석하는 회의의 주제와 성격에 따라 목적과 기대는 다르지만, 큰 그림의 공통된 목적을 달성하는 것에 참여하고 싶은 마음은 동일하다고 볼 수 있다.

그런데 종종 다른 사람의 의견을 경청하지 않고, 지속적으로 자신의 의견만 말하는 참석자들을 현장에서 발견하곤 한다. 자신의 경험담이나 의견만을 전달하고 정작 다른 사람들의 의견에는 경청하지 않거나 자리를 이탈하는 경우도 있다. 때로는 주제와는 상관없는 이야기를 지속적으로 말하기도 한다. 자신만의 방법으로 본인의 의견을 적극적으로 표현하고 있다고 볼 수도 있지만, 다른 참여자들에게는 좋지 않은 영향을 주어서 그룹의 전체적인 역동성은 떨어지게 만들 수도 있다.

1) 상황파악

논의가 시작되면 사람들은 주제와 관련된 자신들의 의견이나 아이디어를 말하며 함께 공동의 목적을 달성하기 위해 집중하게 된다. 대부분 회의 시간은 제한되어 있기 때문에 그 시간 내에 모두의 의견을 들어보고, 최선의 해결 방안을 찾아 의견과 아이디어들을 모으거나 합의해 나가려고 참여자들은 노력한다.

소규모 회의에서는 전체 의견을 공유할 때 그리고 대규모로 진행되는 회의에서는 조별로 의견을 나눌 때, 주제와 벗어난 이야기를 하는 참여자가 있다. 이런 참여자는 세 가지 유형이 있다. 첫 번째는 평소에 회의 주제와 이슈에 대해 관심이 많아서 하고 싶은 이야기가 많은 경우이다. 너무 적극적으로 논의에 임하다 보니, 주제와 관련된 이야기를 하기도 하고 벗어난 이야기를 하기도 한다. 많은 이야기를 하다 보니 시간을 독점하여 오래 말하기도 한다. 두 번째는 빨리 해결 방안에 대해 논의하고 싶은 참여자이다. 논의할 주제가 주어지고, 문제가 무엇인지, 어떤 영향을 주는지 등에 대해서 다른 참여자들과 함께 순서대로 확인하며 단계별로 논의를 이어가는 것이 아니라, 해결 방안부터 이야기하고 싶어 한다. 그러다 보니 회의 단계를 뛰어넘어 나중에 논의할 것들을 미리 얘기하는 경우가 자주 발생한다. 마지막으로는 회의 주제에 대해서 잘못 이해하고 온 경우이다. 준비한 내용이나 이해한 내용이 다르지만, 주제와는 상관없이 그냥 하고 싶은 말을 하는 참여자이다.

앞서 언급한 어떤 유형의 참여자도 다른 사람들과 그룹의 역동에 영향을 주기 마련이다.

2) 영향 인식

주제와 상관없는 의견들은 때로는 다른 사람들에게도 혼란을 줄 수 있다. 논의하는 주제의 범위가 어디까지인지 사람들은 헷갈릴 수도 있고, 회의 프로세스에서는 이번 단계에서 논의하는 내용과 다음 단계에서 논의할 내용이 중복되거나 생략될 수도 있어서, 최종적인 회의 결과물이 달라질 수도 있다.

지속적으로 주제와 상관없는 의견을 내거나 과도한 비판적인 발언을 하는 참여자에게는, 누군가 불편함을 드러내며 불만을 나타낼 수도 있다. 이는 참여자 간에 갈등으로 번질 때도 있고, 서로 더 이상 이야기를 하지 않으며, 그룹이 대화에 소극적인 태도로 바뀌기도 하고, 전체적인 회의 에너지가 떨어지기도 한다. 또한 해당 참여자가 발언을 독점하게 된다면 결국에는 의견을 말하지 못하는 사람이 나오게 된다. 이는 곧 주어진 시간에 주제에 대한 전체 합의나 결과를 만들어내지 못한다는 말이기도 하다.

3) 현장대응

자토모 멤버들의 현장 경험을 바탕으로 퍼실리테이터가 대처할 수 있는 복합적인 방안들에 대해 제시해본다.

먼저 회의 주제에 대해서는 모든 참여자가 이해했는지 눈높이를 확인해 보는 것이 필요하며, 제한된 논의 시간에 우리가 함께 만들어야 할 결과가 무엇인지도 명확하게 알려줘야 한다.

회의 시작할 때의 체크인Check-in* 활동에서 혹은 첫 번째 논의 단계에서 참여자들의 특성을 미리 파악하는 것도 좋다. 너무 길게 말하거나 발언을 독점하는 사람이 있는지 파악한다. 또한, 같은 내용을 되풀이하며 발언하는 사람은 없는지 확인해 보고, 다음 단계에서부터는 이를 바탕으로 발언의 순서나 발언하는 방법을 효율적으로 변경한다. 필요하다면, 오랫동안 발언을 하는 사람은 순서를 뒤쪽으로 배치하거나, 개개인에게 공통적인 발언 시간을 부여하고 타임키퍼Time Keeper**나 토킹스틱Talking Stick***을 활용하는 것도 도움이 된다.

회의를 진행할 때, 먼저 참여자들이 본인의 의견이나 아이디어를 포스트잇과 같은 스티키노트Sticky Note****나 종이에 먼저 간단히 정리하고, 돌아가며 발언을 하게 하는 것도 방법이 된다. 이 방법은 모든 사람의 의견을 존중하며 결과에 모두 반영하는 것을 시각적으로 보여줄 수 있으며, 주제에 벗어난 의견이 있을지라도 관

---

*   회의 시작 단계에서 주로 활용되고 있음. 빠른 속도로 돌아가면서, 이름과 어디에서 왔는지 소개함. 재미를 위해 동물과 같은 메타포를 사용하도록 요청할 수 있음. ICA(Institute of Cultural Affairs) 한국지부인 ORP연구소에서 관련된 정식 교육을 받을 수 있음.

**   시간을 기록하는 사람. 회의 중에는 참여자들이 발언 시간을 균등하게 가지려고 활용되고 있음.

*** 발언권이 주어지는 작은 막대나 지팡이. 다른 사람이 끼어들거나 방해하지 못하도록 규칙을 정하고, 발언자의 말에만 경청할 수 있도록 활용되고 있음.

**** 포스트잇과 같은 접착식 메모지. 회의 중에는 개인의 의견을 기록하는 데 활용되고 있음.

련된 연관성을 모두와 함께 찾아보며 비슷한 내용에 포함할 수 있다. 만약 연관성을 찾기 어렵거나 완전히 다른 주제의 의견이라면, 생각 주차장Parking Lot*을 만들어 시간이 허락할 경우 나중에 추가적으로 함께 논의할 수도 있고, 다음 회의에서 논의 가능한 사안이 될 수 있음을 언급하며 모두가 의견을 볼 수 있도록 붙여둔다. 퍼실리테이터는 항상 참여자가 말하고자 하는 내용이 비판적일지라도 그 내용의 중요성에 대해 공감하고 적절한 대응을 하는 것이 필요하다. 또한, 발언하는 모든 사람을 존중해주고 그 에너지들을 그룹으로 가져와 그룹이 활발히 의견을 주고받을 수 있도록 촉진해야 한다.

담당자나 현장 관계자와 함께 대응하는 것도 필요하다. 퍼실리테이터 혼자서 이러한 변수에 대처하려다 보면, 나중에 문제가 커지거나, 해결하기 어려운 상황이 발생할 수도 있다. 퍼실리테이터는 항상 참여자의 발언에 호기심을 가지고, 긍정적인 의도를 찾아내기 위한 노력은 하되, 문제가 될 만한 상황들이 발견되면, 회의 쉬는 시간을 활용하여 담당자에게 해당 이슈들을 알려주고, 대처방안을 함께 논의하는 것이 좋다.

---

* 주제에서 벗어나는 주제로 가지 않도록 하면서, 아이디어 제안자를 존중하는 기법으로 의견을 담아두는 주차장의 역할을 함.

4) 역량학습

이러한 상황에서 퍼실리테이터에게 우선적으로 필요한 역량은 '유연성', '상황관리', '참여환경 조성'이라고 할 수 있다. 해당 역량들의 의미를 현장과 연결해보고, 나의 현재 역량과 비교해 보며 한 단계 더 발전시켜 보자. 자세한 역량별 정의와 하위 요소들은 부록 편에서 살펴볼 수 있다.

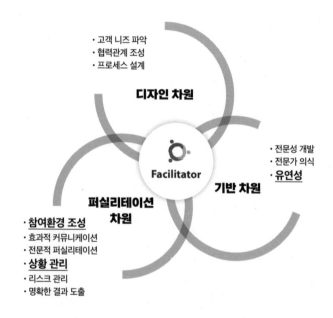

[그림 7] 주제와 상관없는 의견을 지속적으로 어필하는 참여자에 필요한 퍼실리테이터 역량

주제와 상관없는 의견을 지속적으로 어필하는 참여자

- 회의 주제에 대해 참여자들의 이해도를 확인하기
- 제한된 논의 시간 동안에 함께 대화하고 만들어야 할 결과가 무엇인지 명확히 하기
- 참여자들의 특성을 파악하여, 발언의 순서나 방식을 효율적으로 적용하기
- 논의를 하기 전에, 의견과 아이디어를 먼저 작성하며 정리하기
- 주제와 다른 의견은 연관성을 함께 찾거나 생각 주차장Parking Lot 활용하기
- 담당자나 현장 관계자와 함께 대응하기

프로세스를 이해하지 못하고
불만을 표시하는 참여자

"잠시만요!"

퍼실리테이션 회의가 진행되는 동안, 불만을 표시하는 참여자

가 나타날 때가 있다. 특별한 요구사항을 가지고 있을 때도 있고, 자신이 주장하는 의견을 강하게 피력할 때도 있으며, 주제와 이해관계가 있는 경우도 그렇다.

모두가 궁금해하는 사항이 덕분에 해소되기도 하며, 논의하는 주제에 새로운 관점을 보여주기도 한다. 하지만 때로는 이러한 참여자로 인해 다른 사람들의 원활한 논의를 어렵게 만들기도 한다.

1) 상황파악

참여자는 본인이 생각한 것과 다르게 프로세스가 흘러간다고 생각할 수도 있다. 회의에 참석하면 주제에 대해서 바로 토의나 토론을 시작할 것이라 생각하고, 본인의 의견을 전달하는 것에 초점을 맞춘 경우가 그렇다. 적극적이고 의욕이 넘치는 참여자인 경우는 회의 중에 다른 사람들에게 좋은 영향을 주기도 한다. 하지만 보다 민감하고 잠재된 갈등이 있는 주제라면 상황이 달라지기도 한다. 당장 무언가를 주장하고 관철시켜야 하는데, 회의 프로세스가 생각하는 것과 다르다면, 이내 회의 진행 절차에 대해 불만을 토로하기도 한다.

일례로 이해집단 간의 숨어 있는 갈등을 함께 확인하기 위해 회의 초반에 '리치 픽처Rich Picture*'라는 도구를 사용하기도 하는데, 논의하지 않고, 주제와 관련된 '그림을 그려보라는 것' 자체에 일부 참여자들은 거부감을 가지기도 한다. 익숙하지 않은 방식인 데다 그림을 그리는 것이 주제에 맞지 않다고 생각하는 것이다. 또한, 앞으로의 원활한 대화를 준비하기 위한, '체크인check-in'이나 '아이스브레이킹'을 하는 회의의 첫 단계에서도 누군가는 '레크레이션'하러 왔냐고 불만을 제기하기도 한다. 회의가 시작되면 바로 주제에 대해 의견을 말하고 때로는 관계자로부터 속 시원하게 관련된 답을 듣고 싶은데 그렇지 않다고 생각하기 때문이다.

2) 영향 인식

회의 프로세스에 불만을 표시하는 참여자는, 왜 이런 회의 순서가 필요한지 전체 혹은 조별 회의에서 질문하기도 한다. 프로세스에 대해서, 충분한 설명이 되지 않았거나, 이해가 되지 않은 다른 사람들도 있을 수 있기 때문에, 이와 같은 경우에는 오히려 오늘 회의 절차가 어떻게 되는지, 각 활동은 어떤 의미가 있는지 모두가 잘 이해할 수 있는 기회가 되기도 한다.

그러나 적절히 해소되지 않는다면, 불만을 표시한 사람은, 본인이 생각하는 것과는 다르게 회의가 진행되기 때문에 적극적인 회의 참여가 어려워질 수도 있고, 심지어는 회의장을 이탈하는 상황

---

* 참여자의 생각을 그림이나 이미지, 기호 등으로 표현하고 그룹의 숨어 있는 이슈와 문제를 찾아내는 데 활용되고 있음.

이 발생하기도 한다.

또한, 주변의 다른 사람들에게도 비슷한 영향을 주기도 한다. 퍼실리테이션 회의 경험이 없거나, 민감한 주제일 경우 일반 참여자 혹은 이해관계자들은 불만을 표출하는 참여자와 비슷하게 동조하게 되며, 회의 자체에 대해 불신을 가지게 될 수도 있다. 갈등이 내재되어 있는 회의장에서는 서로의 불만과 갈등이 심화될 수도 있다.

3) 현장대응

먼저 회의의 성격과 주제, 참석자에 대한 정보를 자세히 파악하는 것이 중요하다. 고객에게는 지속적으로 질문을 하며 의뢰받은 회의와 관련된 정보를 요청해야 한다. 그래서 어떤 회의인지, 어떤 사람들이 참석하게 되는지, 이번 주제와 관련하여서는 이전에 어떤 과정을 거쳐왔는지, 갈등 관계는 없는지, 주제에 대해서 참석자들이 얼마만큼 알고 오는지, 이해관계가 있는 주제인지 아닌지 정확히 알고 프로세스 준비 단계로 넘어가야 한다.

회의 프로세스를 디자인할 때에는 준비하는 퍼실리테이터의 경험도 중요하지만, 참석자가 회의 프로세스에 얼마만큼 쉽게 적응하며 활발한 의견 교환을 할 수 있을지 생각해보는 것이 필요하다. 익숙한 퍼실리테이션 프로세스와 기법, 도구들이 있겠지만 모든 회의에 일괄적으로 적용하는 것은 무리가 있다. 공동의 목적을 달성하는 데 도움이 될 수 있도록 가장 효과적이고 최적화된 방법을 적용해야 한다. 갈등이 잠재된 회의에서는 사람들이 오해를 살만한 회의 단계는 없는지, 연속된 회의라면 불필요하고 반복된 단계는 없는지, 복잡하고 시간이 여유롭지 않은 회의라면 줄이거나 합쳐야 하는 회의 단계는 무엇인지를 지속적으로 점검해 보고 프로세스를 수정해 나가야 한다. 그리고 함께 하는 고객이나 협력 퍼실리테이터들과 여러 차례 시뮬레이션을 거치면서 회의 중 발생할 수 있는 변수들이 무엇이 있는지 확인해 보는 것도 필요하다.

현장에서 퍼실리테이션 회의가 시작되면, 참여자들에게 오늘의 회의 목적과 결과물을 포함하여 회의 프로세스에 대해 충분히 설명하고 사람들의 이해를 확인해야 한다. 대규모로 진행되는 경우에는, 조별 협력 퍼실리테이터들이 한 번 더 확인하는 것도 좋은 방법이다. 프로세스가 어떻게 구성되어 있고 각 단계에서 사용하는 기법과 도구들이 어떤 의미가 있는지, 협력 퍼실리테이터들은 잘 이해하고 있어야 한다.

회의 단계나 사용하는 도구에 대해서 불만이나 어려움을 말하는 사람이 나타난다면, 퍼실리테이터는 참여자의 입장에서 마음을 충분히 이해해주고 공감해주는 것도 필요하다. 만약, 앞서 언급했던 리치 픽처Rich Picture가 꼭 필요한 회의에서 사람들의 반응이 부정적이라면, 이 활동을 통해 새로운 사고를 할 수 있었던 좋은 사례들을 알려주고, 이번 회의의 참여자들도 우선 이 활동을 경험할 수 있도록 독려하는 것이 좋다.

오늘 회의 목적에 대해 충분한 정보가 없거나, 오로지 하고 싶은 말을 하기 위해서 참석한 사람이 회의에 대해 불만을 제기하는 경우도 있다. 이런 경우에는 오늘 회의에 대해 어떤 내용으로 알고 참석했는지, 참여자가 말하고 싶은 것은 무엇인지 확인하고 대응하는 것이 좋다. 한번은 '주차장 입지 선정'을 위한 회의가 있었는데, 주차장 설립 자체를 반대하기 위해 참석한 참여자가 있었다. 이전의 토론에서 '주차장 설립 여부'에 대해 찬성과 반대의 근소한 차이로 이미 주차장 설립이 결정되었지만, 여전히 반대의 입장에서 다음 회의에 참여하여 불만을 드러낸 것이었다. 퍼실리테이터의 입장에서는 처음 진행하는 회의일지라도 참여자의 입장에서 이슈와 관련된 전체 과정에 대해 잘 이해하고 있어야 대처가 가능한 상황이라고 할 수 있다.

4) 역량학습

관련 역량을 살펴보면, 필요한 우선적인 역량은 '프로세스 설계', '참여환경 조성', '효과적인 커뮤니케이션', '리스크 관리' 역량

이다. 부록의 퍼실리테이터 역량 표를 활용하여 해당 역량과 역량
별 하위요소들을 점검해 보고 나에게 부족한 역량을 성찰하며 발
전시켜 보자.

[그림 8] 프로세스를 이해하지 못하고 불만을 표시하는 참여자에 필요한 퍼실리테이터 역량

프로세스를 이해하지 못하고 불만을 표시하는 참여자

- 회의 성격과 주제, 참석자, 이전 회의 결과에 대한 정보 자세히 파악하기

- 참석자의 특성에 맞는 최적의 도구와 기법을 적용하여 프로세스 디자인하기

- 시뮬레이션을 통해 발생할 수 있는 변수들을 확인하기

- 단계별 활동의 좋은 사례를 준비하여 참여자들도 경험할 수 있도록 촉진하기

- 참여자들의 회의 주제 이해도와 참여의 목적 확인하기

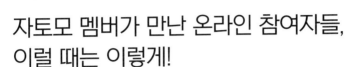

자토모 멤버가 만난 온라인 참여자들, 이럴 때는 이렇게!

온라인 퍼실리테이션 역량

코로나로 인해 비대면, 온라인, 재택근무가 급속히 확산되고, 많은 사람들이 직접적으로 혹은 간접적으로 이를 접하게 되는 속도도 빨라졌다. 개개인은 코로나로부터 안전하고 물리적으로 독립된 공간에서 일을 하는 시간이 많아졌지만, 함께 이야기를 나누고 지혜와 지식을 모으는 일은 이전보다 더욱더 필요해졌다.

코로나가 시작되고 사회적 거리 두기가 강화되던 비대면 초기에는 소규모 온라인 회의는 지속적으로 진행되었지만, 많은 인원이 참여하는 대규모 회의나 교육들은 급하지 않은 것은 취소하거나, 일정을 연기하는 경우가 많았다. 하지만 코로나 확산과 변이의 출현으로 사회적 거리 두기가 지속되고 강화되자, 더 이상 미룰 수 없었던 대규모 워크숍, 토론회, 교육들이 온라인 상에서 점차 늘어나게 되었다.

퍼실리테이터에게는 이 상황들이 새로운 도전이자 기회의 시기이기도 하였다. 기존에 오프라인으로만 진행되었던 것들을 온라인 환경에서 프로세스와 도구들을 구현하여, 참여자들과 함께 상호작용하며 퍼실리테이션을 해야 했다. 우리에게는 기존 역량과 더불어 온라인 퍼실리테이션 역량들도 필요하게 되었다. 이제는 오프라인의 대안으로서 온라인이 아닌, 온라인 퍼실리테이션 그 자체의 대체 불가능한 중요함과 효과 그리고 효율성의 측면에서 새로운 온라인 퍼실리테이션 역량도 빠르게 발전하고 있다.

자토모 멤버들로부터, 온라인에서 회의를 진행하며 만났던 참여자들에 대해 이야기를 나누며, 그 속에서 겪었던 어려움과 이를 해결하기 위해 활용했던 경험들을 들어보았다. 내가 만약 같은 상황 속의 퍼실리테이터라면 어떻게 행동을 할 것인지 함께 생각해보자.

화면을 끄고 참여하는 온라인 참여자

온라인 회의 혹은 토론회가 시작되었는데, 일부 참여자들의 모습이 잘 보이지 않는다. 본인의 얼굴이 아닌 몸의 일부만 보이도록 화면을 맞춰놓은 참여자들이 보인다. 머리만 보이기도 하고, 한쪽 팔만 보이기도 하고, 목만 보이는 사람도 있다. 전등을 비추거나 다른 배경으로 카메라를 맞춰놓은 참여자도 있으며, 심지어는 화면을 꺼둔 채로 참석하는 분들도 있다.

회의가 시작될 때 이런 참여자들과 마주하게 되면, 퍼실리테이터는 머릿속이 복잡해지기 시작한다. 어떻게 대처하느냐에 따라, 오늘 회의에 모두가 적극적으로 참여하고 많은 논의가 이루어지는 시간이 될 수도 있고, 사람들이 서로 눈치 보며 소극적으로 단지 참석만 하는 힘든 시간이 될 수도 있다.

1) 상황파악

온라인 회의가 시작되기 전에 회의 시스템에 접속하여, 당일의 네트워크 환경을 파악하고, 발생할 수 있는 문제들에 대해서 먼저 점검해 본다. 사람들이 한 명씩 접속할 때, 동료 퍼실리테이터들과 함께 확인하며, 필요하면 참여자들의 화면과 마이크 접속 상태를 확인하는 것이 필요하다. 대규모로 진행되는 경우에는 조별 회의가 진행될 때, 인사를 나누며 간단히 서로 소개를 하면서 개인별 접속 상태를 점검할 수 있다. 이 시간을 통해 오늘 참여자들의 전반적인 상황을 확인하며, 화면 조정, 재접속 등 적절히 대응할 수 있다.

처음에는 화면을 켠 채로 접속하여 참석 여부와 접속 상태를 확인하였지만, 회의가 시작되었을 때 혹은 조별 회의가 진행될 때에는 화면을 끈 채로 참석하는 사람들이 종종 있다. 전체 참여자와 흐름에 영향을 줄 수 있기 때문에, 해당 참여자가 어떤 상황인지 빠르게 확인할 필요가 있다.

화면을 끄고 접속한 경우는 두 가지 공통적인 상황들이 있었다. 첫 번째는 접속 디바이스Device*의 종류에 따른 경우이다. 노트북이나 태블릿으로 접속하는 경우는 크게 문제가 없으나, 핸드폰으로 접속하는 경우에는 확인할 필요가 있다. 화면을 전환하거나, 글 작성을 위해 다른 앱으로 들어갈 경우 본인의 접속화면이 자동으로 꺼지는 경우가 있기 때문이다. 이러한 경우의 참여자는 계속

---

* 온라인 회의 접속을 위한 기계장치. 스마트폰(핸드폰), 태블릿 PC, 랩톱(노트북), 데스크톱(PC) 등을 통칭함.

접속을 하며 적극적으로 참여를 하는 경우가 많기 때문에 문제가 되지 않을 때가 많다. 다만 사전에 이러한 상황이 발생할 수 있는 것을 인지하게 하고, 노트북이나 태블릿으로 접속할 수 있도록 미리 안내하는 것도 필요하다. 서로 진지하게 참여하는 모습을 보는 것만으로도 참여환경 조성은 물론, 서로를 존중하며 시너지를 낼 수 있다.

두 번째는 다른 회의에서도 화면을 꺼놓고 참여해온 경우이다. 이런 경우는 퍼실리테이터들이 대응하기에 쉽지 않은 케이스이기도 하다. 기업에서 진행되는 회의나 워크숍은 이런 경우가 드물지만, 일반 시민들이 참여하는, 공공기관에서 진행되는 회의에는 이러한 경우가 종종 발생하곤 한다. 어떤 참여자들은 당연히 화면을 꺼도 된다고 생각하고 있으므로, 화면이 꺼져 있다는 것을 알려주고, 도움이 필요한지 확인할 필요가 있다.

그 밖에도 참여자의 카메라가 다른 곳을 비추고 있거나, 얼굴이 아닌 신체의 다른 부분이 보이는 경우도 있는데, 이런 경우들도 역시 어떤 상황인지를 확인하며, 대응하는 것이 필요하다. 뚜렷한 목적을 가지고 참여하는 경우에는 화면에 본인의 모습이 잘 나오지 않더라도 토의하거나 진행하는 데 있어서 크게 문제가 되지 않는 경우도 있으니, 다양한 상황을 빠르게 확인하고 대응하는 것은 퍼실리테이터에게 필요한 새로운 온라인 회의 역량이기도 하다.

2) 영향 인식

온라인 회의가 진행될 때에는 대부분 퍼실리테이터가 공유하는 화면을 주로 보기 때문에, 사람들이 서로의 얼굴을 보는 경우는 사실 많지는 않다. 하지만 자토모 멤버들의 공통적인 경험에서는 화면이 꺼져 있는 경우에는 해당 참석자가 참여를 잘 하지 않는 경우가 많았다고 한다.

온라인에서도 확인할 수 있었던 것은, 본인의 정리된 의견을 나눌 때 혹은 토론을 이어갈 때는 서로의 모습을 보면서 의견을 나누면 훨씬 더 몰입도가 높아지고, 다양한 의견을 수렴하고 발전시켜 나갈 수가 있다는 것이었다. 그래서 온라인 회의가 시작되는 초반에는 사람들이 서로의 모습만으로도 서로에게 영향을 주고받을 수 있으므로, 분위기를 파악하는 것도 필요하다.

특히 화면을 끈 채로 있는 참석자의 경우에는, 회의가 진행되는 동안 참여하고 있는지를 알 수 없기 때문에, 그대로 방치하고 진행하는 경우 다른 참석자들에게도 불만이 생길 수가 있다. 회의가 끝나고 난 다음에도 수렴된 결과들에 대해 모두의 의견이 반영된 것이 아니라고 생각할 수도 있으며, 회의 이후의 설문 조사에서 낮은 만족도를 나타내는 경우들도 있다. 이런 불만을 느끼게 된 참여자들의 경우에는 온라인 회의에 대해 좋지 않은 감정이 쌓이게 되고, 다음에는 참여율을 떨어트리는 요인이 되기도 한다.

3) 현장대응

그라운드 룰Ground Rule에 '회의가 시작되면 화면을 켜고 참여를 한다'는 내용을 넣고 이를 전체가 모여있는 시작 시점에 환기시켜주는 것이 좋다. 대규모로 진행되는 경우에는 이를 먼저 언급하여 주의를 환기시키는 것이 필요하며, 경우에 따라서는 조별로 진행이 될 때, 서로 인사를 나누고 오늘 우리 조에서 지킬 약속을 같이 정하면서 해당 내용을 함께 언급해 주는 것도 방법이 될 수 있다.

시작할 때, 참여자들의 모습을 화면캡쳐 하는 것도 좋은 방법이다. 참여자들의 전체 모습을 담아 결과물에 반영하는 경우에는, 전체 혹은 조별 모습을 사진찍으면서, 본인의 모습이 잘 나오도록 카메라 세팅을 할 수 있도록 안내한다. 화면에 비치는 모습들이 서로에게 그리고 오늘 회의에 영향을 줄 수 있음을 직접 퍼실리테이터가 언급하는 것도 촉진의 방법이다.

사전에 다양한 경우를 생각해보며 퍼실리테이션을 준비하는 과정에서, 이러한 상황에서는 어떤 멘트로 어떻게 말할 것인지, 참여자들 입장에서는 어떻게 들릴 수 있는지를 종합적으로 고려해야 한다. 참석하는 사람들의 배경, 주제의 성격에 따라서도 퍼실리테이터의 멘트는 다양하게 달라질 수 있다.

온라인으로 하는 회의는 자유로운 공간에서 가능하다는 특성이 있지만, 참석하는 사람들은 본인의 공간을 노출하고 싶어 하지 않는 경우도 있다. 뒷배경에서 나올 수 있는 돌발상황이나, 집안 환경을 보여주고 싶어 하지 않는 거부감으로 인해 심리적 안정감이 낮을 수 있다. 온라인 회의가 진행되기 최소 하루 전에는, '참여공간 확보' 안내와 '가상배경 설정' 방법을 공지하는 것도 필요하고, 당일에도 참여자들의 참여공간과 네트워크 환경 확인 및 가상배경 설정을 안내하고, 필요한 참여자들은 설정을 도와주는 것도 심리적 안정감을 높일 수 있는 좋은 방법이 된다.

화면이 꺼져 있지만, 채팅으로 대화에 열심히 참여하는 사람들도 간혹 있다. 우선 다른 참여자들과의 형평성을 고려하여, 화면을 켜고 마이크를 통해 참여할 수 있도록 한다. 혹시 기술적인 어려움이 있는 경우에는 다른 참여자들의 동의를 구해, 채팅창을 통해 참여할 수 있도록 하고, 퍼실리테이터가 의견을 대신 읽어주며, 해당 참여자가 마지막까지 잘 참여할 수 있도록 촉진하고 배려해주는 것도 필요하다.

별다른 이유 없이 화면을 끄는 사람들의 경우는, 본인이 손해를 보는 경우가 생기면 카메라를 켜는 경우도 있다. 참석을 인정해주지 않거나, 참석자 혜택을 주최 측에서 주지 않는 경우이다. 사전에 고객이나 회의 관계자와, 참여율을 높이기 위해 이러한 내용을 논의하는 것도 필요하다.

4) 역량학습

　해당 상황을 퍼실리테이터 역량과 연결해보면, 우선적으로 필요한 것은 '참여환경 조성' 역량이다. 해당 역량에 대해 온라인 회의 전후로 필히 점검해보고, 지금의 나와 비교, 성찰해보며 역량을 발전시켜 나가보자. 부록 편에서 해당 역량의 정의와 하위요소들을 자세히 살펴볼 수 있다.

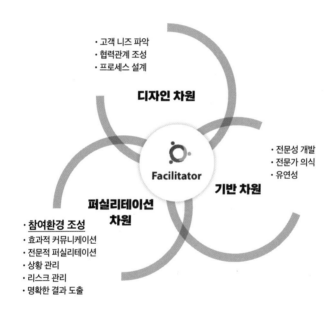

[그림 9] 화면을 끄고 참여하는 온라인 참여자에 필요한 퍼실리테이터 역량

화면을 끄고 참여하는 온라인 참여자

- 전체 그라운드 룰Ground Rule을 활용하거나, 조별 인사를 나누며 약속 정하기
- 참여자들의 모습을 사진으로 기록하며 카메라 위치 안내하기
- 참여하는 공간 확보와 가상배경 설정 방법 안내하기
- 기술적인 어려움이 있는 참여자의 경우는 다른 참여자들의 동의를 미리 구하기
- 마이크, 채팅창, 온라인 화이트보드 등을 활용하여 참여할 수 있도록 촉진하기

참여 의지는 있으나,
온라인에 대한 기술적 지식이 없는 참여자

"잘 안돼요~"

온라인 회의를 진행하다 보면, 뭔가 안된다고 하는 참여자들이 발생하곤 한다. 사용하는 온라인 회의 도구들이 익숙하지 않아서

어려워하는 경우도 있고, 접속하는 디바이스나 네트워크 접속 환경에 따라 불편을 호소하는 경우도 있다.

회의를 준비하는 과정이나 리허설 과정에서 이러한 문제가 종종 확인되는 것은 물론, 회의가 진행되는 동안에도 비일비재하게 마주하게 된다. 리허설이나 회의 초기에 문제가 확인되면, 해결하는 데 시간적 여유가 있지만, 회의가 진행되는 동안 이러한 이슈가 발생하면 때로는 원활한 논의를 진행하는데 장애가 되기도 한다.

1) 상황파악

온라인 회의가 잘 안된다고 호소하는 참석자가 발생하는 경우는 세 가지로 구분해볼 수 있다.

첫 번째는 접속하는 디바이스 문제이다. 참여자들은 다양한 디바이스로 접속한다. 보통은 데스크톱Desktop이나 랩탑Laptop을 많이 사용하여 접속하지만, 태블릿Tablet PC나 스마트폰Smart phone을 이용하여 접속하는 경우들도 있다. 줌Zoom*과 같은 화상회의 도구에 접속하는 것은 크게 문제가 되지 않지만, 온라인 화이트 보드나 채팅창에 의견을 남길 때는 태블릿이나 스마트폰으로 접속한 분

---

* 온라인 회의를 할 수 있도록 만들어진 클라우드 플랫폼. 비디오와 오디오 회의, 채팅, 웨비나 등을 진행할 수 있도록 구현되어 있음.

들이 잘 안 된다고 이야기하는 경우들이 있다.

두 번째로는 참여자의 네트워크 환경의 문제이다. 접속하는 와이파이의 속도 차이로 인해서 화면이 끊기거나 소리가 잘 들리지 않거나, 심지어는 접속이 끊기는 경우도 있다. 와이파이가 잘 안된다며, 온라인으로 회의를 할 때 왜 와이파이를 제공해주지 않느냐고 불만을 제기하는 경우도 있었다. 간혹 이동하면서 접속하는 사람들도 있는데 이런 경우에는 접속 상태가 불안정할 때가 많아서, 의견을 말하는 당사자는 물론, 기록을 하는 퍼실리테이터도 어려움이 발생하기도 한다.

세 번째로는 줌Zoom, 웹엑스Webex*, 미로Miro**, 알로Allo***, 잼보드Jamboard****, 패들렛Padlet***** 등 온라인 회의 도구들에 대해 익숙하지 않은 경우이다. 온라인 회의가 많이 진행되고 있는 요즘에는 온라인 회의 도구들에 대해서 많이 익숙해졌지만, 비대면으로 진행되는 초기에는 익숙하지 않은 도구들에 대해 불편을 호소하는 경우도 많았다. 물론 지금도 온라인으로 의견을 먼저 작성하며 정리할 때, '스티커 메모Sticker Memo'****** 선택이 잘되지 않거나, 입력

---

*   온라인 회의를 할 수 있도록 만들어진 클라우드 플랫폼. 보안 기능이 강화되어 있음.

**   모든 팀을 위한 시각 협업 플랫폼(https://miro.com/ko)

***   협업 워크스페이스 플랫폼(https://allo.io)

**** 구글의 공동작업 디지털 화이트보드.

*****사람들과 콘텐츠를 만들고 공유할 수 있게 하는 웹사이트(https://padlet.com)

했는데 지워지거나, 실수로 다른 사람의 의견을 삭제하는 등의 문제가 발생하곤 한다.

사람들은 참여 의지가 있었지만, 온라인에 대한 기술적인 지식이 충분하지 않았다는 것이, 자토모 멤버들이 공통적으로 경험했던 내용이었다.

2) 영향 인식

이러한 문제들은 회의 시간을 지체시켜 원활한 진행을 어렵게 한다. 온라인으로 접속하는 디바이스와 네트워크 환경은 참여자들만큼이나 다양하다. 회의에 참여하는 데 크게 문제가 없는 경우도 있지만, 참여에 어려움이 발생하면 해당 문제를 해결하기 위해 퍼실리테이터가 신경을 쓸 수밖에 없다. 자연히 그 문제를 해결하는 데 시간이 소요되기 때문에 전체 논의해야 할 회의 시간은 줄어들게 된다.

또한, 주제에 관한 관심에 따라 다르기는 하지만, 온라인의 특성상 접속과 의견을 나누는 것이 원활하지 않을 경우, 참여자들은 서로에 대한 집중도가 떨어질 수 있다. 개개인의 상황에 대해 이해하지 못하고, 내 의견을 전달하는 것에만 신경 쓰게 되고, 다

***

****** 온라인 회의에서 의견을 기록할 때 사용되고 있는 온라인 포스트잇. 회의에서 사용되는 온라인 화이트보드 도구에 따라 명칭이 조금씩 다름.

른 사람들의 의견에는 크게 관심을 가지지 않는 경우가 발생하게
된다.

문제가 해결되지 못하고 지속되면, 한 번의 경험만으로도 사람
들은 '온라인 회의'에 대해 부정적인 견해를 갖게 된다. 실제로 충
분히 준비되지 않은 온라인 회의에 참석했던 참여자들은, 이후 회
의는 비대면보다는 대면이 더 좋겠다는 피드백을 주었다. 물론 잘
준비가 된 온라인 회의였던 경우에는, 참여자들의 시간과 공간적
인 문제를 해결하여 더 다양한 사람들이, 더 많이 참여할 수 있는
훌륭한 방식이라는 피드백을 남겨주기도 하였다.

3) 현장대응

온라인으로 접속하는 디바이스, 네트워크 환경은 참여자들만
큼이나 다양하다. 그래서 개개인의 상황을 서로가 이해하며 격려
하는 것이 필요하다. 이를 위해서는 회의가 시작될 때 퍼실리테이
터가 서로에게서 발생할 수 있는 문제에 대해 언급하며, 누구에게
나 일어날 수 있는 일임을 알려주고, 서로 격려하며 잘 마무리할
수 있도록 가이드를 하는 것이 필요하다.

아이스브레이킹을 통해 사람들의 접속환경과 상태를 빠르게
파악하여, 도움이 필요한 참여자가 누구인지 확인하고, 바로 해결
할 수 있는 것은 회의 초반에 해결해 주는 것이 좋다. 당장 문제가

해결되지 않는 경우에는 쉬는 시간을 활용하는 것도 회의 시간을 조절할 방법이 된다.

회의가 진행되는 동안에는, 참여자들의 상황에 따라, 의견을 퍼실리테이터가 대신 입력하거나, 기록된 의견을 대신 읽어주는 것도 필요하다. 참여자 스스로 의견 정리하여 제안하는 것이 필요할 경우에는, 주변의 종이에 글로 적어서 화면으로 보여주게 하는 것도 고려해 볼 수 있다.

대규모 회의의 경우에는, 사전에 접속할 디바이스에 대한 안내와 당일 접속하는 개인별 네트워크 환경에 대해서도 충분히 안내할 필요가 있다. 또한 회의 전날에는 사람들이 시스템에 미리 접속해볼 수 있도록 리허설을 하고, 화면, 마이크, 스피커 등을 테스트하며, 당일에 일어날 수 있는 문제들을 줄여나가는 것이 좋다.

회의 프로세스를 구성할 때에 참석하는 대상과 연령을 고려하는 것도 필요하다. 가능하면 온라인 도구 사용 빈도는 최소화하도록 하고, 참여자 대다수에게 가장 쉬운 도구를 선택해야 한다. 회의 단계는 단순하고 반복적으로 디자인하여 사람들이 쉽게 이해할 수 있게 하는 것이 좋다. 이외에도 화면 전환이 필요한 오픈 채팅방 운영이나 카메라앱을 사용해야 하는 QR코드 등은 회의 프로세스에서 필요한가를 한 번 더 확인해야 한다. 참석 대상자의 특성에 따라 디지털 리터러시Digital Literacy* 역량을 갖추어서 진행해야 하는 경우에는, 관련된 도구 활용 교육을 위해 시간을 별도 편성하는 것도 필요하다.

이외에도 참석자들에게는 회의에 사용할 온라인 도구들에 대해 사전에 안내하는 것도 필요하며, 사용할 디바이스에 미리 앱을 설치하거나 설치된 앱은 최신 버전으로 업데이트할 수 있도록 안내도 해야 한다.

온라인 회의 도구들도 계속 진화하고 있어서 퍼실리테이터들은 새로운 기능에 대해서도 잘 알고 있어야 하고, 사람들이 불편을 느끼지 않고 익숙하게 의견을 주고받고 기록할 수 있는 방법에 대해 지속적으로 고민해야 한다.

4) 역량학습

이러한 상황을 퍼실리테이터 역량과 연결해 보면, 우선적으로 필요한 역량은 '전문적 퍼실리테이션', '프로세스 설계', '리스크 관리', '전문성 개발'이다. 해당 역량들에 대해서도 온라인 회의 사전 혹은 사후에 함께 점검해 보며, 필요한 역량들을 발전시켜 나가보자. 역량별 정의와 세부 하위요소들은 부록 편에서 확인할 수 있다.

---

* 디지털 기기에 대한 이해와 활용 능력.

- 고객 니즈 파악
- 협력관계 조성
- **프로세스 설계**

디자인 차원

Facilitator

- **전문성 개발**
- 전문가 의식
- 유연성

기반 차원

퍼실리테이션 차원

- 참여환경 조성
- 효과적 커뮤니케이션
- **전문적 퍼실리테이션**
- 상황 관리
- **리스크 관리**
- 명확한 결과 도출

[그림 10] 온라인에 대한 기술적 지식이 없는 참여자에 필요한 퍼실리테이터 역량

참여 의지는 있으나, 온라인에 대한 기술적 지식이 없는 참여자

- 회의 시작 시, 누구에게나 발생할 수 있는 기술적 문제에 대해 미리 언급하기
- 인사 나누기를 통해 참여자들의 접속환경과 상태 파악하여, 초반에 문제 해결하기

- 필요하면 퍼실리테이터가 참여자 대신 의견을 기록하거나 읽어주기
- 온라인 도구 사용 빈도는 최소화하고 가장 쉬운 도구 선택하여 프로세스 구성하기
- 사용할 온라인 도구의 사전 안내와 설치 가이드 전달하기

3

협업하는
퍼실리테이터

FACILITATOR

"고립되며 외롭고 싶은 게 아니라, 혼자 사는 것을 기본으로 두고 필요시 사람들과 적당히 어울리고 싶은 것이다. 혼자와 함께의 중간 지점, 즉 혼자이지만 가끔 함께가 되는, 서로 연결되기는 했지만 끈끈하지는 않은 느슨한 연대인 것이다."

— 『언컨택트』, 김용섭*

---

* 김용섭, 『언컨택트』, 2016, 퍼블리온.

♦

유연한 신뢰의 조직으로
함께하기

'즐겁게 춤을 추다가 그대로 멈춰라!'

어릴 적 즐겨하던 놀이를 떠올려 본다. 친구들이 즐겁게 춤을 추다가 몇 명이 짝꿍이 되어, 함께 모이라고 하는 주문이 나오고 노래가 멈추면 주문에 따라 몇 명이 모이는 놀이이다. '몇 명 모여 ~'라는 주문이 흘러나오면 자연스럽게 세 명 또는 다섯 명씩 모이고 모인 친구들은 즐거워하며 환호했던 경험이 떠오를 것이다.

현장의 요구에 따라 퍼실리테이터는 협업을 위해 연대를 구성하기도 하며 서로의 성장을 위한 학습조직을 구성하기도 한다. 자신이 경험했던 퍼실리테이션의 어려운 점과 프로세스 아이디어도 나눈다. 현장 속의 퍼실리테이터들이 가장 필요로 하는 것은 자신의 경험을 공유하며 서로 배우고 나누는 것이다.

자토모의 탄생 배경은 다양한 퍼실리테이터들이 공동의 작업에 함께 협력하는 경험을 통해서 이루어졌다. 협력을 통한 신뢰의 경험은 다양한 방식으로 만들어질 수 있겠지만, 우선 공동 협업이 이루어지고 일정한 수준의 역량 발휘를 입증할 수 있는 것에서 시작할 것이다. 협업이 일회성으로 끝나는 것이 아니라 소통하고 학습하는 형태로 발전할 수 있다면 신뢰 관계가 높아지고, 보다 많은 협업의 장에 상호 초대되거나 함께 만들어 갈 가능성이 크다.

자토모 멤버는 이 놀이처럼 세 명이 모였다 흩어지고 다시 다섯 명이 모였다 흩어지는 현장을 함께 하고 있다. 느슨한 연대의 관계에서 서로의 신뢰도를 바탕으로 유동적인 상황의 현장을 함께 디자인한다. 자토모의 멤버들은 특정 조직과 관계는 느슨하지만 상호 역량과 공통 방향성에 대한 상호 이해가 높은 신뢰도를 유지하고 있다. 이렇게 느슨한 관계 속 높은 신뢰 그룹으로 발전할 수 있었던 이유는 학습조직으로 운영되었기 때문이다. 공동의 목표를 위하여 서로 경쟁적으로 시장에서 살아 남으려는 형태의 관계, 그 이상이다. 고객의 현장을 함께하며 서로의 역할과 협력을 우선순위에 두고 상호 기여 및 협력 경험에 대한 높은 만족감에 기반을 둔다.

퍼실리테이터가 성장하려면 지속적인 성찰과 상호 학습은 필수적이다. 혼자서 만들 수 없는 현장이 많이 존재하기에 개별 성장보다는 협력 관계에 있는 퍼실리테이터와 동반 성장으로 연결된다. 퍼실리테이터와 함께 협업했을 때 현장의 분위기와 결과물이 성공으로 연결되는 것을 자주 경험하고는 한다. 퍼실리테이터에게 있어서 높은 수준의 협업은 지속적인 현장으로의 연결이라고 할 수 있다.

퍼실리테이터로서 현장을 경험하며 성장할 수 있느냐 없느냐는 다른 말로 협력할 수 있는 신뢰 그룹과 연결되어 있느냐의 여부로 볼 수 있다. 동시에 다양한 배경과 역량을 가지고 있는 '느슨한 관계 속 높은 신뢰 조직'과 연결된다는 것은 조직의 익숙한 사고와는 다른 다양한 접근이 가능하다는 의미이기도 하다. 다른 시간과 공간에 접근이 필요한 경우 느슨한 형태이기에 가질 수 있는 유연성은 더욱 다양한 현장의 요구에 대응할 수 있다. 현장에 따라 유연한 대응 방식을 만들어 낼 수 있는 장점이라 할 수 있다.

진짜 협업 팀은
언제 만들어지는가?

현장의 규모와 형태에 따라 퍼실리테이터의 협업은 어떻게 이루어지며, 어떤 요소를 고려해야 할까? 어떻게 하면 협업이 성공적으로 이루어질 수 있을지에 대해 현장에서 얻은 나름의 지혜를 공유하고자 한다.

가짜 협업과 진짜 협업을 구분할 수 있을까? 진짜 협업이 이루어지는 퍼실리테이션의 현장은 언제 만들어지는가? 이러한 질문에 대한 답변은 다음의 세 가지 운영 방법을 살펴보면 조금 더 쉽게 이해할 수 있을 것이다.

퍼실리테이터들의 협업 현장에서는 가끔 퍼실리테이터와 어벤져스를 조합하여 '퍼벤져스'라 이야기를 하며 워크숍을 자축하기도 한다. 자토모 멤버는 요즘 유행하는 말로 '찐' 협업이 일어나는 현장에서 '퍼실리테이터 찐 팀'의 활약이라고 이야기한다. '퍼실리테이터 찐 팀'을 본 책에서는 '퍼실리테이터 어센틱 팀Facilitator Authentic Team'이라 정의하고자 한다. 퍼실리테이터 어센틱 팀이 구성되는 형태는 다양하게 나타나지만, 대표적인 세 가지 운영은 메인 퍼실리테이터와 협력 퍼실리테이터의 협력 방법에 따라 구분할 수 있다. 메인 퍼실리테이터와 협력 퍼실리테이터가 공동 설계 후 각각 메인 퍼실리테이터로 운영하는 것과 메인퍼실리테이터와 협력퍼실리테이터가 공동 설계 후 소그룹 퍼실리테이션으로 운영하는 것이다. 그리고 메인 퍼실리테이터가 단독 설계 후 협력 퍼실리테이터가 테이블에 투입되어 운영되어 이루어지는 협업이다.

첫째, 메인 퍼실리테이터와 협력 퍼실리테이터가 공동 설계 후 각각 메인 퍼실리테이터로 진행하는 형태이다. 공동 설계를 바탕으로 개별 퍼실리테이터가 다 차수 교육을 순서대로 개별적으로 진행하거나, 다른 공간에서 동시에 함께 투입되는 경우이다. 이 경우에는 많은 수의 학습자 또는 다양한 형태의 그룹을 동시에 균일한 수준의 역량을 강화하거나 공통의 논의를 끌어내려고 하는 상황에 투입된다.

퍼실리테이션의 묘미이자 매력적인 부분은 설계가 이루어지면 퍼실리테이터의 개인적인 고유성은 그다지 큰 영향을 미치지 못한다는 점에 있다. 강사의 삶의 내용에 따라 강의가 달라진다면 퍼실리테이션은 설계에 따라 결과가 달라진다. 프로세스 설계가 질 높게 구성된다면 각각 다른 퍼실리테이터가 동시에 투입된다고 하더라도 비슷한 결과물이 도출된다.

퍼실리테이션의 영역은 점차 확대되고 있으며 디자인 씽킹Design Thinking*과 같은 프로세스의 사고 역량을 강화하는 퍼실리테이션에 대한 요구도 증가하고 있다. 자토모의 멤버가 최근 공동 설계를 바탕으로 공통 역량 강화 과정으로 진행한 운영 사례는 '○○시 공공정책 역량개발을 위한 디자인 씽킹 퍼실리테이션' 워크숍과 '○○교육청 디자인 씽킹 역량 강화' 워크숍이 있다.

두 과정을 함께 설계하고, 진행할 수 있었던 이유는 자토모의 멤버들은 지속적으로 서로의 학습을 공유하기 때문이다. 일정한 수준의 학습이 동시에 일어나는 형태가 많았기에 가능했다. 개별의 우수성보다는 상호 학습 수준이 높아질 때 현장에 투입될 기회가 조금 더 많아질 수 있다는 뚜렷한 증거이다.

디자인 씽킹 사례뿐 아니라, 이러한 공통의 학습이 사회적으로 요구하는 내용은 지속적으로 많아지고 변화할 수 있다. 퍼실리테이터 간 공통 학습이 이루어진다면 자연스럽게 시너지가 나는 현

---

* 디자인 과정에서 디자이너가 활용하는 창의적인 전략임. 디자인 씽킹은 전문적인 디자인 관행보다 문제를 숙고하고, 문제를 더 폭넓게 해결할 수 있기 위하여 이용할 수 있는 접근법임.

장으로 이어질 수 있다. 서로의 학습 수준에 대한 이해가 있을 때 대규모 학습자에게 동시에 동일한 질의 서비스를 제공할 수 있는 믿음이 생긴다. 동시에 여러 명이 공동의 설계를 바탕으로 협력이 이루어질 때 큰 장점이 발휘된다.

다차수 교육 시 여러 명의 퍼실리테이터가 각자 진행한 후 함께 성찰한다면, 개별 진행의 노하우가 집단의 노하우로 변화하는 과정을 경험할 수 있다. 참여자의 정보나 퍼실리테이션 설계가 이루어질 때의 결과물을 상호 공유하며 보완점을 제시한다. 그 후 다음 차수에 진행하는 퍼실리테이터가 보완점을 바탕으로 설계에 적용하고 또 이 결과물을 함께 공유한다면, 질 높은 프로세스의 개발을 경험할 수 있다.

둘째, 메인 퍼실리테이터와 협력 퍼실리테이터가 공동 설계 후 같은 시간에 소그룹 퍼실리테이션 형태로 진행되는 협력 형태이다. 중규모 이상의 그룹 운영 시 소그룹 협력 퍼실리테이터로 현장을 운영하는 경우이다. 협력 퍼실리테이터가 전체 진행의 흐름에 관여가 필요한 형태라고 볼 수 있다. 이 때 긴밀한 소규모 협력팀의 역할이 필요하다.

참여자가 30인 이하인 경우 개별 퍼실리테이터는 테이블별 협력 퍼실리테이터를 배치하지 않고 혼자 진행하는 경우가 많다. 하지만 50~70명의 중규모 이상일 경우 혼자서는 운영 자체가 어려울 뿐 아니라, 예산이나 고객 또는 현장 공간의 상황으로 인하여 변수가 있는 운영이 진행된다. 예를 들어 3~5명의 협력 퍼실리테이터가 유동적인 형태로 운영을 함께 해야 하는 경우이다.

참여자 50~70여 명 규모가 동시에 진행될 때 퍼실리테이터 혼자 담당하기에는 그룹 역동 관리에 어려움이 있다. 여러 가지 이유로 테이블마다 협력 퍼실리테이터를 투입할 수 없는 현장의 경우 조금 더 역동적인 작은 협력 그룹이 필요하다. 이때는 테이블을 벗어나 공동기획자로서 메인 퍼실리테이터와 함께 설계와 운영을 함께 해야 하는 협력 퍼실리테이터의 역할이 부여된다.

협력팀이 꾸려지면 협력 퍼실리테이터는 참여와 책임이 늘어나는 만큼 워크숍의 방향성을 함께 기획하고 논의해야 할 필요성을 갖게 된다. 메인 퍼실리테이터가 고객과의 인터뷰를 통해 수집된 정보를 협력 퍼실리테이터에게 공유하며 협력이 시작된다. 워크숍의 기본적인 배경 자료와 인터뷰의 내용, 목적, 결과물과 같은 사항들에 대해 협력 퍼실리테이터와 의견을 주고받으며 방향성을 잡고 설계를 시작한다. 성공적인 프로젝트의 효과성을 위해 협력팀은 프로세스에 도움이 되는 다양한 도구나 기법을 변형하여 활용한다. 이러한 과정은 참여자들이 다양한 관점에서 아이디어를 통합하여 시너지를 낼 수 있는 과정이다. 협력을 통해 퍼실리테이터는 전문성을 기르게 되며 많은 자극과 성장을 경험한다. 혼자 설계할 때 보다 더욱 더 촘촘하고 짜임새 있는 프로세스가 완성되므로 현장에서 느끼는 역동은 남다르다.

조직에 속해 있다면 사실상 이러한 경험이 지속되겠지만, 조직에 속해 있지 않은 퍼실리테이터는 현장을 만들기가 쉽지만은 않다. 즉, 퍼실리테이터는 작은 협력팀으로서의 네트워크의 장을 유지하는 것이 중요하다. 규모와 투입 인원이 달라지더라도 안정적으로 현장을 운영하려면 퍼실리테이터가 서로의 특성과 역량을 파악하고 있으면 유리하다. 이때, 열려 있는 신뢰를 바탕으로 다양한 퍼실리테이션 도구와 기술에 대한 공동의 학습 경험이 있느냐는 중요한 핵심 요소이다.

유연한 신뢰 조직은 협력 퍼실리테이터로 성장하는데 중요한 발판이 된다. 자토모가 자발적인 학습모임 형태로 지속되는 이유는 공동의 학습을 통해 서로의 이해와 역량에 대한 상호 신뢰가 만들어짐에 대한 중요성을 현장에서 경험하기 때문이다.

하지만 느슨한 관계이기 때문에 고객의 입장에서 퍼실리테이터의 결속력이나 소속감 등에 대한 신뢰도 약화로 연결될 수도 있다. 확실하게 강한 소속감과 일정 수준의 동일한 질의 운영을 제공하기 어려운 단점이 발생할 수도 있다. 단점을 극복할 수 있도록 현장의 질을 강화할 방법을 찾는 것도 퍼실리테이터의 역량이고 해결해야 할 과제라고 할 수 있다.

셋째, 메인 퍼실리테이터의 단독 설계 후 테이블에 협력 퍼실리테이터가 투입되는 협업 방식이다. 대규모 원탁회의 또는 타운홀 미팅과 같은 대규모 형태이다. 보통 100명 이상의 그룹 대상으로 이루어지고, 메인 퍼실리테이터가 중심이 되어 사전 인터뷰 및 설계를 담당한다. 이후 협력 퍼실리테이터에게 프로세스를 공유하여 협력을 요청하는 형태이다.

규모가 큰 100인 이상 대규모 워크숍의 경우를 예로 들어보자. 이와 같이 대규모 워크숍은 역량이 아무리 뛰어난 퍼실리테이터라도 혼자 감당하기 어려운 현장이다. 규모에 따라 다르겠지만, 100명에서 200명 규모로 진행된다면 보통 10명, 많게는 20명의 협력 퍼실리테이터가 함께 한다. 다수의 협력 퍼실리테이터와 함께 하는 대규모 원탁 토론회에서는 워크숍 프로세스를 설계한 사람의 의도를 협력 퍼실리테이터가 명확히 이해해야 한다. 이때 포인트는 전체 설계와 진행을 맡은 메인 퍼실리테이터와 호흡을 맞추는 협력 퍼실리테이터가 해당 워크숍의 목적과 결과물을 명확하게 이해하는 것이 중요하다. 100명 이상 대규모 그룹을 자토모가 함께 한 사례는 '온라인 대전교육공감 원탁회의'와 '○○시 주민 100인 토론회', '○○교육청 초등학교 3주체 토론회', '○○교육청 탄소 중립 실천을 위한 청소년 토론회' 등 다수가 있다. 이 중 장기간 운영 중인 '대전교육공감 원탁회의' 사례를 퍼실리테이터 '찐'팀의 활약에서 자세히 소개해 보려고 한다.

찐Authentic퍼실리테이션 협업 팀을 만드는데 도움이 되는 요소

1. 퍼실리테이터 간 모든 소통 시 소프트 스킬(질문, 기록, 경청)을 적극적으로 활용한다.

2. 정보 교환이 쉽도록 서로의 안전망을 제공한다. 언제든 쉽게 서로의 정보에 연결할 수 있는 관계성을 유지한다.

3. 상호 무엇을 알고 무엇을 모르는지에 대한 그룹의 메타 인지를 확보한다.

4. 각자의 고유하고 다양한 경험을 환영하고, 새로운 시각의 기여를 환영한다.

5. 그룹 수행에 필요한 역량이 상호 확인 되었을 경우 함께 학습하여 공동 역량을 향상시킨다.

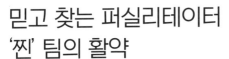

믿고 찾는 퍼실리테이터
'찐' 팀의 활약

다음은 세 가지 형태의 퍼실리테이터 어센틱 팀이 활약 했던 사례를 소개하고 작동이 잘 되기 위한 팁을 전하려고 한다. 유형과 사례를 살펴보고 그 안에서 퍼실리테이터들의 전문성을 바탕으로 어떤 현장에서 '찐'팀으로서 활약했는지 살펴보길 바란다.

첫째, 공동 설계 후 각각 메인 퍼실리테이터로 진행하는 협력

[사례 1] ○○교육청 공동 교육 운영

세 명의 퍼실리테이터가 공통 교육 과정을 순차적으로 운영해야 하는 현장이었다. 설계 인터뷰와 과정 진행이 공통으로 이루어지고 1회차 진행 후 현장의 피드백을 바탕으로 2회차 진행시 보완점을 적용하여 질문과 프로세스 변형이 이루어졌다. 세 명의 퍼실리테이터는 운영 직후 결과물과 진행 방식이 담긴 사진과 정보를 적극적으로 공유했다. 이를 다음 차시에 적용했을 때 참여자의 반응과 고객사의 현장 요구와 같은 맥락적인 반응에 긍정적인 제공을 할 수 있었다. 이후 계획과는 달라진 질문이 있는지, 출력물이나 결과물을 게시하는 공간은 충분했는지 등 달라진 운영 방식은 없는지 사소한 부분까지 논의하며 보다 효율적인 운영을 위해 노력했다. 현장에서 대응했던 방식을 공유하고 이를 보완할 수 있는 아이디어를 다음 차수를 담당하는 퍼실리테이터와 적극적으로 소통했다. 고객사는 목적에 맞추어 유연하지만 지속적으로 발전하게 되는 퍼실리테이션 서비스를 경험하며 만족감을 표현했고, 동시에 보다 나은 현장의 서비스가 제공될 수 있었다. 어떠한 경우라도 퍼실리테이터가 완벽한 현장을 예측하기는 어렵다. 공간의 한계, 참여자 수의 변동, 진행에 있어 돌발상황 등 생생하게 살아 있는 정보를 공유한다면 어려움을 예상하여 보완적인 현장을 경험할 수 있다.

둘째, 공동 설계 후 같은 시간에
소그룹 퍼실리테이션으로 진행하는 협력

[사례 2] ○○전문직 역량 강화 워크숍

참여자 규모가 100명이 되는 상황이었지만, 메인 퍼실리테이터와 3명의 협력 퍼실리테이터가 투입되는 상황이었다. 장소의 규모가 커서 메인 퍼실리테이터의 단독 진행으로는 통제가 어려운 상황이었다. 이때 큰 공간을 활용하여 퍼실리테이터 각자가 독립적으로 30명 규모를 동시에 진행하는 형태로 전환하여 이루어졌다. 이러한 운영이 가능했던 것은 퍼실리테이터 4명이 필요한 도구를 동시에 학습했고 유사한 현장 경험이 있었기 때문이다. 동질의 서비스가 동시에 진행되어야 할 때 유사한 학습 경험은 큰 힘을 발휘한다.

중규모 그룹의 합의를 이끌어내는데 탁월한 도구인 합의형성 워크숍 기법인 CWMConsensus Workshop Method*을 투입된 퍼실리테이터 중 한 명이라도 활용할 수 없었다면 설계 전체를 바꾸어서 진행해야 했고, 효과성이 떨어졌으리라 예상된다. 이 도구는 세계적인 비영리 기구인 ICAInstitute of Cultural Affairs에 의해 발전된 ToPTechnology of Participation Facilitation 기술이다. 투입된 자토모 퍼실리테이터 모두 출신 교육 기관은 달랐지만, 지속적인 성장을 위하여 비슷한 시기에 관련 도구를 개별 학습하고 함께 성장한 덕분에 진행할 수 있었다. 학습 그룹의 증요성이 재발견되는 사례라고 할 수 있다.

강사 한 명의 탁월성이 현장을 쥐락펴락 한다면, 퍼실리테이션 은 퍼실리테이터 한 명이 독자적인 역량을 가지고 있다고 하더라도 절대 혼자 출 수 없는 군무를 요구하는 현장이다. 따라서 비슷한 수준의 도구 활용과 믿을 만한 학습 경험이 있는 협업 팀 구성

---

* 특정 주제에 초점을 둔 질문에 대해 브레인스토밍하게 하고, 카드나 플립차트에 그 답을 적게 함. 다음으로 아이디어를 범주화하고, 각 범주를 명명한 후, 토의 결과를 평가함. '합의형성기법'이라고도 하며, ICA(Institute of Cultural Affairs) 한국지부인 ORP연구소에서 관련된 정식 교육을 받을 수 있음.

[그림 11] ○○전문직 역량 강화 워크숍 현장

은 핵심적이다. 소개한 위의 워크숍을 마친 이후 아래와 같은 피드백을 받았다. 개별이 아닌 팀워크로 최고라는 평가를 받는 퍼실리테이션 현장은 만족감이 크다.

"지금까지 만났던 퍼실리테이션 팀 중 최고였습니다."

― 참여자 소감 中

현장 경험 Tip 요약:
이런 협력이 이루어진다면 잘 작동해요

① 설계 논의 시 다양한 현장의 경험을 적극적으로 공유하고 현장 운
영 방식에 대한 노하우 공유가 빠를수록 보다 나은 현장 운영 협력
이 이루어질 수 있다.

② 공통적인 도구를 함께 학습하고 이를 실질적으로 운영하는 방식에 대
한 사전 논의가 이루어진다면 보다 높은 수준의 협력을 이룰 수 있다.

셋째. 메인 퍼실리테이터가 단독 설계 후
테이블에 협력 퍼실리테이터가 참여해 이루어지는 협업

[사례 3] 대전교육공감원탁회의 사례

2018년도부터 현재 2022년까지 자토모의 멤버뿐 아니라 많은
퍼실리테이터와 함께 대전교육공감원탁회의를 진행해 오고 있다.
현재 약 4년 동안 매년 3회~4회 정도 15번의 회의가 이루어졌다.

대전교육청 교육공감원탁회의는 일회성이 아닌 지속적인 정책
사업이다. 따라서 퍼실리테이션 진행 시 동일한 프로세스를 반복
할 수 없다. 주제에 가장 적합한 모델을 찾아야 하며, 개인 혼자의
능력으로는 한계에 부딪힐 수밖에 없다. 2020년에는 코로나로 인

[그림 12] 2022년 '제1회 대전교육공감원탁회의'를 마치고 성찰하는 14명의 퍼실리테이터들

하여 많은 원탁회의가 취소되는 상황에서 이 회의만은 온라인 상에서 지속적으로 운영되었다. 참여자의 수준에 맞춘 온라인 도구의 학습 및 원활한 진행을 위한 퍼실리테이터 온라인 기술 훈련이 동시에 진행되어야 하는 부담이 있었다. 메인 퍼실리테이터와 협력 퍼실리테이터가 서로의 역량에 대한 충분한 이해가 필요했다. 동시에 부족한 부분이 있을 경우 퍼실리테이터가 자발적 스터디로 상호 학습의 문화를 형성하는 것이 핵심적이었다.

대전교육공감원탁회의의 프로세스 준비는 보통 회의 실행 2주 전 협력 퍼실리테이터와 프로세스 사전 협의를 갖는다. 기본 설계는 메인 퍼실리테이터가 제공하지만, 협력 퍼실리테이터의 의견을 반영하여 프로세스를 재설계하는 경우도 있다. 정책 논의의 경우 프로세스 공유도 중요하지만, 정책의 기본 용어 및 언어 그리고 그 내용에 대한 학습이 이루어진다. 이때 주제별 정책에 관해 사실적인 정보를 파악하는 것은 매우 중요한 일이다. 메인 퍼실리테이터는 프로세스의 이해를 돕기 위해 관련 자료 공유와 학습을 위한 플랫폼을 사전 운영한다. 서로 논의하고 대규모 워크숍을 진행하는 것이 필요하다. 노션Notion, 패들렛Padlet과 같은 정보 공유 창을 제공하기도 하고, 줌 사전 회의는 녹화하여 사전학습을 하기도 한다. 동시에 지속적으로 변화하는 온라인 학습 도구에 대한 학습이 균일하게 이루어지지 않으면 운영 자체가 어렵다. 온라인 상황에서는 자율적인 온라인 도구 학습도 필수적이다. 이때에는 퍼실리테이터 그룹 안에서 소규모 학습 팀을 구성하여 서로 실행, 실습하여 보완한다. 개별적 역량을 믿고 학습이 이루어지지 않으면 전체적인 진행에 있어 문제점이 발생하게 된다. 대전교육공감원탁회의는 자발적으로 성장하는 협력 퍼실리테이터들과 함께 발전해왔다.

현장 경험 Tip 요약:
이런 협력이 이루어진다면 잘 작동해요

① 메인 퍼실리테이터의 워크숍 관련 정보 공유가 명확해야 한다.

② 메인 퍼실리테이터는 협력 퍼실리테이터의 워크숍 목적과 결과에 대한 이해도를 점검해야 한다.

③ 메인 퍼실리테이터는 효과적 운영을 위해 필요하다면 협력 퍼실리

테이터의 의견을 적극적으로 반영하여 설계 및 진행에 수정·보완할 수 있는 유연함이 필요하다.

④ 협력 퍼실리테이터는 자신의 이해도와 수행 역량 수준을 상호 소통하고, 필요하면 학습을 통해 보완해야 한다.

Q. 대규모 워크숍을 운영하는 메인 퍼실리테이터가 테이블에 투입되는 협력 퍼실리테이터를 요청하는 경우 각각 어떠한 협력이 이루어져야 할까?

메인 퍼실리테이터, 잘 작동하려면 이런 역할 필요해요.

고객의 상황에 대해서 메인 퍼실리테이터가 유일한 소통 창구이기에 협력 퍼실리테이터는 워크숍의 배경, 참석자, 회의 의도 등 인터뷰 과정에서 파악할 수 있는 핵심적인 정보를 알 수 없다. 회의의 목적과 결과물 외에도 회의 배경에 대한 명확한 공유는 맥락을 파악하고 현장을 운영하는데 핵심적인 역할을 한다. 따라서 메인 퍼실리테이터는 가능한 협력 퍼실리테이터가 파악해야 할 핵심적인 정보를 정확하게 제공해주어야 한다.

메인 퍼실리테이터의 워크숍에 대한 명료함은 팀으로서 방향성을 갖고 작동하는데 매우 중요하다. 시간과 방향에 대한 명확한 프로세스를 제공해야 한다. 협력 퍼실리테이터라면 목적과 결과물에 관하여 명확히 공유받고 이해가 되지 않는다면 반드시 질문해야 한다.

메인 퍼실리테이터와 협력 퍼실리테이터가 상호 소통할 때 가장 큰 장점은 설계 단계에서 워크숍이 잘 작동할 수 있는 방향성을 찾을 수 있는 것이다. 메인 퍼실리테이터는 프로세스 기획의 초기 단계에 있어 자신의 설계에 대해 다양한 의견을 듣고 수용·반영할 수 있는 유연함이 필요하다. 다른 협력 퍼실리테이터의 관점에서 메인 퍼실리테이터가 미처 파악하지 못한 부분을 발견할 수 있기 때문이다.

현장을 진행할 때 메인 퍼실리테이터는 현장의 상황에 대해 수용적이어야 한다. 협력 퍼실리테이터가 참여자와의 반응에서 알아차린 중요한 역동을 반영하여 회의 목적을 이루는 동시에 현장의 요구도 반영할 수 있어야 한다. 현장의 상황에 따라 시간 관리가 달라질 수 있어서 참여자들과 함께 하는 협력 퍼실리테이터들이 잘 인지할 수 있도록 소통 창구가 준비되어야 한다. 정해진 설계 라인이 있더라도 현장의 역동을 바로 읽고 수정하여 반영하는 자세가 필요하다. 이 부분들을 위해 협력 퍼실리테이터들과 논의할 수 있는 열린 마인드가 있어야 하며 돌발 상황을 염두에 두고 대응할 수 있어야 한다.

현장이 운영되는 과정에서 협력 퍼실리테이터를 신뢰해야 한
다. 신뢰를 바탕으로 준비하고 진행하면서 한 팀으로서의 팀워크
가 현장의 성패를 좌우함을 기억하면 좋다. 메인 퍼실리테이터의
개입이 어느 정도가 적절한지는 현장에 따라 다르겠지만, 특별히
회의 목적과 다른 이슈가 발생하지 않는다면, 개입하지 않거나 필
요한 상황에서는 최소한의 개입을 통해 협력 퍼실리테이터가 참
여자와 만든 흐름을 깨지 않도록 하는 것이 좋다.

테이블에 투입되는 협력 퍼실리테이터,
잘 작동하려면 이런 역할 필요해요.

우선 메인 퍼실리테이터의 설계를 신뢰하고 달성코자 하는 목
적과 결과물에 대해 알고 있어야 한다. 설계한 의도에 대해 의문
점이 있다면 반드시 질문하여 이해하고 적용해야 한다. 사전 미팅
을 통해 이해된 내용에 대해 다른 협력 퍼실리테이터들과 충분히
프로세스에 관련한 소통이 있어야 한다. 또 메인이 활용하는 도구
의 의도를 명확히 이해할 필요가 있다.

협력 퍼실리테이터로 참여한다 치더라도 항상 본인이 메인이
라고 생각하며 준비할 수 있어야 한다. 이는 마음가짐과 연결되고
돌발 변수에 대처하는 능력을 향상시킨다. 실제 현장에서는 협력
퍼실리테이터들의 역량 차이를 발견할 수 있다. 개개인의 배경 지

식과 경험이 다르기 때문에 토론을 촉진하고 참여자들에게 목적에 맞는 깊이 있는 발산을 도우려면 메인 퍼실리테이터로서의 마음가짐이 필요한 것이다.

현장에서 실질적으로 참여자와 소통하는 것은 협력 퍼실리테이터이다. 메인 퍼실리테이터는 전체적인 분위기를 알 수 있지만 실질적으로 의견에 담긴 참여자의 의도를 다 읽어내지는 못한다. 논의 시 특이사항 특히 참여자의 특정 관심 사항 혹은 갈등의 에너지가 모인 부분이 있다면 메인 퍼실리테이터와 소통하여 테이블에서 생겨나는 핵심 내용이 텍스트와 함께 전달되도록 해야 한다. 동시에 결과물은 대규모 상황에서 협력 퍼실리테이터가 반드시 챙겨야 한다. 협력 퍼실리테이터가 중요한 부분을 놓치지 않고 기록하며 사진을 찍어 두고 결과물을 잘 관리하는 것이 중요하다. 결과물 사진은 주변 군더더기 없이 내용의 글을 알아볼 수 있도록 앵글이 꽉 차게 찍는다. 그리고 얇은 펜으로 쓰인 것은 확대하여 찍어서 이후 결과물로 전달될 수 있도록 유념한다.

현장 경험 Tip 요약:
협력하는 퍼실리테이터는!

- 퍼실리테이터 어센틱 팀authentic team 구성원의 다양한 관심사는 고객이 원하는 다양한 주제별 요구에 대응이 유리하다.

- 메인 퍼실리테이터와 협력 퍼실리테이터의 촘촘한 프로세스 설계와 협력으로 고객의 다양한 요구에 대응할 수 있다.

- 학습조직을 통해 함께 성장하므로 트렌드에 따라 변화하는 고객의 요청에 발 빠르게 대응이 가능하다.

- 연결된 어센틱 팀 구성원은 상호 성찰과 피드백을 통해 퍼실리테이터로서 성장에 중요한 요소가 될 수 있다.

♦

함께하는 학습조직은
나선형 성장의 결과로!

　'전체는 그 부분의 합보다 크다'라는 아리스토텔레스의 말처럼 협력팀이 서로에게서 배우고 공동의 목표를 향해 함께 기여한다면 더 큰 영향력을 만들어 낼 수 있다. 이는 협력팀이 학습 조직*으로 서로의 경험을 전체에 공유하고 서로의 성장에 기여하여 공동의 가치와 지식을 만들어 낼 때, 그리고 공동의 행동 변화를 만들어 낼 때 가능하다. 조직 심리학의 대가인 크리스 아지리스Chris Argyris는 학습조직을 이루기 위해 세 가지 핵심 요소를 제시했으며

---

*　학습 조직(Learning Organization)이란? 구성원이 새로운 지식을 창조하고 획득하며 공유하는 활동을 통하여 새로운 환경에 적응할 수 있도록 지속적 변화를 꾀하는 조직임. (네이버 사전, 검색어 '학습 조직', 검색일: 2022년 12월 10일). 피터 센게는 『학습하는 조직』이라는 책에서 학습하는 조직으로 성장하기 위해서는 다섯 가지 학습 능력인 개인적 숙련, 공유 비전, 정신 모델, 다이얼로그, 시스템 사고가 필요하다고 말함.

방향성을 공유하기, 성찰을 바탕으로 대화하기, 복잡한 이해 관계를 시스템적으로 바라보기이다. 이 세 가지 핵심 요소가 원활히 이루어지는 조직은 지속적으로 성장할 수 있다고 말한다.

긴밀한 협력팀일 때 협력 퍼실리테이터에게 이러한 역할이 요구되고, 역할을 수행한다면 멋진 현장을 만들 수 있다. 핵심 목적과 결과물을 확인하는 방향성을 공유했다면, 자신의 경험을 적극적으로 꺼내어 성찰을 바탕으로 어떠한 방식이 잘 작동할 수 있는지 또는 우려가 되는지 나누는 적극적인 대화가 설계의 단계에서 필요하다. 동시에 각자의 경험을 바탕으로 참석자의 입장과 주최자의 입장 등 다양한 이해 관계자를 고려하면서 운영해야 한다. 이후 결과의 반영을 위한 보완점과 고려할 점을 미리 파악하는 대화가 이루어진다면 훨씬 더 잘 작동하는 협력팀으로 성장하여 운영될 가능성이 크다.

조직 학습*이 이루어지느냐 이루어지지 않느냐는 조직 구성원이 서로가 서로에게 배우는 경험에 따라 달라질 수 있다. '이제 학습해 볼까?'라는 것이 아닌 조직 내에서 자연스럽게 일어나는 학습을 조직 학습이라고 할 수 있다.

---

* 조직 학습(Organizational Learning)이란? 조직 구성원들이 조직 내에서 여러 활동을 통해 얻은 지식이나 경험을 조직 전체에 공유함으로써 이루어지는 학습. 조직의 학습능력을 증진하고 나아가 조직 고유의 가치와 지식을 형성하여 조직 행동의 변화를 이끌어냄. (네이버 사전, 검색어 '조직 학습', 검색일: 2022년 12월 10일).

특정 주제 학습에 대한 각자의 생각과 가치를 규정해 나가는 과정에서 하나의 생각이 다른 생각으로 연결되고 그 다른 생각은 또 다른 생각으로 연결된다. 결론은 특정 주제에 대해 무언가를 찾는 조직 학습 과정에서 생각과 가치가 정리되고 그것이 쌓이며 성장이 되는 것이다. 바로 나선형 성장의 학습조직 경험이다. 올라갈 수도 있고 내려갈 수도 있고 때로는 잠시 쉬어도 가는, 원형으로 제자리를 계속 돌 수도 있는 나선형 성장이 되는 것이다. 우리들의 학습조직은 곧 나선형 성장의 결과로 함께 나아가고 있다.

기본적으로 프리랜서의 학습은 개인의 지식으로 남아 전체 조직으로 공유되거나 환원되지 않을 수 있다. 서로 경쟁 관계를 맺고 있다면 더욱더 지식을 공유하고 나누기가 쉽지는 않을 것이다. 퍼실리테이터 어센틱 팀은 퍼실리테이터가 함께 성장하도록 돕는 훌륭한 학습조직이라 할 수 있다. 퍼실리테이터로서 집단지성의 힘을 믿을 때, '단순히 의견을 나누어 현명한 대답을 얻는다.'를 떠나 퍼실리테이터 간 공유가 궁극적으로 새로운 무언가를 만든다는 믿음을 갖게 된다. 그 과정 속에서 상호 성장한다는 신념이 쌓이게 된다.*

---

* 의미있는 협업을 위해 정보의 교류가 이루어질 수 있는 체계가 형성되는 것의 중요성에 대한 연구가 이루어지고 있다. 아래 출처에서 관련된 내용을 살펴볼 수 있다. 팟빵, '[직지심공] 출근길 경영대학원', 〈직지외전 59화. 팀 퍼포먼스 향상에 도움이 되는 교류기억체계(TMS)!〉, 2021.07.05.

어센틱 팀 프로젝트에 있어 시작 단계에서 가장 중요한 것은 상호 신뢰이다. 그런 의미에서 퍼실리테이터들의 모임은 상대적으로 신뢰도를 높이기 매우 유리하다. 자토모는 스터디나 회의를 할 때 서로 역할을 정하지 않더라도 누군가는 기록을 하고 누군가는 회의를 이끌어가고 누군가는 기록된 내용을 공유한다. 서로 간의 배려와 신뢰가 있기에 자발적 참여의 형태로 논의가 진행된다. 퍼실리테이터는 중립성을 지키며 경청하기, 질문하기, 기록하기를 기본 역량으로 훈련 받았고 여러 현장에서 많은 경험을 한다. 그렇기에 갈등이 될 만한 요인도 기본적인 커뮤니케이션을 통해 상호 공유하고 나누는 방식으로 신뢰도를 유지할 수 있게 한다. 신뢰도는 장기적으로 볼 때 개인의 불필요한 에너지를 덜어내고 나선형 성장 동력의 근원이 된다.* 이러한 성장 동력을 바탕으로 우리 함께 퍼실리테이터로서 성장의 동반자가 되는 것은 어떨까?

---

* 협업이 이루어지는 조직의 특성에 관한 이야기를 더 살펴보고 싶다면 아래의 내용을 참고해보자. 팟빵, '[직지심공] 출근길 경영대학원', 〈[직지심공. 69화 퍼실리테이션의 시대 ep.6 지속가능한 혁신을 일으키는 협업(2/2)]〉, 2021.06.21.

4

성장하는
퍼실리테이터

FACILITATOR

당신은 어떤 퍼실리테이터로 성장하고 싶나요?

현재 퍼실리테이터로 성장하고 있다면, 어떤 모습이 되고 싶은가? 퍼실리테이터로 현장에서 활동하고 있는 자신을 떠올려 본다면, 현재 여러분이 도착했거나 도달하고 싶은 도착지는 어떤 모습인가? 이 장에서는 퍼실리테이터로 성장하는 과정을 함께 생각해 보려 한다.

- 어떠한 상황에도 감정의 중심을 잡고 흔들림 없는 퍼실리테이터
- 복잡한 문제를 해결하는, 집단을 지휘하는 부드러운 카리스마가 있는 퍼실리테이터

- 전문적으로 진행하면서 동시에 참여자들에게 안전함을 느끼게 해주는 퍼실리테이터
- 냉철한 이성과 따뜻함과 감성으로 무장한 퍼실리테이터
- 사실에 입각한 정보를 모두 파악하고 있고 참여자의 의사결정을 돕는 명확한 정보를 적시에 제공할 수 있는 퍼실리테이터
- 의뢰받은 모든 상황에서 '역시~'라는 감탄사를 끌어내며, 언제든 다시 만나고 싶은 퍼실리테이터

위 내용은 자토모 멤버들이 들려준 퍼실리테이터로서의 다양한 성장의 표현이자 도착하고 싶은 퍼실리테이터의 모습이다. 이 책을 읽고 있는 당신의 원하는 도착지를 한번 적어 보자. 우리의 시작은 항상 원하는 목표를 명료히 하는 데에서 시작한다.

목표를 적었다면 현재를 점검하는 것으로 시작해보자. 당신은 현재 퍼실리테이터의 '성장' 여정에서 어디쯤 서 있는가? 자신의 만족도를 1~10 스케일 기준으로 한 번 체크해보자.

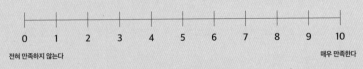

[퍼실리테이터 성장 만족도]

시대의 요구에 따라
지속적으로 성장해야 하는 퍼실리테이터

어디에 체크했던지, 아마도 당신의 점수는 지속적으로 변할 것이다. 우리가 작동해야 하는 사회는 빠른 변화들로 인해 점점 더 복잡해지고, 예측 불가능하고 현장의 요구는 다양해진다. 변화가 필요한 조직과 공동체는 당면한 문제를 해결하기 위해 구성원들과 다양한 시도를 할 수밖에 없다. 구성원들이 함께 모여 정보를 공유하고, 아이디어를 도출하며, 의사결정과 실행하는 과정에 대한 요구는 폭발적으로 늘어나고 동시에 그 요구 또한 다양한 형태로 발전하고 있다. '퍼실리테이터'가 2018년 공식 직업으로 등재된 것은 이러한 조직의 요구가 반영된 모습일 수 있다. 이런 의미에서 성장을 위한 학습은 퍼실리테이터에게 필수적이다.

모든 학습이 중요하겠지만, 이번 장에서는 지속적으로 성장하는 퍼실리테이터가 되기 위해 놓치지 말아야 할 세 가지에 대해 살펴보고자 한다. 퍼실리테이터로서 지속적인 성장을 위한 '성장 단계별 자기 인식'과 본질적인 퍼실리테이터가 되기 위한 '사람 중심'과 '마인드셋', '고유함' 그리고 지속가능성을 위한 '시스템 사고'의 필요성에 대해 함께 생각해보자.

♦

지속적 성장을 위한 방향성을 갖자

퍼실리테이터에게 필요한 자기 인식

　퍼실리테이터인 데일 헌터Dale Hunter는, 그룹 퍼실리테이션을 한다는 것은 자신을 칼날 위에 올려놓는 것과 같다고 표현한 바 있다.* 날카로운 칼날에 올라 요리조리 위험 요소를 피하며 중심을 잡고 나아가는 모습을 그려보자. '칼날'에는 여러 가지 해석을 할 수 있겠지만, 예리한 감각으로 끊임없는 자기 인식과 타인에 대한 인식 그리고 그룹의 목적을 이루는 수많은 주변 요소들을 동시에 고려해야 하는 퍼실리테이터의 모습이 그려진다.

*　데일헌터, 정혜선 역, 『그룹 시너지 창출 퍼실리테이션』 2012, 시그마프레스.

변화하는 시대일수록 퍼실리테이터가, '칼날'과 같이, 자신을 연마해야 하는 성장의 필요성과 가능성은 무한하다. 인간에 대한 이해는 끊임없어야 하고, 살아 있는 그룹의 현재 가치와 역동을 이해해야 한다. 변화하는 복잡한 사회의 요소들도 지속적으로 재학습해야 한다. 퍼실리테이터는 조직과 사람들을 둘러싼 복잡한 요인들을 이해하고 탐색하며, 그 안에서 유기적인 생명체인 사람에 집중한다. 이는 한 종의 식물을 살리기 위해서, 전체 생태계를 복원하는 노력을 기울이는 것과 같다. 지속적으로 변화하는 상황은 퍼실리테이터에게 축복이자 벗어날 수 없는 굴레이기도 하다. 때로는 이러한 모든 것들에 압도당하기도 하고, 어디에 집중해야 할지 모른 채 길을 잃을 때도 있다.

퍼실리테이터는 변화하는 상황에서 그 맥락을 이해하고, 필요한 질문을 던지며, 집단이 스스로 돌파구를 찾을 수 있도록 도와야 한다. 숙련된 여행 안내자가 그룹을 소리 없이 안전하게 이끌고, 고객들이 보아야 할 것들을 보면서 동시에 자신이 스스로 여행을 만들어간다는 만족감을 느낄 수 있게 하는 것처럼 말이다. 그러기 위해서는 우리 스스로 길을 잃고 구덩이에 빠지지 않도록 잘 구비된 '자기 인식'이 필요하다.

지속적 성장을 위한 자기 인식의 나침반 갖추기

무한한 미지의 장에서 앞으로 나아가기 위해서, 끊임없이 방향성을 잃지 않고 나아가기 위해서, 우리만의 나침반을 갖추는 것이 필요하다. 그중에서도 '자기 인식'이라는 나침반은, 퍼실리테이터인 우리가 자신의 방향으로 돌아올 수 있도록 해준다. 자신이 어디에 있는지 파악하는 것에서부터 퍼실리테이터의 여정은 시작된다.

당신의 현재 퍼실리테이터 성장 단계는 어디에 있다고 생각하는가? 다음 도착지로 가기 위해서 무엇이 필요할까? 퍼실리테이터로 성장하는 단계별 또는 처한 상황에 따라서 우리는 여러 지점에서 자기 인식이 필요한 순간을 만나게 된다. 인간의 발달단계에 관한 연구를 30년간 해온 하버드 심리학자 로버트 케건Robert Keagan은, 인간이 성인으로 자라가는 발달심리학 연구를 통해, 인간이 성인이 되는 단계를 흥미롭게 제시하고 있다.

그의 연구를 바탕으로 발전한 구성적 발달이론CDT: Constructive Development Theory에서는 자신의 경험을 바탕으로 세계를 해석하고 반응하는 사고 구조의 변화를 성장 발달 단계로 제시하고 있다, 발달 단계별로 세상에 대한 의미를 만들어 내는 관점이 변하고 이에 따라서 다른 상호작용과 영향력을 갖게 된다고 보고 있다. 이

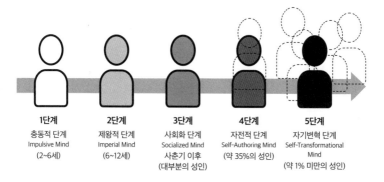

[그림 13] 로버트 케건의 구성적 발달 이론
(CDT: Constructive Development Theory) 인간 발달 단계

이론에 따르면 모두가 성인으로 성장하면서 다섯 단계의 발달 단계를 거치는 것이 아니라 성인이 되더라도 우리는 특정한 수준에 머무는 성향이 있다고 한다. 우리가 더욱 성숙한 조직과 사회에 긍정적인 영향력을 주기 위해서는, 상위 단계로 성장해야 하는데, 그 핵심요소들도 살펴볼 수 있다. 특히 사회화 단계에서 다음 단계로의 성장을 긍정적 사회 변화에 급진적으로 기여할 수 있는 성장으로 언급하고 있는데, 성인 소수만 그 단계를 넘어선다고 한다.

　사회화 단계에서 그 다음 성장 단계로 넘어가는 변화는 [표 1]에서 설명하는 바와 같이, 타인과 자신의 경계를 인식하고 그 범주를 넘어서기 위해 발전시켜나가며, 더욱 복잡한 사회요소들을 메타인지적으로 통합하고 발전시키는 단계를 제시하고 있다. 이 이론이 제시하는 발달 단계는 퍼실리테이터의 핵심인 성찰의 개

발달 단계	단계의 주요 상태	의미를 만드는 구조
1단계 **충동적 단계** (Impulsive Mind)	순수하게 충동적이며 반응적 상태(유아기)	한 사건(Single Point)
2단계 **제왕적 단계** (Imperial Mind)	자신의 욕구에 따라 통제되는 상태이며 자신과 타인의 경계를 구분하지 못하는 상태(아동기에서 청소년기)	범주 안에서 자신(타인과 자신의 경계가 모호)
3단계 **사회화 단계** (Socialized Mind)	사회적으로 원하는 기대와 역할을 수행하는 자신에 대한 개념이 형성되는 상태(청소년기 이후 성인으로 진입)	범주 안에서 타인과 자신을 분리하며 범주 규칙에 맞춤
4단계 **자전적 단계** (Self-Authoring Mind)	스스로 만들어낸 가치로 자신의 삶을 바라보는 상태. 가치와 자아개념이 일치하며 외부 세계와 자신을 분리하며 관찰자적 성찰을 하는 독립적 상태(소수만 진입, 성인기 이후에 가능)	범주 밖에서 자신을 객관화하여 바라봄
5단계 **자기변혁 단계** (Self-Transforming Mind)	특정한 과거 역사 속 자신의 정체성에 머무르지 않고 삶의 흐름에 맞추어 스스로의 모순을 끌어안고 다중 체계의 상호의존성을 받아들이는 상태(극도의 소수만 진입, 자전적 단계 이후 가능)	다양한 시스템 안에서 필요한 자신의 역할을 유연하게 바라봄

[표 1] 로버트 케건의 구성적 발단 단계 CDT(Constructive Development Theory)구조*

념과 시스템적 사고에 대한 방향성에서 많은 시사점이 있기에, 이 발달 단계에 비추어 우리의 성장 여정을 정리해보고자 한다.

이 이론이 제시하는 발달의 다섯 단계는 조직에 긍정적인 영

* 구성적 발달단계 이론의 토대가 된 내용은 1983년 발간된 『Evolving self』라는 책에서 로버트 케건이 개념화함. [표 1]의 내용은 위키피디아, 검색어 'Constructive Developmental Framework', 검색일: 2022년 12월 10일이며 관련 내용을 발췌 번역하여 표로 정리함. [표 1] 및 [그림 13], [그림 14]의 구성적 발단단계 이론의 도식화 아이디어는 피터 프루인의 구성적 발전단계이론에 대한 글을 참고하였음. (Peter Pruyn, 〈An Overview of Constructive Developmental Theory (CDT)〉, 2010.06.09, Medium.) 한국어 용어 번역은 『미닝메이커』(이창준, 2022, 플랜비디자인)에서 활용한 언어를 차용함. 로버트 케건의 국내에 번역된 다른 책 『에브리원 컬처』(로버트 케건·리사 라스코우 라헤이, 장문영·장효택 역, 2021, 호모스피리투스)에서는 성인 발전 단계의 안정기로 표현하며 삼단계를 사회화, 자기 주도적 단계, 자기변혁 단계라는 단어를 사용하고 있음.

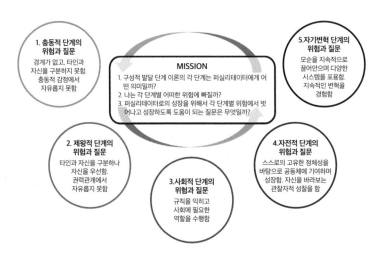

[그림 14] 퍼실리테이터 성장 단계별 위험과 질문

향력을 미치는 리더십의 효과성 연구에서도 많이 인용되고 있다. 리더가 자신에 대한 정체성과 인식을 바탕으로 고유한 목소리를 내는 단계로 발달하게 되면 긍정적인 파장을 일으킨다는 연구 결과도 함께 제시되고 있다.* 이는 궁극적으로 그룹에 영향력을 주고자 하는 퍼실리테이터의 성장 과정과도 맞닿아 있다.

이 발달단계 이론은, 퍼실리테이터가 성장하는 단계에서 빠질 수 있는 위험을 인지하는 것에서도 명확함을 제공하고 있다. 퍼실리테이터의 시각에서 방향성을 잃지 않도록 도울 수 있는 자기 인

---

* 이창준, 『미닝메이커』, 2022, 플랜비디자인.

식 질문과 함께 이 발달단계를 살펴보자.

1단계는 충동적 단계이다. 자신과 세상을 구별하지 못하고 충동적인 상태에 있다. 유아 단계에 대한 설명이기는 하지만, 은유적으로 이 단계를 퍼실리테이터의 자기 인식 단계에 빗대어 본다. 이 단계에서는 자신을 타인과 분리하여 생각하지 못하고 자신의 욕구를 충족시키는 것에만 에너지를 쏟고 있다. 퍼실리테이터가 만약 이 단계라면, 자신이 어떤 역할을 해야 하는지 명확하지 않은 상태일 수 있다. 또한, 자신의 감정 상태에 따라 영향을 받는 상태라고 볼 수 있다.

이 단계에서의 위험은 자신이 원하는 것과 고객이 원하는 바를 구분하지 못할 때이다. 자신이 선호하면 고객이 막연히 좋아하리라 생각하거나, 자신의 신념이나 경험을 고객도 암묵적으로 동의하고 알고 있으리라 착각하는 형태일 것이다. 현장에서 이 단계에 머물고 있다면, 자신이 두려워하거나 싫어하는 상황에 대해 감정적으로 대응할 수도 있다. 퍼실리테이터의 핵심인 '중립성'을 훈련받은 퍼실리테이터라면 이러한 위험에서 벗어날 수 있겠지만, 퍼실리테이터가 자신의 감정에 대한 성찰이 없다면 쉽사리 동요하는 상황에 빠질 수도 있다. 아래와 같은 질문을 통해 자신의 감정과 생각, 행동에 대해 인식한다면, 조금은 더 쉽게 위험에서 빠져나올 수 있을 것이다.

2단계는 제왕적 단계이다. 이 단계에서는 자신의 욕구와 타인의
욕구를 구분한다. 그렇지만 타인의 욕구보다 자신의 욕구를 우선
한다. 이것을 퍼실리테이터가 경험하는 퍼실리테이션 현장과 연
결해서 생각해본다면, 고객의 목적보다는 퍼실리테이터가 원하
는 방식으로 자신의 목적에 압도당하는 시점이 이 단계에 해당한
다고 볼 수 있다. 퍼실리테이터로서 전문성이 드러나고 성장하면
서 우리는 때때로 이러한 단계에 빠져들게 된다. 고객보다 자신이
프로세스를 잘 설계하고 안내할 수 있다는 착각이 들 때이다. 아
무리 훌륭하게 설계된 프로세스와 스킬이 가미된 워크숍이라고
하더라도, 현장의 고객이 필요로 하지 않는 상황일 때에는 정말로

원하는 변화의 역동은 만들기가 어렵다.

이 단계에서 퍼실리테이터는, 자신이 어떠한 관계에서 만족감을 느끼는지 자기 인식이 필요할 수 있다. 우리는 사회적 동물이기에 '인정'과 '사회적 관계성'과 관련된 만족감을 모두 가지고 있다. 퍼실리테이터는 '인정'이 '힘Power'로 넘어가는 그 경계선을 항상 인지하고 있어야 한다. 그리고 어떠한 영향력의 형태로 자신이 나아가고 있는지, 끊임없는 자기 점검이 필요하다.

힘은 세 가지 형태로 구분해서 살펴볼 수 있다. 퍼실리테이터가 추구하고자 하는 것은 '힘의 균형Power with' 상태이다. 그러나 우리는 쉽게 '힘의 지배Power Over' 또는 '힘에 압도당한Power Under' 상태에 있을 수 있다. 고객의 힘에 굴복하거나 동시에 참여자에게 압도당할 수도 있다.* 그리고 많은 경우 협력적 관계에서 나도 모르게 '힘의 지배'상태로 빠질 수도 있다. 힘의 균형을 잃은 상태에서는 퍼실리테이터는 균형적인 시각을 유지하기 힘들다. 이러한 상황에서의 가장 큰 위험은, 힘의 불균형 상태가 고객이나 동료 퍼실리테이터로부터 받을 수 있는 피드백의 통로를 막을 수도 있다는 점이다. 퍼실리테이터의 성장에 피드백이 꼭 필요함에도 불구하고 말이다.

---

* 우리가 쓰고 있는 힘에 대한 자기 인식을 돕는 개념을 보다 이해하고 싶다면 아래의 책을 참고하자. 마셜 로젠버그, 캐서린 한 역, 『비폭력대화』, 2017, 한국NVC센터.

제왕적 단계의 퍼실리테이터를 위한 자기인식 질문

Q. 나는 내가 전문성을 지니고 있는 특정한 방식을 강요하고 있는가?

Q. 나는 고객과 어떠한 힘의 관계성을 가질 때 만족하는가?

Q. 나는 현재 협력 퍼실리테이터와 어떤 관계성을 가지고 있는가?

Q. 나는 퍼실리테이션 현장에서, '힘의 지배Power Over' 상황이 많은가? '힘에 압도당한Power Under'상황이 많은가? 각각의 상황에서 나는 어떻게 반응하는가?

Q. '힘의 균형Power with'이 이루어진 파트너십을 만드는 데 방해가 되는 나의 사고는 무엇인가?

3단계는 사회화 단계이다. 이 단계는 사회적으로 필요한 역할을 수행하고, 합의된 규칙을 따르는 단계이다. 보통 성인들이 사회 속에서 기능적으로 작동하는 단계라고 본다. 퍼실리테이터의 성장의 관점에서 본다면, 사회화 단계는 퍼실리테이터가 일정의 교육과정과 현장의 규칙들을 익히고, 퍼실리테이터 윤리 규정에 따라 활동을 잘 지키는 단계라고 볼 수 있다. 또는 도구와 프로세스를 익히고 목적에 맞도록 원활하게 결과물을 이루어 내는 단계로도 볼 수 있다. 이 단계에 있는 퍼실리테이터는, 잘 구조화된 프로세스를 숙지하여 현장에서 윤리 규정에 맞추어 적용할 것이다. 또한, 적절한 도구를 활용하여 다양한 상황에 맞춤형으로 사용할 수도 있을 것이다.

이 단계에서 퍼실리테이터가 마주할 위험성은 퍼실리테이터 역할 수행을 기능적으로만 인식하는 데 머무를 때이다. 특정한 프로세스와 그에 알맞은 역할의 수행이 퍼실리테이터가 하는 역할의 전부라고 생각하는 위험에 빠질 수 있다. 이런 상태에 오래 머무르게 되면, 퍼실리테이터 스스로가 지속적으로 성장하고자 하는 동력을 잃어버릴 수도 있다.

이 단계에서는 아래와 같은 질문을 통해 성장 단계를 살펴볼 수 있다.

사회적 단계의 퍼실리테이터를 위한 자기인식 질문

Q. 나는 퍼실리테이터 윤리 규정과 필수 역량에 맞는 행동 기준을 준수하고 있는가?

Q. 나는 퍼실리테이터의 행동규칙을 명확하게 인지하고 고객 및 협력 파트너와 소통하고 있는가?

Q. 내가 퍼실리테이터로서 당연하게 수행해야 한다고 느끼는 것은 무엇인가? 또는 반대로 퍼실리테이터의 역할이 아니라며 '굳이~'라며 생각한 나의 역할은 무엇인가?

Q. 내가 반복하여 사용하는 도구와 프로세스 중 한계점을 느끼지만 지속적으로 반복하는 도구와 프로세스가 있는가? 그 이유는 무엇일까?

4단계는 자전적 단계이다. 일정한 사회 규칙을 익히고 활동하는 3단계(사회화 단계)로 개인이 성장하면 조직에서 기능적으로 역할을 하기 시작하고, 3단계를 넘어 4단계(자전적 단계)로 발전할 수 있다면, 긍정적 영향력이 더욱 폭발적으로 커질 수 있다고 한다. 4단계는 사회적 규칙 합의를 넘어서 어떠한 기준으로 작동할지 대안을 발굴할 수 있는 단계이다. 이 단계의 성장은 기존의 규칙을 넘어서 창조적인 형태로 새로운 규칙과 행동 양식을 만드는 것이라고 볼 수 있다. 자신의 고유한 정체성을 가지고 있느냐가 핵심 관건이다. 스스로 자신의 이야기를 쓰는 단계라고 해서 이 단계를 자전적 단계라고 부른다.

퍼실리테이터 관점에서 이 단계를 살펴보게 되면, 퍼실리테이터가 창조적인 프로세스와 도구를 만들 수 있는 단계에 진입한 상태라고 볼 수 있다. 현장에 있다 보면, 아주 잘 구조화된 도구들도 때로는 회의 현장에서 작동하지 않아 해체하고 다시 재구조화하는 작업을 해야 할 때가 있다. 정형화된 프로세스를 넘어서고, 구조화된 도구들을 목적에 더욱 적합하도록 자유롭게 변형하는 단계라고 볼 수 있다. 이 단계의 퍼실리테이터는 고유한 자신의 정체성을 가지고 있으며, 자신의 익숙한 도구와 프로세스, 신념에 대해 다시 성찰하고 바라볼 수 있는 눈을 가지고 있다. 새로운 시선으로 자신의 진정성을 스스로 점검할 수 있는 것이다.

자전적 단계의 사람들은 자신의 이론과 신념을 뛰어넘는, 더 크고 높은 원칙을 개발하여 자기 확신을 하는 동시에 타인과의 복합적인 부분들을 고려한다. 퍼실리테이터의 경우, 이 단계에서는 자신의 정체성과 관련된 본인만의 고유한 이야기가 있다고 볼 수 있다. 즉, 삶과 퍼실리테이션의 두 가치가 만나는 접점에서, 자신만의 고유성이 존재하는 의미체계가 있는 것이다. 나의 삶의 경험과 가치 및 신념이 퍼실리테이션에 어떻게 녹아들어 있는지 인식하고 있고, 그것을 활용하고 있는 단계라고 할 수 있다.

다음 질문들은, 자전적 단계에 진입하는 데 도움이 될 것이다.

자전적 단계 퍼실리테이터 인식 질문

Q. 나는 퍼실리테이터로 살아가는 나만의 이야기를 가지고 있는가?
   나의 과거, 현재, 미래 안에서 퍼실리테이터로 살아간다는 것은 어떤 의미가 있는가?

Q. 나의 어떤 고유한 삶의 경험이 사회가 요구하는 바람직한 가치와 사회적 문제에 연동되며 잘 기여할 수 있는가?

Q. 퍼실리테이터로서 내가 이번 삶에서 특별히 기여하고자 하는 것은 무엇인가?

Q. 나는 어떤 고유의 존재감을 퍼실리테이션 현장에서 제공하고자 하는가?

마지막 5단계는 자기변혁 단계이다. 자전적 단계를 바탕으로 끊임없는 변혁 상태가 이루어지는 단계이다. 이 단계는 자신의 고유한 이야기를 바탕으로 공동체에 기여하는 단계이다. 자신의 의미를 구축해 놓은 정체성을 바탕으로 지속적으로 성장함과 동시에 모순, 위선, 한계를 모두 받아들이는 단계이다.

퍼실리테이터의 성장 단계와 연결하여 생각해보면, 퍼실리테이터는 자기 가치와 원칙을 끊임없이 성찰하며 변혁의 상태에 놓여 있어야 한다. 표면적인 문제뿐 아니라 근원적인 문제를, 성찰을 통해 인지하고 수정하며 나아가는, 높은 수준의 메타 인지가 요구된다. 어떤 문제가 발생하고, 겉으로 드러난 문제를 파악하고 개선하는 상태를 '일원 학습'이라고 한다. 이러한 접근 방식으로는 문제를 해결하지 못할 때, 표면적인 문제의 발견 뒤에 있는 근본적인 문제를 파악해서 심층적인 학습을 통해 성장과 변혁이 이루어지는 상태를, 두 개의 원이 돌아가는, '이원 학습'이라고 한다. 자기 변혁의 단계는 '이원 학습'을 넘어 자신에게 상반되거나 모순적이라고 생각되는 내용도 끌어안고,* 무한대의 피드백을 통해 성장하는 상황에 자신을 놓아두는 '삼원 학습'의 상태라고 볼 수 있다.**

이 단계를 퍼실리테이션의 단계로 생각해보면, 퍼실리테이터가 오랫동안 지켜온 자전적 이야기와 정체성도, 집단의 목적 달성을 돕는데 어느 순간 방해가 된다면, 이를 해체하여 이야기를 재구성하고 자신의 정체성을 찾는 단계이다, 그리고 다시 자신의 고유한 정체성을 세워 보다 높은 목적에 기여하는 퍼실리테이터의 모습을 그려볼 수 있다. 이 과정에서는 자신을 보호하던, 자신이 작동할 수밖에 없던 논리가 사라지고, 관찰자의 시선으로 자신을 바라보게 된다. 끊임없이 사적 논리에서 보호받던 생각들, '나는 이래야만 해', '이럴 수밖에 없어'라는 생각들이 무너지고, 굳건했던 정체성이 사라지는 모순적인 경험을 하게 될 수 있다. 이 단계

---

* 지속적으로 성장하는 조직 및 개인의 특징을 피터 센게는 그의 책 『학습하는 조직』에서 설명하고 있는데, 단일적 사고가 아닌 이원적 형태의 피드백을 통한 성장을 강조했다. 피터 센게, 『학습하는 조직』 1996, (주)에이지십일.
** 이원학습을 넘어 자신의 소명과 일치하여 삶의 과정으로서 학습을 진정 원하는 목적을 위하여 학습하는 형태인 삼원학습을 『진성 리더십』에서는 '삼원학습'이라고 표현하고 있다. 윤정구, 『진성 리더십』 2015, 라온.

는 지속적인 성찰 안에 스스로를 끊임없이 재구성하는 과정의 단계이다. 아래와 같은 성찰 질문들이 도움이 될 수 있다.

변혁적 단계 퍼실리테이터 인식 질문

Q. 내가 퍼실리테이터 현장에서 기여하고자 하지만 아직 통합하지 못한 나의 모순적 영역은 무엇인가?

Q. 나는 과거, 현재, 미래에 주변 사람들과 사회에 미치는 나의 영향을 바라보는 또 다른 나와 시대적 관점을 지속적으로 활용하는가? 나는 정말 사회에 필요한 기여를 하고 있는가?

Q. 내가 현재 가지고 있는 정체성이 그룹의 성장과 발전에 정말 기여하는가?

Q. 시대적 문제에 기여하기 위하여, 파악하지 못한 나의 한계와 가능성은 무엇인가?

Q. 퍼실리테이터로서 깨고 싶지 않은 나만의 신념은 무엇인가? 그 신념은 내가 확장하고자 하는 세계관의 어떤 부분에서 충돌하는가? 나는 그 갈등을 어떻게 넘어서고 있는가?

퍼실리테이터의 성장은 나선형이다.
함께 춤을 추듯이 나아가자

당신은 어떤 단계에 주로 머물러 있는가? 어떤 단계의 위험 또는 장애물에 종종 빠지는가? 퍼실리테이터로 성장하다 보면 각 단계의 어려움은 단계별로 나타나고 해결되기보다는 상황에 따라 나타나고 해결된다. 우리는 살아 있는 존재이며 끊임없이 변화하고 있고, 우리를 둘러싸고 있는 상황도 지속적으로 변화하기 때문이다. 모든 사람의 의견에 대하여 틀린 답이 없다고 믿는 것처럼, 퍼실리테이터가 성장하는 데 있어서 고유한 상황별로 특정된 정답도 없다. 하지만 확실한 것은, 우리는 실수도 하고 여러 위험과 장애물에 걸려 넘어지기도 하지만, 그때마다 스스로를 성찰하면 더 나은 퍼실리테이터가 될 수 있다는 것이다.

퍼실리테이터의 성장은 일직선의 성장이 아니다. 여행을 하다 보면 우리는 돌부리에 걸리기도 하고, 구덩이에 빠질 때도 있다. 중요한 것은 그럼에도 불구하고 여행을 지속하는 것이다. 넘어져도 일어나고 구덩이에 빠지더라도 다시 올라와 퍼실리테이션 여행을 지속하는 시도를 하는 것만으로도 우리는 성장하고 있다.

애플이 사랑한 안무가로 알려진 요안 부르주아Yoann Bourgeois의

'성공은 선형이 아니다Success isn't lineal'라는 작품이 떠오른다.* 이 작품에서 그는 계단처럼 만들어진 무대에서 트램펄린 바닥으로 떨어졌다 다시 올라가는 것을 반복한다. 바닥에서 튕겨져 올라와 다시 그 자리에서도 다시 떨어지며, 마치 포물선을 그리는 것처럼 보이는 그의 안무는 성장하는 퍼실리테이터의 모습과 닮았다. 앞서 언급한 것처럼 퍼실리테이터의 성장은 일직선의 선형이 아니다. 우리는 지속적으로 올라가고 넘어지고 다시 올라가기를 반복한다. 너무나 사랑했던 도구들이 작동하지 않기도 하고, 자신했던 나의 역량이 오히려 참여자를 돌아보지 못하게 하기도 하며, 나의 탁월한 경험이 그룹의 자발적인 성장을 막기도 한다. 우리의 고유성을 활용하여 집단에 탁월하게 기여하기도 하지만, 모순적이게도 때로는 우리가 사랑하는 경험 속에서 자신의 정체성에 걸려 넘어지기도 한다.

우리는 목표지점에 도달했다가 다시 떨어지고 다시 올라가고를 반복한다. 한 번 가본 길은 조금 더 쉽게 가기도 하고 빠르게 가볼 수 있지만 동시에 다시 떨어지기도 한다. 중요한 것은 퍼실리테이터가 실패한 경험이 있다고 하더라도 다시 위로 올라가는 과정 중의 하나라고 생각한다면 올라갈 힘을 얻을 수 있다. 요안

---

* 유튜브, '영상저장소' 〈성공으로 가는 길은 선형이 아니다〉, 2022.10.24.

부르주아가 계단에서 떨어졌다가 다시 곡선을 그리며 트램폴린 바닥에서 올라오는 모습은, 피드백을 통해서 다시 올라가는 퍼실리테이터의 모습과도 닮았다.

퍼실리테이터로 살아가는 우리에게 주는 시사점은 우리가 다시 일어날 수 있는 안전 장치를 마련하고, 조금이나마 우리의 영향력을 나선형으로 확장하자는 점일 것이다. 퍼실리테이션은 혼자서 출 수 없는 춤이다. 함께 이 나선형의 매력적인 안무를 즐겨 보자. 가능하면 가장 안전하게 다시 올라갈 수 있는 서로의 안전망이 되면서 말이다.

◆ 본질적인 퍼실리테이터로서
존재하자

최고의 퍼실리테이션 도구는
퍼실리테이터 자신이다?!

'본질적인 퍼실리테이터로서 존재한다는 것은 어떤 의미일까?'

'본질적인 퍼실리테이터로서 존재하기 위해 우리는 무엇에 집중해야 하는가?'

'본질本質'이라는 단어는 '그것이 그것으로서 있기 위해 없어서는 안 되는 것'을 의미한다. 어떤 사물의 변하지 않는 속성 또는 다른 사물과 구분 짓게 해주는 특성인 동시에 본래의 목적이라 할 수 있다. 흔히 많이 드는 예로 의자는 '앉기'라는 본래의 목적을 갖고 만들어졌지만, 인간은 그렇지 않다. 인간의 본질은 결정되지 않았으며 고정된 것도 아니기 때문이다. 어떤 인간의 본질이 무엇이냐 하는 것은 그가 태어나서 어떤 목적을 갖고 자신의 삶을 어떻게 꾸려가고 있느냐에 따라 달라진다. 목적을 갖기 이전에 인간은 이미 존재한다.

인간에 대한 이런 관점을 프랑스의 철학자 장 폴 사르트르Jean Paul Sartre는 '실존은 본질에 앞선다'고 표현하였다. 퍼실리테이터로서의 목적은 조직구성원들의 다양성을 인정하고 참여 의지를 촉진해 조직의 목적 달성을 돕는 것이다. 즉, 퍼실리테이터의 본질, 존재 이유는 인간과 조직의 성장을 돕는 것이라 할 수 있다. 그렇다면, 역동적인 현장에서 퍼실리테이터로서 본래의 목적을 제대로 구현하려면 무엇에 가장 집중해야 할까? 바로 '인간'이다. 퍼실리테이터로서의 본질 이전에 인간이 존재하기 때문이다.

지속적 학습을 통해 자기 인식이 가능해지고, 나선형 성장 속에 존재하는 퍼실리테이터가 놓치지 말아야 하는 것은, '나의 성장이 과연 본질적인 퍼실리테이터로서 존재하게 하는가?'이다. 강압적이지 않고 참여자의 메시지에 귀를 기울일 때, 의뢰받은 고객 중심일 때, 그룹의 역동을 유심히 살펴보고 적절한 순간에 그룹의 힘을 목적 달성을 위해 활용할 수 있도록 도울 때, 이 모든 순간의 근간에는 '사람'이라는 단어가 있다. 그렇다면 '과연 사람 중심적인 사고가 현장에서 작동하고 효과적일까?'라는 의문이 들 수도 있다. 그 부분에 대해 함께 생각해보자.

　퍼실리테이션을 설명할 때 등장하는 용어들은 대부분 도구, 기술, 스킬, 이론, 철학 등과 관련된 것들이다. 어느 하나 틀린 것도 없으며, 어느 하나 온전히 퍼실리테이션을 설명할 수도 없다. 퍼실리테이션을 처음 배우고 워크숍을 설계할 때는 보통 도구를 중심으로 나열하기 쉽다. 하지만 점차 도구의 한계를 느끼며 인간의 사고 프로세스를 따라 자신만의 흐름을 만들어나가기 시작한다. 앞 장에서도 언급했듯이 퍼실리테이터에게 다양한 상황과 목적에 맞게 설계할 수 있는 프로세스 역량이 있어야 함은 자연스러운 것이다. 이러한 고민은 우리를 '현장에서 작동할 수 있는 퍼실리테이션 설계는 어떻게 해야 하는가?'라는 질문에서 '나는 어떤 퍼실리테이터가 되고 싶은가?'라는 질문에 이르게 한다. 즉, 설계의 근간에 존재하는 힘, 잡아야 하는 중심이 무엇인지를 묻는다. 어느새 질문의 초점은 외부에서 내부로 집중되고, 온전히 인식할 수 있도록 자신을 공중에 띄우고 바라본다. 그 안에 있을 때는 보이지 않던 것들이 객관적 자아가 되어 나에게서 떨어지면 중립적인 시선이 생기는 것이다. 앞에서 살펴본 '어떻게 인간은 발달해가는가?'라는 질문은 '퍼실리테이터 이전에 한 인간으로서 자신의 성장을 어떻게 도울 수 있는가?'라는 알아차림이 가능한 메시지이다.

『코칭튠업21』의 저자인 김상복 코치는 리더의 성장 단계를 봄(視) → 앎(知) → 함(行) → 됨(爲) → 쓰임(寄與)*의 단계적 용어로 표현했다. 퍼실리테이터로서 자신에 대해 알아차림으로 성숙하는 과정의 끝은 결국 쓰임의 단계가 아닐까 한다. 여러분은 현장에서 과연 어떠한 퍼실리테이터로 쓰이고 싶은가?

이 질문에 결국은 불필요한 힘을 빼고 퍼실리테이션의 본질로 돌아가게 됨을 느낀다. 여러 가지 도구, 스킬, 기술들을 장착하고 펼쳤다가 핵심을 찾게 되는 것이다. 중심에 남아있는 것은 퍼실리테이터로서의 태도이고, 그 이전에 인간을 바라보는 인간관일 수밖에 없다. '사람을 중심에 두는 것' 이것이야말로 퍼실리테이션의 본질이 아닐까 한다.

퍼실리테이션 마인드셋을 갖자

'마인드셋Mindset이 모든 것을 결정지을 수 있다.' 스탠퍼드대학교 심리학과의 세계적 석학 캐럴 드웩Carol S. Dweck 교수가 수십 년간의 연구 끝에 발견한 아주 단순한 사실이다.

---

* 한자 표기는 책에는 나와 있지 않지만 내용 파악을 기반으로 필자가 첨부한 것임.

마인드셋이란 개인의 신념이나 태도 또는 습관적으로 형성되는 의견 등을 포함하는 '마음의 틀'을 의미한다. 사람들은 누구나 자신의 관점으로 사람, 사물 등 세상을 바라보게 되며 어떤 마인드셋을 갖고 있느냐에 따라 부딪히는 여러 문제에 대해 대응방식은 달라진다. 따라서 삶에서 결국 얻게 되는 결과 또한 달라지는 것이다.

'기대하고 말하는 대로 된다'라는 문장이 마인드셋의 중요함을 말해준다. 누군가를 온전히 믿고 표현해 준다면 인간은 상대의 기대에 부응하고 싶고, 괜찮은 인간으로 변하고 싶은 욕구가 발동한다. 다른 사람에게 제대로 이해받게 되면 사람은 자신의 개성과 정체감을 느끼게 되고, 독립적이고 가치 있는 모습으로 존재할 수 있다. 자기 자신에 대한 믿음이 약했던 사람일지라도 주변의 기대에 맞추고자 긍정적이고 건설적인 행동을 하게 된다. 이러한 행동이 반복되면 어느새 자신에 대한 가능성을 재발견하게 되고 성취욕구가 생기게 된다. '할 수 있을 것 같다'는 생각과 함께 시도하는 본인에게도 자신감이 생긴다. 이는 필패 신드롬set-up-to fail syndrome*에서도 볼 수 있다. 필패 신드롬은 능력 있는 직원도 상사

---

* 리더십 분야의 세계 석학인 스위스의 장 프랑수아 만초니(Jean-Francois Manzoni) 국제경영개발대학원(IMD) 교수와 그의 동료인 장 루이 바르수(Jean-Louis Barsoux) IMD 선임 연구원이 인시아드대 재직 당시 상사와 부하 직원 사이의 관계를 연구하다 발견한 현상으로 '필패 신드롬'이라 이름 붙이고 1998년 3월 HBR(하버드비즈니스리뷰)에 아티클을 기고함.

에게 무능하다는 의심을 받으면 실제 업무 능력이 낮아지고 의욕이 떨어지며 점차 무능한 직원으로 변한다는 심리적 현상이다. 부하직원을 믿지 못하고 관리해야 하는 대상으로 여겨 모든 것을 통제하려 하거나, 반대로 특별히 기대하는 바가 적어서 중요한 업무를 맡기지 않는 경우다. 이는 조직에서만의 현상은 아닐 것이다. 누군가가 자신에게 지나친 간섭을 하거나, 미덥지 않은 시선으로 바라본다면 하고자 하는 동기는 자연스레 떨어지고 심할 때는 자신의 가치를 느끼기 어렵게 된다. 퍼실리테이터 역시 현장에서 만난 참여자가 해당 주제에 대해 얼마나 깊게 고민하게 될지, 어느 정도의 통찰을 발휘할 수 있을지, 생각지도 못한 결과물을 끌어낼 수도 있음을 믿는 만큼 현장의 역동은 달라진다.

고정 마인드셋Fixed mindset은, 자신의 기본적인 능력과 지성은 고정된 특질Trait이라는 생각이 기본이기에 재능이나 능력은 모두 타고 태어난다고 보는 입장이다. 그렇기에 아무리 노력해도 변할 수 없다는 가정이다. 반면 성장 마인드셋Growth mindset은, 현재 처한 상황은 자신의 노력 여부에 따라 얼마든지 바꿀 수 있다고 보는 시각이다. 인간의 발전 가능성을 지지하는 관점이다. 어떤 마인드셋을 갖고 있는가에 따라 겉으로 드러나는 태도, 행동은 달라질 수밖에 없다. 이러한 마인드셋을 코칭 측면에서 기술한 것이 코칭 마인드셋이다. 코치가 코칭을 바라보는 관점이자 코칭에 접근하는 사고방식인 것이다.

그렇다면 퍼실리테이션 역시 마인드셋을 생각해볼 수 있지 않을까? 퍼실리테이션 철학의 핵심은 변혁은 스스로 이끌 수 있다는 것이다. 그러한 기본적인 믿음이 있기에 '참여'라는 방식으로 퍼실리테이션을 구현한다. 누구나 학습하고자 하는 의지를 선천적으로 갖고 태어났으며, 환경을 조성해준다면 충분히 능동적으로 습득이 가능한 존재임을 믿는 것이다. 또한, 모든 사람의 의견은 동등하게 귀중하므로 다양성을 인정해준다면 자신의 이슈를 충분히 다룰 수 있다는 신뢰이다. 퍼실리테이터 철학에 기반한 사고의 틀, 관점, 태도의 바탕 위에서 사람을 바라볼 때 비로소 퍼실리테이션 마인드셋은 발휘될 수 있으리라 본다.

나무의 나이테가 다양하듯이,
고유한 인간으로서 존재한다

세상에 똑같은 모래알이 없듯이 인간 역시 본래부터 갖고 있는 자기만의 독특한 것이 고유함이다. 고유함의 힘은 강점을 넘어서 잠재된 나의 가능성에 대한 믿음으로 삶을 호기심으로 들여다보게 한다. 이는 인간은 '전인적Holistic이다'라는 표현과도 맞닿는다. 전인적全人的이라는 것은 사람을 더 이상 나눌 수 없는 하나의 전체적이고 온전한 존재로 보아야 한다는 것이다. 인간은 육체적, 정신적, 정서적, 영적인 면을 모두 갖춘 존재라는 의미이다. 우리의 신체, 감각, 감정, 사고, 욕구 등이 서로 연결되어 하나의 의미 있는 전체를 이룬다. 또한, 인간은 그가 살아나오면서 거쳤던 경험, 속해 있는 환경 안에서 새롭게 의미를 재탄생시키고 통합을 이루어간다. 그렇기에 인간의 어떤 행동을 이해하기 위해서는 그를 둘러싼 유기적 환경 안에서 전체를 살펴야 한다. 이렇게 인간은 더 이상 나눌 수 없는 존재이면서 동시에 자신만의 독특하고 고유한 무늬를 가지고 있다. 적절한 환경만 주어진다면 사람들은 누구나 그것을 자연스럽게 발휘하며 살아가고자 한다.

그렇기에 퍼실리테이터는 참여자가 하는 말을 입체적으로 이해해야 한다. 고객이 지금까지 어떻게 살아왔고, 그 삶의 맥락 속에서 어떤 생각과 행동을 해온 사람이기에 현재 이런 이슈를 제시하는지에 대해 입체적으로 접근할 필요가 있다. 인간은 누구나 '선한 의도'가 있다고 한다. 처음에는 우리가 접하는 수많은 이해 안 되는 상황에서조차도 '그 누군가는 선한 의도로 그 행동을 했다고 과연 온전히 받아들일 수 있을까?'라는 의문이 일었다. 하지만, 선한 의도의 라틴어 어원이 '착한'이 아니라 '자신에게 이득이 되는'이라는 『미움받을 용기』의 구절을 보는 순간 조금은 수긍이

갔다. 그 이후로는 그의 선한 의도를 묻는다. 그러한 시도를 거쳐야 비로소 단순히 워크숍의 흐름을 방해하는 빅마우스가 아닌 진정한 메시지를 가진 한 인간으로 바라볼 수 있는 것이다. 물론 참여자가 표현하는 이슈나 문제가 그의 전체 삶에 어떤 식으로 연결되어 있는지 그 자리에서 다 이해할 수는 없다. 다만 어떤 니즈에서 제기된 의문인지를 중립적인 마음으로 호기심을 가져 보는 것, 이 행동이 퍼실리테이터에게 요구되는 태도이다. 이는 워크숍이나 교육 현장에서도 수시로 퍼실리테이터로 직면하게 된다. 단순히 참여자의 표면적인 태도만이 아닌 그 아래 그의 현재 감정이나 느낌, 욕구 등을 살피려는 마음을 갖게 되면 같은 대상이라도 새롭게 보일 수 있다. 그럴경우 평소에 이해되지 않고, 심지어 그 장의 분위기에 방해가 된다고 생각했던 참여자를 다른 관점에서 바라볼 수 있는 여유가 생긴다. 이를 위해 퍼실리테이터로서 할 수 있는 훈련 중 하나는 내면의 공간을 넓히고 의식적인 선택을 하는 것이다.

인간 안에는 누구나
자신을 완성해가려는 힘이 존재한다

'성장이야말로 살아 있다는 유일한 증거다.'

웨인 다이어의 저서 『행복한 이기주의자』에 등장하는 문구다. 자신의 성장을 위해, 자신의 행복을 위해 살아가는 것을 외면한 다는 것은 '죽은 삶'을 선택했다는 의미이다. 같은 맥락으로 미국 의 인본주의 심리학자인 칼 로저스Carl Ransom Rogers에 의하면 사람 은 근본적으로 선하며 환경이 갖춰지기만 한다면 자신의 가능성 을 극대화할 수 있는 존재라고 한다. 이 방향적 힘을 자기실현 경 향성Self-actualizing tendency이라 불렸으며, 이는 지속적인 성장으로 이 어질 수 있음을 의미한다. 인간은 태어나는 순간부터 자신이 되고 자 하는 그 무엇도 될 수 있는 가능성과 잠재력이 있다. 생명이 수 동적이 아니라는 메시지는 다음에서도 확인할 수 있다. '인간이 란 피투被投된 존재이지만 기투企投해 간다'. 실존주의자인 하이데 거의 표현이다. 자신의 의지와 전혀 상관없는 상황 속에 내던져진 존재이지만, 그 상황에서도 할 수 있는 것을 찾아내고 자신의 삶 을 만들어 가는 존재 또한 인간이라는 의미이다. 진정한 자신의 삶을 만들어 간다는 것은 '나는 누구인가?'라는 사유思惟에서 출발

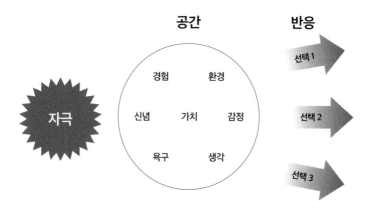

[그림 15] 자극과 반응 사이의 선택 공간

한다.

정신분석학에서 자아Ego란 프로이트Freud가 주장한 심리의 세 가지 요소(Id, Ego, Superego)중 한 부분이다. 자신의 인식과 행동의 주체이며 한 인격personality의 주체이다. 그에 반해 자기Self는 '나'라는 존재 그 자체이다. 내가 나를 한 객체로 보고 '관찰하는 자기'가 생기고 나를 중립적으로 바라볼 수 있을 때 우리는 자기 알아차림Self Awareness을 하게 된다. 관찰할 수 있는 나는 내가 아니라는 말이 있듯이 인식할 수 있는 나에게 집중하는 것이 진정한 자기화의 길이라 할 수 있다. 내면의 직관적인 자신에 가장 가까울 수 있을 때 일치성, 투명성이 일어날 수 있으며 본질과의 만남이다.

그렇다면 퍼실리테이터로서 '본질의 나'에 집중한다는 의미는 무엇일까? 그 힘이 바로 진정성, 신뢰, 중립으로 발현되는 것이라 할 수 있다. 현재의 한 인간으로서 올라오는 알아차림 등을 온전히 참여자와 나누는 진정성, 그들 내면의 힘을 믿는 신뢰, 그 두 철학이 표면으로 드러나는 중립성. 이 세 가지야말로 퍼실리테이터로서 본질에 접근하는 것이라 말할 수 있으며, 그 중심에는 언제나 사람이 존재해야 한다. 그렇지 못하면 현장의 역동을 읽지 못하고 준비한 자신의 설계에 얽매여 작동하지 않는 프로세스만을 붙들고 억지로 현장을 마무리하게 되는 경우가 생긴다. 하지만, 한 가지 언급하고 싶은 부분은 퍼실리테이터가 현장의 참여자를 믿고 그들의 현시점에서의 니즈를 파악하여 흐름을 재조정하려 할 때 중요하게 점검해야 하는 것은 그들의 수용 여부이다. 특히, 워크숍을 의뢰한 담당자와의 연결에서 충분한 대화를 통해 그렇게 펼쳐질 수도 있음이 합의되지 않은 상태라면 퍼실리테이터의 내려놓음은 위험할 수 있다. 자칫 준비되지 못한 퍼실리테이터로 내비칠 수 있으며, 혼란만 가중할 수 있기 때문이다. 그런데도 퍼실리테이터가 인간의 타고난 실현 의지를 깊게 믿는다면 자신이 기존에 준비했던 설계보다 현장에서의 역동을 반영할 수 있어야 한다. 함께하는 참여자의 자원을 꺼내 쓸 수 있는 즉시 환경 조성의 가능성을 염두에 둘 때 퍼실리테이션의 본질에 가까워지기 때문이다.

실현 의지는 거창한 것이 아니라 퍼실리테이션 현장에서 단순한 것에서부터 시작할 수 있다. "어떤 분의 소개를 듣고 싶으세요?" 워크숍 시작 시 체크인 과정에서 자기소개를 함께 하는 방식 중 하나이다. 소개해야 할 순서가 정해져 있지 않고 나에게 다음 순서를 추천할 기회가 주어진다면 어떨까?

퍼실리테이션 워크숍을 진행하다 보면 단순한 곳에서의 역동이 일어날 때가 있다. 가령 앞서 얘기한 것처럼 체크인 과정에서의 소개 순서나, 결과물을 공유하는 시간에서의 발표 순서를 들 수 있다. 별것 아닌 것 같지만 선택의 기회가 주어진다는 것은 기분 좋은 순간이다. 긴 호흡의 러닝 퍼실리테이션 과정 등을 진행할 때는 가능한 구글 설문으로 교육생의 니즈를 파악하는 편이다. 퍼실리테이션의 철학, 스킬, 도구를 비롯한 궁금증에서부터 현업에서의 애로사항 등을 미리 받아 교육에 녹여내려 함이다. 더불어 첫째 날 벽면에 '함께 다루고 싶은 내용'이라 쓰인 전지 한 장을 붙이고, 과정을 진행하면서 생겨나는 중요하다고 생각되는 내용이나 이번 시간에 꼭 다루었으면 하는 내용이 발생할 때는 합의를 통해 그 내용을 프로세스상에 넣어 진행하기도 한다. 바로 그 순간 함께 하는 이들의 메시지를 소중히 다루고 있음을 공유하고 싶은 것이다. 온전히 가치로운 일로 시간을 함께함이며 그들의 그 순간 올라오는 바람의 존중이다. 이 모든 순간에도 물론 궁극적인 목적은 유지된다. 회의 퍼실리테이션 상황에서는 더 중요하다고 할 수 있다. 교육 집단의 한 워크숍에서 본인의 당면 이슈이기에 자신들이 결정하고자 하는 마음이 현장에서 리더에게 받아들여진 경우가 있었다. 추후 의사결정을 위한 소수 인원의 회의에서 진행하려 했던 안건을 그 자리에서 추가로 논의한 경우이다. 이는 참여자의 '자신이 만들어 가려 하는 힘'을 존중하고, 리더 자신의 기대에 못 미칠 수 있지만 그럼에도 불구하고 구성원들을 믿었기에 가능했던 결과였다.

사람을 중심에 두는 철학이 바로 인본주의다. 인본주의 심리학자들은 인간이 자기 삶과 일이 매우 가치가 있다고 믿으려는 욕구가 있으며, 이러한 욕구가 충족됐을 때 업무를 추진하려는 동기가 발생한다고 주장한다. 결국은 자신의 선택이며, 그 선택에 힘을 실어주는 근간은 자기결정성이다. '자율성, 유능성, 관계성'이라는 세 가지 요소로 이루어진 자기 결정성은 조직에서 동기를 설명할 때 인정받는 키워드이다.

자율성은 자기 스스로가 자기 행동의 주인이라 믿고, 스스로 목표를 설정하고 결정하는 것을 의미한다. 유능성은 사회와 상호 작용하면서 자기 능력을 발휘하고 행동하려는 욕구이다. 개인이 자율성이 내재화되면 유능성에 대해 경험하게 된다. 이 유능성을 경험하고, 피드백을 통해 발전한다면 확실한 동기가 생긴다. 관계성은 다른 이들과 의미 있고 긍정적인 관계를 맺고자 하는 욕구이다. 주위 사람들과 서로 연결되어 있다고 느낄 때 자신감은 충만해진다.

퍼실리테이터는 조직 내에서 인간을 작동시키는 이런 다양한 원리를 파악하고, 주도적으로 자신의 주어진 상황을 끌어가는 참여자의 동기를 자극할 수 있어야 한다. '어떻게 해야 스스로 동기를 부여할 수 있는 조건을 만들 수 있는가?' 퍼실리테이터가 던질 수 있는 질문이다. 워크숍 참여자들의 능력을 믿고 스스로 결정할 수 있도록 상황에 맞게 프로세스를 재구성할 때 현장에서 하나 됨을 느낄 수 있다. 결국, 인간의 자기 결정성을 믿는다는 것은 사람을 수단이 아닌 목적으로 본다는 의미다. 현장의 참여자들이 그 워크숍에서 아이디어 발산만을 위해 모인 사람들이라거나 그저 참여 과정을 거쳤다는 형식적 측면이 아닌 그 자체가 목적이 되어야 한다. 즉, 현장의 목소리를 들을 수 있어야 한다.

이때 퍼실리테이터의 경청은 듣는 리스닝Listeing이 아니라 온몸의 메시지까지 받아들이는 리시브receive라 할 수 있다. 알렌과 메이어Allen & Meyer의 조직몰입Organization Commitment* 차원에서 본다면 이 의미감은 '도덕적 몰입'에서 나온다. 자신이 하는 일이 그 조직의 사명, 비전, 가치 등과 얼라인Align될 때 비로소 열정을 유지한다. 자신이 좋아하고, 잘하고, 세상에 도움이 되는 동시에 돈이 되는 일을 한다면 얼마나 행복할까? 하지만, 직장 안에서 이런 존재의 의미를 찾지 못하면 사람들은 차선으로 정서적인 몰입의 대상을 찾는다. 의미가 없다면 재미라도 있으면 다행인 것이다. 그렇기 때문에 같은 팀 동료와의 관계를 생각하며 직장생활을 이어가게 되는 것이다. 그마저도 안 된다면 그때는 '도구적 몰입'에 매달리게 된다. 어차피 다녀야 하는 곳이라면 경제적으로라도 보상을 받아야 한다는 것이다.

이 지점이 퍼실리테이터가 사람을 중심에 두었을 때 바로 개선할 수 있는 포인트이다. 조직 구성원들을 도구가 아닌 목적으로서의 대우를 받을 수 있도록 장을 조성하는 것, 이 부분이야말로 조직 전체를 대상으로 접근하는 퍼실리테이션의 힘이라 생각한다. 이 모든 구현의 힘은 '사람을 중심에 두는' 철학에서 나온다고 굳게 믿는다.

---

* 조직의 구성원으로서 조직의 목표와 가치를 수용하고 조직의 발전을 위해 노력하는 구성원들의 태도로 마치와 사이먼March&Simon(1958)이 소개하였고 초기 사회심리학 분야에서 개인과 조직 행동을 설명하기 위한 개념으로 사용되고 있음. 알렌과 메이어Allen&Meyer가 제시한 조직몰입의 3요인은 종업원의 조직에 대한 정서적 애착과 일체감을 나타내는 정서적 몰입(Affective Commitment), 종업원이 한 조직을 위해 계속 재직하거나 충성을 해야 한다는 규범적 몰입(Normative Commitment), 종업원이 자신의 조직을 떠나면 손해라 인식하는 지속적 몰입(Continuance Commitment)이 있음.

◆

시스템 사고로
성장하자

　이 장에서는 시스템 사고가 무엇인지, 왜 성장하는 퍼실리테이터들에게 시스템 사고가 필요한지, 시스템 사고를 적용하지 못했을 때 어떤 일들이 나타나는지를 사례로 살펴보고 변화를 위한 프로세스에서 시스템 사고가 어떻게 적용되는지 살펴보고자 한다.

퍼실리테이터의 시스템 사고의 필요성

　오늘날 복잡하고, 모호하고, 불확실하고, 변화가 많은 세상에서 우리가 직면하는 많은 난제를 해결하는 데에는 전통적인 사고뿐만 아니라 새로운 사고방식도 필요하게 되었다. 아인슈타인은

"우리가 직면하는 중요한 문제들은 그 문제들이 발생했을 때와 같은 수준의 사고로는 해결될 수 없다."고 했다.

퍼실리테이터가 주로 하는 일은 조직과 사회에 변화를 시도하는 일이다. 모든 조직과 공동체는 지속가능한 성과를 내기 위해 무엇을 해야 하는지 고민한다. 갈수록 복잡해지고 다양해지는 사회 속에서 이를 해결하기 위해 원인과 결과를 단순하게 도출하는 전통적 사고로는 해결하기가 점점 어려워졌다. 전체가 어떻게 움직이고 변화하고 있는지 종합적으로 사고하는 '시스템 사고'를 통해 변화를 모색해봐야 한다.

시스템 사고는 1990년 피터센게Peter Senge가 학습조직 이론을 설명하면서 그 중요성이 많이 알려졌고, 한국에서는 충북대학교 김상욱 교수가 『시스템 사고와 창의』라는 저서에서 잘 설명하고 있다. 시스템 사고는 세상을 부분 부분으로 보는 것이 아니라 상호 관계의 관점에서 바라보도록 돕는 사고이다. 그래서 고객이 가지고 있는 복잡한 문제를 해결하고 의도하지 않은 결과를 피하기 위해 시스템의 구성 요소와 관계 속에서 무엇을 해야 하는지를 다각적으로 볼 수 있도록 돕는다.

우리가 살고 있는 지구촌의 문제 또한 시스템 사고로 접근해야 한다. 2015년 제70차 UN 총회에서는 2030년까지 지구촌의 지속 가능한 발전을 실현하기 위하여, 지속가능한 목표SDGs: Sustainable

Development Goals를 17개 목표로 구분하여 제시하였는데, 이 목표는 크게 인간, 지구, 번영, 평화, 파트너십이라는 5개 영역에서 인류가 나아가야 할 방향을 제시하고 있다. 17개의 목표를 3가지 영역으로 구분해보면 사회적 영역, 경제적 영역, 환경적 영역에 해당하는 목표이다. 이 목표는 그동안 인류가 시스템 사고를 하지 못하고, 다시 말해 환경과 사회적 영향을 생각하지 못하고 경제적 발전만을 향해 달려온 것에 대해 성찰하고 온 인류가 공동으로 나아가야 할 방향을 제시한 것이다.

이렇듯 지속가능성Sustainability에 대한 사회적 요청은 국제개발 협력 분야나 비영리단체에만 해당하는 것이 아니라 기업에서도 중요한 관심사가 되고 있다. 최근 기업들이 채택하고 있는 ESGEnvironmental, Social and Governance 경영이 대표적이다.

지속가능발전법에 따르면 '현재 세대의 필요를 충족시키기 위하여 미래 세대가 사용할 경제 사회 환경 등의 자원을 낭비하거나 여건을 저하시키지 아니하고 서로 조화와 균형을 이루는 것'을 의미하며 ESG로 표현되기도 한다. 즉, 지속가능성을 염두에 둔 경영 전략 이란, ESG를 의식하고 'ESG 경영'을 해야 함을 의미한다.

이렇게 지속가능한 시스템 사고가 기반이 된 관점은 이제 사회 문제를 해결하기 위한 영역뿐 아니라 경제적 문제를 다루는 기업에 이르기까지 모두 필요한 사고방식이다.

아울러 지속가능한 개발 목표와 연관이 없는 영역은 이 사회에 존재하지 않고 있기에 어떤 분야의 주제로 퍼실리테이션을 한다고 하여도 지속가능한 시스템 사고를 기반으로 한 퍼실리테이터의 활동은 매우 중요해졌다. 퍼실리테이터들의 활동 영역이 점점 넓어져 가고 있다.

시스템 사고란?

이러한 시스템 사고를 제대로 이해하려면 시스템의 작동 원리를 파악하는 것이 중요하다. 시스템은 흔히 공장이나 조직 등이 조직적이고 유기적이며 자율적으로 돌아가는 것을 말한다. 즉, 시스템이란 '특정 목적을 달성하기 위하여 관련된 구성요소들이 상호 작용하는 유기적 집합체'이다. 전체로는 통일된 하나이면서 동시에 개별 고유 기능을 가지고 공통의 목표를 위해 상호 작용하는 구성요소들의 유기적 집합체를 '시스템'이라고 한다. 이 세상에 시스템 아닌 것이 없다고 할 만큼 우리는 시스템에 둘러싸여 살고 있다. 우리의 몸이 시스템이고, 우리의 가족이 시스템이고, 우리의 조직이 시스템이며, 우리가 속해 사는 마을도, 국가도 시스템이다.

이런 시스템이 잘 작동하지 않게 될 때 우리는 문제를 인식하게 되고 이를 해결하기 위해 다양한 방법을 생각하게 된다. 이러한 해결 과정에서 퍼실리테이터는 문제를 정의하고 정의된 문제를 해결할 수 있도록 촉진하는 역할과 기능을 수행한다.

퍼실리테이터는 시스템을 구성하는 내부 요소뿐 아니라 외부 환경과의 상호작용에도 구성원들이 어떻게 대처하며 지향하는 목표를 이룰 것인가를 논의할 수 있도록, 프로세스를 설계하고 참여와 소통의 도구를 활용할 필요가 있다.

이때 퍼실리테이터가 하나의 문제에 대해서만 바라보고 프로세스를 만들게 되면, 하나의 해결책은 나올 수 있지만, 근본적인 문제 해결이 되지 못할 수도 있다. 그래서 퍼실리테이터는 이 문제를 큰 관점에서 바라보고 시스템이 어떻게 돌아가고 있는지 분석한 후 프로세스를 만들고 회의를 적용해야 한다.

퍼실리테이터가 시스템 사고를 잘하려면 무엇을 해야 하는가?

김상욱 교수가 『시스템 사고와 창의』에서 제시한 시스템 사고의 3요소에서 실마리를 찾아볼 수 있다. 이 책에 의하면 시스템 사고에는 세 가지 요소가 있다. 즉, 시간적 사고, 통합적 사고, 그리고 피드백 사고이다. 이를 차례대로 살펴보면 다음과 같다.

첫째, 시간적 사고는 모든 시스템이 끊임없이 변화하며 목표에 도달하는 과정에서 반드시 시간이 개입되고 있다는 사고이다. 단기적 이득에 머물러 지속가능한 것을 놓치게 될 수도 있다는 것을 염두에 두고 시간의 변화를 보도록 돕는 사고이다.

퍼실리테이터는 참여자가 해결하려는 문제를 분석하기 위해 이 시간적 사고를 활용한다. 조직이 가지고 있는 과거, 현재, 미래의 시간 속에서 조직이 추구하는 형태의 변화를 볼 수 있도록 돕는다. 앞으로 나아가기 위한 변화의 방향을 모색할 때 시간적 사고를 통해 과거에서 일어난 일을 회상하고 시대적 맥락에서 오늘의 현상이 나타난 것을 확인하고 미래를 바라보도록 참여를 촉진하는 것이다.

때로 정부조직에서의 규제는 나름 필요해서 만들었지만 시대 맥락적으로 현재는 맞지 않을 수 있다. 어느 지자체의 장학금 지급 규정을 위한 시민토론회는 지난 10여 년 전에 정해진 규정이 그대로 유지되는 바람에 민원이 발생하였다. 그래서 시민들이 함께 모여 기준이 변화될 부분에 대해 공감하고 그에 따른 기준 마련에 생각을 모았다. 그동안의 규정을 검토하고 지금의 현황과 환경적 변화를 논의하고 앞으로 변화될 미래에도 유효한 기준을 논의하여 새로운 기준을 합의하였다. 드러난 현상을 어떻게 개선할 것인가에 대한 논의만이 아니라 먼저 그것이 세워졌던 배경과 그동안의 흐름 속에 있었던 이야기를 회상하며 앞으로 나아갈 방향을 수정하고 보완하고 변경할 때 시간적 사고를 활용했다.

둘째, 통합적 사고란 어떤 대상을 파헤치는 분석적 사고로는 전체를 파악할 수 없기에 전체는 전체로 보아야 한다는 사고이다. '하나는 알고 둘은 모른다'라는 속담에도 있듯이 한 가지만 보면 옆에 있는 연관성을 보지 못할 수도 있다. 1958년에서 1960년까지 중국에서 기근으로 3년 간 죽어간 사람이 4,000만 명에 이른 적이 있었다. 중국에 이 끔찍한 재앙이 있었던 이유는 모택동이 이 기근의 원인을 벼를 쪼아 먹는 참새라고 규정하고 참새 소탕 작전을 펼쳤기 때문이다. 이로 인해 생태계가 망가져서 벼 생산량이 오히려 줄어들어 굶어 죽는 백성들의 숫자가 더 늘어난 결과를 초래했다. 퍼실리테이터는 문제의 요인을 분석하고 대안을 제시할 때 참여자들이 전체적인 시각으로 볼 수 있도록 촉진해야 한다.

퍼실리테이터는 참여자들이 통합적 사고를 하도록 돕기 위해 참여자들에게 자신이 속한 세계와의 연관성을 인식하도록 도와야 한다. 자신이 속한 조직이 지속가능한 상황에 놓이게 하려면 무엇을 해야 할지 인식하도록 돕는 것이다. 통합적 사고는 이 조직이 존재하는 이유, 비전, 핵심 가치 등의 가치체계의 방향을 기초로 해서 조직이 하는 일과 하고 싶은 일과 해결해야 할 일을 위해 전체를 보도록 돕는 사고이다.

조직의 현재 문제를 분석하고 앞으로의 전략을 도출하기에 사용하는 SWOT 분석 도구*나 이해관계자 지도**는 통합적 사고를 돕는 유용한 도구이다. SWOT 분석을 사용할 때도 단지 강점, 약점, 위협, 기회의 요소만 살펴볼 것이 아니라 SO, ST, WO, WT를 분석하여 통합적으로 전략을 짤 수 있도록 촉진한다면 참여자들이 각 문제를 요소, 요소로만 보지 않고 통합적으로 보고 전략을 논의할 수 있을 것이다. 그러나 많은 경우 SWOT 도구를 활용하기 위한 충분한 시간을 확보하지 못한 채 이 도구를 사용하여 표면적인 요인만 분석하는 경우가 있는데 표면적 요인 분석을 넘어 각 요인 간의 통합적 사고를 촉진함으로 전략을 수립할 수 있도록 도울 필요가 있다.

이해관계자 지도는 문제의 핵심 대상자와 연관된 직접 이해관계자와 간접 이해관계자를 구분하여 각종 이해관계자를 인식하는데 활용할 수 있다. 이를 통해 참여자들은 해결해야 하는 문제와 연관된 구성원들을 다각적으로 살펴볼 수 있고, 좁게는 내부, 넓게는 외부의 이해관계자들이 어떤 역할을 하는지 파악할 수 있

---

* SWOT는 강점(Strength), 약점(Weakness), 기회(Opportunity), 위협(Threat)의 머리글자를 모아 만든 단어로 경영 전략을 수립하기 위한 분석 도구임.
** 핵심 이해관계자들의 상호 연결 관계를 파악하고 동기와 니즈를 이해해 시각적으로 구성해 나타내는 방법으로 인식하지 못한 이해관계자를 밝힐 수 있음.

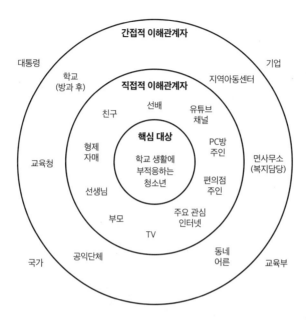

간접적 이해관계자

대통령   기업

학교
(방과 후)   지역아동센터

직접적 이해관계자

친구   선배   유튜브
채널

핵심 대상

형제
자매   학교 생활에
부적응하는
청소년   PC방
주인

교육청   면사무소
(복지담당)

선생님   편의점
주인

부모   주요 관심
인터넷

TV

국가   공익단체   동네
어른   교육부

[그림 16] 이해관계자 지도(주제: 아동 돌봄) - 교사 대상 워크숍

다. 또한 이해관계자들의 상호관계를 생각하며, 그들의 욕구를 들여다볼 수 있고, 예상되는 관계나 이슈를 통합적 사고로 알아차릴 수 있다.

[그림 16]은 교사 대상 워크숍에서 그려본 이해관계자 지도이다. 이 지도를 교사들이 직접 그려보며 학생에 대한 이해관계자들의 영향력에 대해 통합적 사고를 할 수 있었다. 몇 가지 재미있는 통찰이 있었는데, 그중 하나는 '교사들이 PC방 주인이나 편의점 주인보다 학생들에게 직접적으로 영향력을 끼치지 못하고 있다'

는 것이었고, 다른 하나는 '한 아이를 키우려면 온 마을이 필요하다'는 것이었다.

셋째, 피드백 사고는 모든 시스템은 반드시 환류의 피드백을 가진다는 전제에 기초하는 사고이다. 전통적 사고는 원인과 결과가 분명한 단선적 사고였다. 그러나 복잡한 세계에서는 더 이상 하나의 원인이 결과를 내지 않고 있고 끊임없이 그 안에서 상호작용하며 환류하는 과정에 있다는 것을 인식하는 사고다. 다시 말해, 문제에 대한 정보를 얻은 후 행동을 하고 결과를 얻는 과정을 지속적으로 반복해보면서 퍼실리테이터는 변화를 시도하는 개인과 조직에 '무엇을 달리해보면 결과가 달라지는가?'라는 질문으로 성찰해보고 새롭게 시도해 보도록 촉진할 수 있다.

퍼실리테이션에서 피드백 사고를 적용하는 경우는 각 조에서 논의되었던 사항을 다른 조에게 공유하고 다른 조에서 질문을 하기도 하고 제언을 하는 등의 방식으로 활용된다. 매 회차 진행되는 워크숍의 경우 지난 시간에 논의되었던 것을 적용 대상자에게 인터뷰하고 오도록 하여 재수정하는 방식으로 활용되기도 한다.

퍼실리테이터가 일회적이고 단시간적인 회의를 진행할 경우, 회의의 결과를 후속 적용하여 어떻게 반영되는지 확인할 기회가 많지는 않다. 피드백한 결과가 현장에서 어떻게 반영되는지 살펴보기 위해서는 퍼실리테이션의 기간이 길어서 반복적인 활동을 의뢰받았을 때 가능하다.

퍼실리테이터도 이 피드백 사고를 자신의 역량개발에 활용할 수도 있다. 최근 한 지자체의 공무원들에게 저출산을 주제로 정책사업을 개발하는 일이 있었다. 여러 회차에 걸쳐서 워크숍을 진행하고 있기에 매회 일어난 워크숍의 결과와 이에 대한 피드백의 적용이 어떻게 일어나고 있는지를 살펴볼 수 있었다. 동일한 프로세스를 다른 대상에게 적용해보는 경험을 통해서 프로세스의 어떤 요소가 다른 결과를 내게 되는지 관찰하고 다음 회차에도 동일하게 혹은 다르게 시도해 봄으로써 퍼실리테이터로서의 역량을 개발할 수 있는 기회가 되었다.

시스템 사고는 언제부터 활용해야 할까?

현장에서 활동하는 퍼실리테이터는 숙달된 역량을 발휘하여 워크숍 결과에 보람을 느끼기도 하지만 때로 퍼실리테이터로서의 한계를 느끼기도 한다. 고객들의 문제 상황을 분석하고, 워크숍을 설계하여 참여적 분위기를 만들며, 목적에 따른 결과물을 도출하였지만, 워크숍의 결과가 현실에 잘 적용되지 못하고 있는 사실을 알게 되기 때문이다.

아래의 사례는 조직 구성원들이 함께 나아갈 목표를 확인하는 것은 성공하였으나, 현재 내부 시스템이 작동하는 방식에 대한 인식이 부족하여 새롭게 시도되는 목표와 계획, 기타 조직의 구성요소들에 대해 시스템 사고로 접근하지 못했던 사례이다.

모 중학교의 교직원을 대상으로 새 학년 교육과정 운영계획 수립 워크숍의 메인 퍼실리테이터를 맡아 협력 퍼실리테이터 1명과 학교 회의를 지원한 적이 있다. 코로나 시기를 돌아보며 시간적 흐름 속에서 내년에 나아갈 방향을 논의하는 자리였기에 시스템 사고의 시간적 사고를 활용하였다. 비전이 공유되고 해야 할 일의 목록을 한 해의 일정 속에서 전체적으로 보는 일을 통해 각 사업별 세부 활동 과제 목록을 도출했다. 처음 워크숍에 정해진 시간 관계상 실행을 위한 계획 수립은 하지 않았었다.

워크숍을 마무리했을 때 교감 선생님이 내년에 학교에서 실행을 책임진 부장 선생님들을 대상으로 아이디어의 실행을 높이기 위한 워크숍을 추가로 해줄 것을 요청하였다. 교감 선생님의 의도는 실행을 책임진 교사들이 퍼실리테이터들과 함께 실행을 계획하는 구체적인 절차를 실습하고 학교에 적용하기를 기대하신 것 같았다.

이후 워크숍을 준비하기 위해 4명의 부장 선생님들과 2명의 퍼실리테이터가 줌Zoom에서 학교 변화를 위한 아이디어의 실행을 높이려는 방법을 주제로 이런저런 대화를 하게 되었다.

그러나 이날의 온라인 대화에서는 교감 선생님이 요청하신 결과를 내지는 못했다. 워크숍을 의뢰한 교감 선생님이 고객이었지만 온라인 워크숍에 참여한 부장 선생님들은 워크숍 목적에 대한 여러 어려움을 호소하였다. 참여한 부장 선생님들의 공통의견은 학교의 교육 가치가 실현되는 데에는 많은 장애물이 있다는 것이다. 학교에 새로운 변화를 위한 정보는 공급이 되고 있었지만, 기존의 업무가 너무 많아 새로운 시도를 받아들일 수 없다는 것이다. 기존 업무를 줄이거나 없애지 않은 상태에서 새로운 변화는 그저 업무가 많아지는 것으로 거부하고 싶은 상태라는 것이다. 기존 업무 시스템에서는 교육 가치를 실현하는 데 어려움이 많다는 이야기였다. 시간 관계상 더 이상 깊은 논의를 하지는 못하고 이날의 논의는 실행 전략을 수립하기 전 전제되어야 할 부분에 대해 공감한 후 마무리 되었다.

이 사례를 통해 알 수 있는 것은 조직의 변화를 위해서는 퍼실리테이터가 워크숍의 결과가 실행으로 이어지게 하려면 워크숍을 설계할 때부터 조직 내부의 상호작용과 외부의 상호작용에 대해 참여자들이 시스템 사고로 접근하여 해결 방안을 찾을 수 있도록 단계적 접근이 필요하다는 것을 절감한 사례였다.

'어떻게 퍼실리테이터는 퍼실리테이션이 성과로 연결되지 못하는 문제를 극복하고 변화에 기여할 수 있을까?,' ' 성장하는 퍼실리테이터로서, 부분을 보고 있는 참여자들에게 어떻게 전체를 보고 자신이 하는 일에 의미를 가지도록 촉진할 수 있을까?'

시스템 사고를 반영한 4단계 변화 프로세스

문제 해결을 위한 접근에서 시스템 사고를 적용하기 위해서는 변화의 프로세스를 숙지할 필요가 있다.

데이비드 피터 스트로의 저서 『사회 변화를 위한 시스템 사고』에서는 시스템 사고에 기초한 4단계 변화 프로세스를 제시한다. 데이비드 피터 스트로는 공동의 열망(공유하는 비전, 사명, 가치관으로 나타나는 것)과 현재에 처한 상황, 그리고 상황이 만들어진 이유에 대해 공동의 이해를 갖게 된 사람들이 창조적 긴장을 형성해 목표를 실현하는 방향으로 문제를 해결하려고 한다고 했다.

이해 당사자는 그들이 빙산 꼭대기에 있는 사실(예: 학생들의 행복한 배움이 일어나고 나눔의 교육공동체가 되기 위한 학교의 변화를 위해 기존의 과부하가 된 업무 시스템이 변화되어야 한다는 압박감)에 대해서는 동의하지만, 모든 이해 당사자에게 영향을 주고 또 영향을 받는 근본적인 시스템 구조(예: 변화의 기반을 만들지 않고 공감되지 않는 새로운 시도가 많아 성과를 내지 못하고 있는 것)는 잘 알아보지 못한다고 지적한다. 문제를 해결하기 위해서는 지금과 같은 현실이 왜 존재하는지에 대한 공동의 이해를 반드시 발전시킬 필요가 있다고 제시한다.

데이비드 피터 스트로는 사람들이 원하는 것에 대한 전망뿐 아니라 현실에 대한 심층적 수준의 전망을 다 같이 공유하면 이해 당사자들은 단순히 각자 역할이 아닌 전체 시스템에 대한 그들의 책임을 알 수 있다고 했다. 그렇게 되면 사람들이 '내 몫을 다하고 전체의 목표를 이룰 수 있도록 하겠다'라고 거리낌 없이 약속하는 정돈된 마음가짐을 얻게 된다고 했다. 퍼실리테이션의 철학에서 '사람은 기본적으로 현명하고, 올바른 일을 할 수 있으며, 또 그렇게 하고 싶어 한다. 사람들은 자신이 참여한 아이디어나 계획에 대해서는 더욱 헌신적으로 임한다. 사람들은 자신의 결정에 대한 책임이 부여되면 진정으로 책임감 있게 행동한다.'는 말이 실현된다는 것이다. 그러므로 성장하는 퍼실리테이터들에게는 시스템 사고를 통해 참여자들이 변화 프로세스에 잘 따라올 수 있도록 촉진하는 것이 필요하다고 볼 수 있다.

[그림 17] 시스템 변화를 이끄는 4단계*

시스템 변화를 이끄는 첫 번째 단계는 변화의 기반 다지기 단계이다. 이 단계에서 도출하고자 하는 결과는 변화에 필요한 집단적 준비를 갖추는 것이다. 워크숍을 준비하는 과정에서 주요 이해관계자를 참여시키고 이해 당사자의 범위를 파악하고 이해관계자를 어떻게 참여시킬 것인지에 관한 전략을 설계하는 과정이 필요하다.

2단계는 현실을 직시하도록 돕는 데 목적을 두며 무슨 일이 왜 일어나고 있는지에 대한 인식을 공유하고 이런 현실을 만든 데 대한 책임을 이해 당사자가 받아들이도록 하는 단계라고 설명한다.

3단계는 진정으로 원하는 것을 위해 명확한 선택을 내릴 수 있도록 사람들을 이끄는 데 목적을 둔다. 이 단계에서 도출하고자 하는 결과는 사람들이 이익뿐 아니라 치러야 할 비용에 대해서도

---

* 데이비드 피터 스트로, 신동숙 역, 『사회 변화를 위한 시스템 사고』, 2022, 힐데와 솔피. 참고하여 제작함.

충분히 인식한 상태에서 원하는 목표에 의식적으로 전념하는 단계라고 설명한다.

4단계는 사람들의 열망과 그들이 현재 처해있는 상황 사이의 격차를 채우도록 돕는 단계로서 지속적인 학습과 참여 확대를 위한 프로세스를 확립하는 과정이 포함된다고 했다.

변화를 위한 4단계 프로세스를 밟기 위해서는 단시간 한두 번의 워크숍을 통해서는 불가능한 일이다. 성장하는 퍼실리테이터로서의 고민은 이렇듯 워크숍에서만의 성공이 진정한 성공은 아니라는 것이다. 변화를 꿈꾸고 시도하는 조직이 워크숍 이후에도 조직 구성원들의 참여를 확대시키고 지속적인 학습을 이어갈 수 있도록 촉진하기 위해서는 퍼실리테이터 자신도 끊임없는 학습을 통해 시스템 사고를 확장시켜나가는 것이 필요하다.

1) 워크숍 준비 시

퍼실리테이터가 사전 정보와 조직의 현황을 파악할 때 분석적 사고만이 아니라 조직을 시스템으로 보고 사전 인터뷰를 하여야 한다.

2) 워크숍 운영 시

워크숍을 운영하는 과정에서도 시스템 사고는 필수적이다. 퍼실리테이터는 워크숍의 목적에 적합한 결과물을 산출하기 위해 워크숍의 전과정을 바라보며 구성요소 간의 상호 관계가 어떻게 흘러갈 것인지를 염두에 두고 프로세스를 설계해야 한다. 도구와 기법을 중심에 두는 설계는 워크숍 구성요소 간의 상호 작용으로 일어나는 시스템적 작동의 결과들을 놓칠 수 있다. 워크숍은 잘 마무리되었지만 실제로 성과는 목적대로 일어나지 않을 수도 있기에 전체를 바라보면서 목적에 따라 도구를 선택하는 것이 중요하다.

팀 활동을 어떻게 조직할 것인가? 각각 견해가 다른 입장의 참여자들이 어떻게 연결되어 어떻게 소통하고 합의하도록 정보를 공유하고 의견을 도출하게 할 것인가? 각각의 정보를 공유한 후 창조적인 아이디어를 도출하기 위해 의견을 어떻게 통합하고 결정할 것인가? 그렇게 하기 위해 참여자들이 어떤 질문을 사용할 것인가? 등을 고려하며 분위기를 관찰하고 때로는 유연하게 변형하고 개입하는 것도 퍼실리테이터의 역량이라 할 수 있다.

퍼실리테이터가 워크숍을 설계할 때 목적과 결과물을 명료하게 하는 것은 시스템 사고를 통해 무엇을 얻고자 하는지가 명료할 때 기술할 수 있다. 의뢰한 고객이 속한 조직의 정체성과 그 조직의 현재 모습과 미래에 나아가고자 하는 방향을 맥락적으로 알고 어느 단계에서 시행되는 워크숍인지에 대한 파악이 되어야 참여자들에게 의미를 부여하며 참여와 소통을 촉진할 수 있다.

3) 워크숍 후 후속 조치

워크숍이 종료되었다고 퍼실리테이션은 끝난 것이 아니다. 이후 현실 속에서 어떻게 실현이 되어 사회적으로 영향이 미쳐지는지를 피드백하는 것까지 이루어질 때 진정한 변화와 성장을 위한 퍼실리테이션이 이루어진 것이라 생각한다.

논의된 결과가 실행 담당자들에 의해 실제로 추진되고 적용되는 것을 보며, 워크숍에 참여했던 사람들이 변화를 경험하는 것이 바로 지속가능한 선순환 시스템이 작동하는 모습일 것이다. 이를 위해 워크숍을 마친 후 현장에서 있었던 아이디어와 의사결정 결과를 사진과 함께 보고서로 작성하여 전달해야 한다.

　성장하는 퍼실리테이터로서 이 시대의 조직과 공동체가 해결해야 하는 많은 과제를 시스템 사고로 바라보고 워크숍을 설계하고 운영하고 워크숍 후 후속 조치를 잘하려면 무엇을 해야 할까?

　주어진 워크숍을 설계할 때, 첫째, 우리 사회의 지속가능한 사회의 큰 그림의 방향 속에서 주어진 워크숍 주제의 정책 방향과 현안의 문제에 대한 정보를 빠짐없이 넓고 깊게 분석하고 참여자들이 논의해야 할 내용이 어느 단계에서 논의되는지 파악하는 것이 중요하다. 퍼실리테이터가 사전 정보를 탐색한 후 설계한 내용을 고객과 함께 논의하고 협력하는 퍼실리테이터들과도 논의하면서 참여자들의 워크숍이 가치 있는 결과가 되도록 준비를 철저히 할 필요가 있다. 현장에 미리 가서 참여자들의 역동이 가능하도록 동선을 준비하는 것에서부터 책상 배치, 게시물 배치장소 등을 미리 파악하는 것도 워크숍을 효과적으로 시작할 수 있는 요소에 해당한다.

　둘째, 워크숍을 운영할 때는 준비된 프로세스가 여러 요소와 함께 작동할 때 매 순간 시스템 사고를 발휘하여 유연하게 대처해야 한다. 참여자들의 참여 에너지가 높은 경우는 목표한 대로 운영이 잘 되지만, 때로 참여 에너지가 떨어져서 각자의 아이디어를 내거나 논의하는 데 적극적이지 않은 경우도 많다. 그래서 퍼실리테이터는 인간에 대한 이해와 참여자들의 정보 처리 외에 정서 처리에도 관심을 가지고 학습해 나갈 필요가 있다.

셋째, 워크숍 후 실행으로 이어지도록 하는 후속 조치를 고객과 논의해야 한다. 그러려면 퍼실리테이터는 워크숍 운영 기술은 물론, 논의한 결과가 조직과 공동체에 어떻게 반영이 되어서 선순환의 변화를 얻게 될지, 조직과 공동체에 대한 안목도 필요하다.

성장하는 퍼실리테이터로서 시스템 사고를 하려면 모든 조직과 공동체, 모든 주제에 대해 전문적인 안목을 다 가질 수는 없지만, 자신의 관심과 기여할 수 있는 대상과 주제에 대한 현황 파악, 미래에 대한 변화 방향에 대한 지속적인 학습을 하면서 전문성을 키울 필요가 있다.

— 5 —

자토모
이야기

FACILITATOR

"자토모는 나에게 ○○○이다"

💬 '복리 이자로 쌓이는 적금 통장'이다. 일하는 현장에서의 경험, 성찰, 보완점들이 그대로 혹은 확장되어 역량의 근육을 지속적으로 더 단단하고 유연하게 키워주고 있기 때문이다.

💬 '즐거운 일요일의 플레이그라운드'이다. 일요일마다 좋아하는 사람들과 함께 플레이그라운드에서 이야기하고, 학습하며, 다양한 경험과 관점을 배울 수 있는 유쾌하고 흥미진진한 즐거운 시간이다.

💬 '지속적인 맑은 샘물'이다. 처음 퍼실리테이션을 만났던 그 시원하고 청량한 마음을 느끼게 해 주기 때문이다.

💬 '성장터'이다. 그곳에 가면 우리들의 경험을 기반으로 감정, 생각 등이 자유롭게 오가며 맘껏 펼쳐진다. 신나게 놀면서 자라는 공간이다.

💬 '무엇이든 물어보세요!'이다. 현장에서의 어려움과 프로세스 고민이 있을 때 내 일같이 해결해주기 때문이다.

💬 '알람'이다. 일요일 새벽만이 아닌 일과 삶에서 배움이 일어나도록 나를 깨워주기 때문이다.

💬 '사랑방'이다. 이런저런 대화가 자유롭고 서로에 대한 근황을 응원하고 지지하며 퍼실리테이터다움이 경험되는 훈훈한 장이기 때문이다.

◆

자토모,
그게 뭔가요?

　자토모는 퍼실리테이션이라는 공통의 관심사를 가지고 있는 사람들이 함께하는 '자유토론모임'이다. 다양한 주제를 가지고 자유롭게 토론, 토의, 대화를 통해 상호 영향력을 끼치며 학습하는 조직이라는 모토로 만들어졌다. 각자 다양한 영역에서 퍼실리테이터로 활동하는 8인으로 시작하여 중간에 인원 변동이 있었지만 23년 3월 현재, 9인의 멤버가 자유롭게 토론을 이어가고 있다. 이번 '북 프로젝트(출간)'에는 7명의 멤버들이 참여중이며, 참여한 멤버들의 소개는 다음 장에서 개인별 활동과 연결된 스토리로 대신한다. 자토모는 함께 학습하며 공유한 나눔이 각자를 삶과 일에서 성장시키고, 서로 연결하여 많은 것들을 이룰 수 있게 하고 있다.

　퍼실리테이터의 개인적인 성장뿐만 아니라, 자토모와 같은 학습조직 안에서 공유리더십*을 발휘하며 동료들과 함께 성장하려고 하는 많은 분들에게 작은 도움이라도 될 수 있도록 우리의 학습 모임을 소개해 본다.

---

* 공유리더십은 상호영향력이 발휘되면서 구성원의 역량이 향상되는 새로운 리더십으로 주목받고 있음. 공유리더십은 구성원들의 상호영향력의 가능성을 높이게 하며, 구성원 개인이 복잡한 과제 수행 시 정보 공유를 활발히 하여 몰입하게 됨. 이러한 정보를 공유하기 위해 구성원 개인의 역할을 수행함과 동시에 관리자로서 지식과 스킬이 요구됨. 또한 팀의 긍정적 효과를 위해 리더십은 독단적 1인의 지배로 이루어지는 것이 아닌 구성원들 간의 집합적이면서 비공식적으로 발휘되어야 한다고 언급되고 있음.

♦

자유로운 토론 모임,
자토모의 시작

퍼실리테이션을 하다 보면, 다양한 환경에서 관련 일을 하는 사람들과 협업을 하게 되는 경우가 있다. 회의가 마무리되고 시간과 장소가 허락된다면, 퍼실리테이터들은 현장에서 상호 피드백을 교환하기도 한다. 행사가 진행되는 동안 있었던 일, 어떤 상황이 잘 진행되었는지, 어떤 상황에서 어려움이 있었는지, 어떤 프로세스와 스킬을 적용하는 것이 더 효율적일지, 결과물은 어떻게 나왔는지 등을 이야기 나눈다.

우리는 피드백을 나누는 경험 속에서 다양한 주제들로 좀 더 깊이 있게 이야기를 나누면 좋겠다는 생각들이 있었다. 서로의 시야를 보다 넓힐 기회를 얻고 싶었다. 각자의 영역에서 퍼실리테이터 활동을 하며 의문을 가졌던 부분에 대한 갈증을 해소하고자 하

[그림 18] 2020년 9월 20일 첫 모임 사진

는 마음이 있었다. 혼자보다는 서로의 생각을 더해 전문성을 키워가고자 하는 마음도 있었다. 다양한 주제를 퍼실리테이션의 관점에서, 퍼실리테이션의 도구를 활용하여 함께 이야기하고 싶었다. 그냥 같은 일을 하는 사람들끼리 편안하고 자유롭게 만나 토론을 하고 싶었다. 게다가 우리가 처음 만나려던 시기에는 코로나의 확산으로 인해 '사회적 거리두기'가 강화되어 직접적인 만남의 기회가 줄어들었을 때라 이러한 모임에 대한 갈증이 더욱 커져 있을 때였다.

그동안 자주 만나는 퍼실리테이터들에게 함께 자유 주제를 가지고 이야기를 나누는 모임을 갖는 것이 어떠냐고 한 분이 제안하였고, 대부분 참여 의사를 밝혔다. 그렇게 2020년 9월 20일 새벽 첫 모임이 시작되었고, 지금은 9명의 멤버가 함께 하고 있다.

◆

자토모를 지속하게 만든 힘:
월 기준 시즌제!
그라운드 룰과 적극적인 참여!

월 기준 시즌제: 다양한 주제!

'매월 멤버들의 의견을 모아서, 주제를 선정하고,

주제는 연속된 주제 혹은 독립된 주제로 구성할 수 있다.'

매월 주제 선정하여 월 4회 진행. 월 기준 시즌제.

주제에 따라 연속된 주제로 진행 가능 또는

매번 독립된 주제로 진행 가능

주제는 '자유토론모임'의 취지에 맞게 제한 범위가 없다. 주제를 선정할 때에는 먼저 멤버들이 희망하는 주제를 자유롭게 의견을 받는다. 취합된 다양한 주제들 중에서 모임에서 함께 논의해보고 싶은 주제를 투표를 통해 선정한다. 선정된 주제의 내용에 따라 한 주 혹은 몇 주에 걸쳐 지속적으로 이야기를 나누기도 한다. 지금까지 모임에서 다루었던 대표적인 주제들은 다음과 같다.

자토모에서 그동안 다루었던 토론 주제

퍼실리테이션 도구 / 진행 / 설계 / 기타

- Deep Dive into CWM: CWM QnA & TIP with 패들렛, CWM 질의 응답, 못다한 CWM 이야기
- Grouping과 Naming 어디까지 해봤니?
- 디자인 씽킹에서 가장 중요한 단계
- 이해 관계가 없는 참여자를 어떻게 이해관계자로 연결할 것인가?
- 자꾸만 잊게 되는 기본기를 되살리는 비법_참여가 중요한 가치인데 어느새 결과물 도출이 중요한 가치가 된 워크숍 현장

온라인 퍼실리테이션

- CWM 온라인 실습
- 온라인 ORID
- 온라인 퍼실리테이션 이야기
- 온라인 퍼실리테이션을 성공으로 이끌기 위한 메뉴얼 만들기

- 온라인 퍼실리테이션에서 효과적이고 주제와 연결이 잘 되게 이끄는 아이스브레이킹 정리

- 온라인 퍼실리테이션의 성공적인 사례와 설계 속 특징 그리고 제언

리더십 / 코칭

- 내 삶의 핵심가치는 무엇인가?

- 나의 고유함으로 풍요로운 삶 이어가기

- 영화와 나 그리고 리더십

- 퍼실리테이티브 리더십

- 리더들의 셀프 코칭

- 퍼실리테이션이 내 삶을 통합하는데 어떤 기여를 하고 있나?

- 2020년 퍼실리테이터로서 내가 집중하고 있는 일은 무엇인가?

- 갑작스러운 죽음에 대처하는 법: 상실에 대한 경험과 대처

- 퍼실리테이터의 효과적 체력 관리의 비법은 무엇인가?

트렌드

- 트렌드 코리아 2021

- 트렌드 코리아 2022

- 트렌드 코리아 2023

- 디지털 트렌드

- 세계 지식포럼 인사이트 2021 키워드

- 한국이 열광할 세계 트렌드

가족

- 가족 소통

- 민주적 가정

환경

- SDGs-기후 변화 대응을 위해 시민으로서 집중해야 할 것은 무엇

  인가?

- 올바른 분리 배출

자유주제

- 포스트코로나에 필요한 마인드(모임의 첫 주제)

- 2020 목표 / 걸림돌 / 디딤돌 돌아보기

- Vision Circle로 2020년 돌아보기

- 학습 격차

- 공감의 오해, 장애인 인권 감수성

- 행복을 이야기하는 아침

- KFA 컨퍼런스 따라잡기

북스터디

- 컨센서스 워크숍 퍼실리테이션

- 사회 변화를 위한 시스템 사고

자토모 이벤트

- 송년회 2020(연말시상식)

- 자토모 2021

- 자토모 오픈 하우스

- 송년회 2021

- 송년+신년회 22 to 23

자토모 1주년 이벤트

- 출간 기획 및 작성 준비

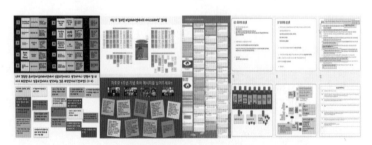

[그림 19] 자토모 온라인 회의 결과물

선정된 주제에 관해 이야기를 나눌 때는, 돌아가면서 퍼실리테이터 역할을 정한다. 주제를 제안했던 멤버가 되기도 하고, 주제와 관계없는 다른 멤버가 퍼실리테이터 역할을 맡기도 한다. 필요할 경우 2명의 퍼실리테이터가 함께 준비하여 진행을 한 적도 있다.

자토모 그라운드 룰Ground Rule

매주 일요일 아침 6시면 자토모 멤버들은 온라인 줌Zoom 회의실로 모인다. 모두가 가장 부담 없이 모일 수 있는 시간을 확인한 결과, 놀랍게도 일요일 오전(누군가에겐 새벽인) 6시가 최적의 시간이었다. 일요일 아침이라 부담스러울 수도 있지만, 참여율이 매우 높다.

참여율을 높이고, 흥미를 끌기 위해 재밌는 모임의 규칙들을 함께 만들었다. 몇 가지는 처음에 만들어졌다가 곧 사라진 것도 있지만, 몇 가지는 모임 4년 차인 지금도 계속 이어져 오고 있다. 함께 아이디어를 내며 다듬었던 자토모 모임의 규칙들을 정리해보니 다음과 같았다.

① 자토모는 온라인 자유 토론 모임

② 매주 일요일 정기적으로 모임. 1~4주차 총 4회

　5주 차가 있는 달의 5주 차는 휴식

③ 시간은 6:00에 시작하며, 탄력적으로 운영

④ 100원 회비 내기. 한 번에 한 달 회비 400원 내고, 참가시마다 돌

　려받기

⑤ 중요한 결정은 동의단계자를 활용

1) 자토모는 온라인 자유 토론 모임

'모임은 온라인으로 진행하며,

필요에 따라 온라인 도구들을 활용하여 진행한다.

어떤 주제이던지 다룰 수 있고,

누구나 메인 퍼실리테이터로 해당 주제를 진행할 수 있다.'

토론의 주제는 매월 희망 주제를 받아 투표를 통해 주차별 토론 주제를 결정한다. 주차별 다른 주제로 토론하기도 하고, 하나의 주제를 몇 주간 함께 하기도 한다.

모임은 온라인으로 대부분 진행되었으나, '자토모 오픈 하우스'

라는 이름으로 오프라인에서도 한 번 진행되기도 했다. 회를 거듭 할수록 단순히 일과 학습 이외에도 서로의 성장과 친목을 돕는 모임으로 깊이를 더하고 있다.

2) 매주 일요일 정기적으로 모임

'모임은 매주 일요일에 진행하고,
1~4주 차는 정기모임, 5주 차는 휴식한다.'

매주 일요일 아침마다 모임을 하지만, 5주가 있는 달의 5주 차에는 휴식을 하며 모임과 생활의 밸런스를 가져갈 수 있도록 재미있는 장치도 만들었다. 글쓰기 프로젝트가 진행되고 있는 동안에는 격주로 한 번은 프로젝트 모임, 한 번은 자유토론 모임으로 확장하여 진행하기도 하였다. 그리고 모두의 동의가 있을 때는 휴식 주간을 갖기도 하고, 때로는 자토모 휴가 기간을 가진 적도 있다.

3) 오전 6시에 시작하며, 탄력적으로 운영

'모임은 오전 6시에 시작하고,
상황에 따라 탄력적으로 운영한다'

초기에는 모임 시간이 60분으로는 부족하다는 의견에 따라 회당 75분 정도로 기준을 정했다. 하지만 실제 진행해보니 이야기를 나누는 주제에 따라서 예정했던 시간이 넘어가는 경우가 많았다. 지금은 거의 2시간, 6시~8시까지로 정하고 함께 이야기를 나누고 헤어진다. 물론 아주 가끔 주제에 따라 시간을 넘기는 경우도 있다. 이번 글쓰기 프로젝트를 진행할 때에는 반나절 동안 워크숍을 진행한 날도 있고, 각자 맡은 장별로 따로 소모임을 가지며 책을 준비하기도 하였다.

4) 100원 회비 내기

'모임 참가비로 100원의 회비를 낸다.

미리 한 달 회비 400원을 내고 매주 참가할 때마다 100원을 돌려준다.

이유를 불문하고 참가하지 못한 멤버가 발생할 경우,

해당 회비는 참석한 멤버들에게 균등하게 나누어 혜택을 제공한다.'

참석을 못 하는 것에 관해서 부담도 줄이고, 참석만 해도 혜택을 준다는 나름 재미있는 규칙이었다. 6개월 이상 전원이 참석한 덕분에, 자연스럽게 사라지게 된 전설의 규칙이다.

5) 중요한 결정은 동의단계자 Gradient of Agreement Scale* 활용

> '모임의 중요한 결정을 해야 할 때는,
>
> 개개인의 의견을 존중하고,
>
> 어느 정도로 동의 혹은 반대를 하는지 확인하기 위해
>
> 동의단계자를 활용한다.'

모임에서의 중요한 의사결정이 필요할 때에는, 모두가 의견을 나누고 합의하기 위해서 퍼실리테이터의 도구 중 하나인 '동의단계자'를 모임의 성격에 맞게 정족수 인원과 사안에 대한 찬성과 반대의 5점 척도 기준을 설정하고 활용하였다. 자토모가 정리하여 활용하는 동의단계자는 다음과 같다.

자토모 동의단계자 5점 척도 정의

① 적극 동의: 해당 사안에 대해 전적으로 동의합니다.

② 동의하는 편: 완벽하진 않지만 동의합니다.

③ 결정유보: 중립 의견이며, 구성원의 결정에 따라가겠습니다.

---

* 합의에 따른 의사결정을 이끌어내기 위하여 참여자의 동의 정도를 단계별로 세분화하여 파악하는 척도. Sam Kanner, Facilitator's Guide to Participatory Decision-Making에 8단계의 의사결정 합의의 수준이 소개됨.

④ 동의하지 않는 편: 해당 사항에 동의하지 않습니다.

⑤ 전혀 동의하지 않음: 저는 해당 사항에 대해 완전히 거부합니다.

동의단계자 통한 사안 결정 기준(현재 구성원 9명 기준)

① 80%(8명) 이상 참여시 결과 반영

② 사안을 찬성하는 결정: 1, 2, 3번 합이 70%(6명) 이상.

　(단, 3번 '결정유보' 의견이 50%(4명)이상인 경우 모임에서 의견

　확인)

③ 사안에 대한 반대 결정: 4, 5번의 합이 40%(4명) 이상인 경우 모임

　에서 의견 확인

멤버들의 적극적인 참여!

　자토모는 언급한 것처럼, 공통의 관심사에 대해 자유토론을 하며 자연스럽게 학습을 하게 되는 모임으로 성장해나가고 있다. 매주 일요일 아침 모임이라 부담이 될 수도 있지만, 자율적으로 모이고 있으며, 참석률도 매우 높다. 서로의 참석을 독려하기도 하고, 누군가의 모닝 알람이 되어주기도 한다.

　이런 자율적인 모임이 가능한 이유는 아마도 자토모의 토론과

[그림 20] 2022년 12월 11일 프로젝트 모임 사진

학습이 우리의 일과 삶의 성장에 도움을 주기 때문일 것이다.

서로 피드백을 주고받으며 상호 코칭을 하는 과정에서 셀프 리더십이 개발됨을 발견한다. 우리의 토론이 서로의 활동과 성장에 영향을 끼치는 것을 확인하며 공유 리더십이 개발되고 있음을 성찰한다. 퍼실리테이터로 활동하는 것에 그치지 않고 퍼실리테이티브한 삶과 리더십을 개발하는데 자토모 모임이 중요한 역할을 하고 있는 것을 알기에 서로의 끈을 단단히 연결하고 있다.

◆
자토모의 성장

자토모의 경험이 개개인의 경험에 더해져서, 멤버들이 지역사회와 조직에서의 활동 범위를 넓혀나가는 데 도움이 되고 있다. 퍼실리테이션 프로세스와 도구를 다양한 분야에 적용하며 퍼실리테이터의 활동 영역과 역량을 키워나가고 있을 뿐만 아니라, 인증전문퍼실리테이터CPF에 도전하면서 도약을 시도한 멤버도 있다. 개인의 성장 스토리에 자토모가 함께 하고 있으며, 느슨하면서도 신뢰를 바탕으로 한 끈끈한 학습 조직이 바로 자토모의 특징을 잘 나타내준다고 할 수 있다.

자토모 모임을 통해서 가장 도움을 받은 것 중 하나가 온라인 진행 역량일 것이다. 2020년 코로나 시국으로 인해, 회의와 토론회, 워크숍들이 온라인으로 전환된 경우들이 많았다. 그때 자토모 멤버들이 온라인 진행 요청에 바로 대응이 가능했던 이유는 자토모 모임이 온라인으로 진행되고 있었기 때문이었다. 퍼실리테이터의 온라인 디지털 역량에 대해서도 함께 고민하며, 매월 혹은 매주 선정되는 관심 주제들에 대해서 각 주제별 담당하는 퍼실리테이터들이 다양한 온라인 도구들을 활용하여 다루었다. 이 과정에서 알로Allo, 미로Miro, 뮤랄Mural*, 구글 잼보드Google Jamboard, 패들렛Padlet 등 다양한 온라인 화이트보드 협업 도구를 사용하면서, 회의 디자인과 진행 역량은 물론 온라인 디지털 역량도 함께 자연스럽게 키워나갈 수 있었다.

자유로운 토론 모임으로 시작하여 학습과 성장을 함께 하는 자토모. 각자 다양한 업무를 하는 동안, 필요할 때에는 서로의 회의 디자인에 대해서 조언을 구할 때도 있고, 어려움을 느낀 부분에 대해서는 서로의 퍼실리테이션 노하우를 나누기도 한다. 일정이 맞을 때는 함께 프로젝트를 하며 서로에게 필요한 도움을 주고받는다. 각자 개인으로 활동하던 것을 넘어서 의지할 수 있는 동료, 언제든 함께 하자고 의논할 수 있는 동료가 생긴 것이 자토모의 힘일 것이다. 이러한 내용은 모임에서 함께 노하우와 지혜를 나눈

2. 현장 속의 퍼실리테이터와 함께 활동한 **3. 협업하는 퍼실리테이**

---

*   시각적 협업을 위한 디지털 작업공간.

터에서도 살펴볼 수 있었다.

　이 책에 담은 내용들은 우리의 토론 결과물이자 함께 활동하며 얻은 지혜의 산물이다. 소소한 우리의 이야기가 활동하는 모든 분들에게 학습 모임을 형성하고 함께 성장하는 씨앗이 되기를 바라는 마음으로 정리를 해보았다. 이제 삶과 일 속에서 퍼실리테이션을 어떻게 연결하고 있는지 자토모 멤버 개인의 이야기를 통해 한 사람씩 만나보기로 하자.

6

자토모에
함께 하는 사람들

FACILITATOR

자토모에는 같은 사람이 없다. 비슷해 보이지만 매우 다른 사람들이다. 성향도, 생각도 서로 다른 사람들이다. 같은 배경을 가진 사람도 없다. 각자의 다양한 특징과 환경 및 배경을 활용하여 본인만의 고유한 일을 하고 있다. '퍼실리테이션'을 좋아하고, 그 '퍼실리테이션'을 더 잘하고 싶어 하며, '퍼실리테이션'을 일상과 업무에서 떼어놓고 생각하지 않는다는 점은, 자토모 멤버들의 강력한 공통점이다. 지난 몇 년간의 학습 모임이 진행될 수 있었던, 오늘도 모임이 진행되고 있는 원동력이라 할 수 있다.

이 장에서는, 각양각색의 멤버들 이야기를 볼 수 있다. 무엇이 퍼실리테이션을 시작할 수 있게 했는지, 어떻게 퍼실리테이터가 되었는지, 다른 학습 모임이나 조직에서는 어떻게 적용하고 있는지, 관심 분야에는 어떻게 적용하고 있는지를 살펴보며, 여러분의 이야기도 함께 떠올려볼 수 있을 것이다.

퍼실리테이션을 활용하여 어떻게 일과 업무를 확장하였는지도 엿볼 수 있으며, 더 성장하는 퍼실리테이터가 되기 위해 어떤 고민을 해야 하는지, 다음 이야기들을 통해서 함께 경험해보자. 나만의 멋진 퍼실리테이터로서의 모습도 그려보며, 내가 있는 지금 바로 이곳에서, 퍼실리테이션을 적용할 많은 기회를 만들어보길 바란다.

퍼실리테이션,
조직문화개선의 핵심

우성희

기업강사, 퍼실리테이션을 만나다

"26일에 퍼실리테이션 스터디 Kick-Off 할 건데 관심 있으면
올래요?"

내가 처음 '퍼실리테이션'이라는 단어를 들었던 순간이다.
2010년 11월 어느 날 기업강의를 시작하고 얼마되지 않았을 무렵
의 이야기다. 그 당시 다들 생소하지만 퍼실리테이션에 대한 호기
심 하나로 모인 스터디 조직이 있었다. 각자 하는 일의 분야에서
퍼실리테이션의 필요성을 느끼고, 관심이 생겨 자연스레 학습을
해보자며 모인 것이다. 그렇게 '한국퍼실리테이터연구회KFCS, Korea
Facilitator Society'에서의 활동이 퍼실리테이션과의 첫 인연이다. 그 당

시는 구글이나 네이버에 '퍼실리테이션'이라는 단어를 검색했을 때 지금처럼 자료가 많지 않았다. 한 줄이라도 포함하고 있는 도서나 논문을 찾아 정의를 내려가며 그렇게 학습했던 기억이 있다. 나름의 퍼실리테이션 기법도 탄생시키며 학습이나 실행 결과물을 공유하고자 콘퍼런스Conference도 개최했다. 스터디를 하면 할수록 나는 일방적인 강의는 점차 힘을 잃을 수도 있겠다는 마음이 들었고, 기업 강의에 퍼실리테이션을 적용해보고 싶어졌다. 퍼실리테이션을 적용했을 때의 효과성에 대한 나의 믿음은 교육담당자를 설득시켰고 교육의 흐름에 반영되기 시작했다. 교육으로 의뢰 받았다가 담당자와의 미팅을 통해 퍼실리테이션 워크숍 형태로 변경되어 진행하는 일이 많아졌다. 그렇게 H사의 안전워크숍을 퍼실리테이션으로 진행하게 되고 이 사례로 CPF 시험을 치르면서 더욱 확신하게 되었다. 아무리 사소한 실행지침이라도 외부에서 주어지면 또 하나의 일거리이자 짐일 수 있지만, 내가 직접 참여해서 그 필요성 위에서 만들어낸 나만의 실행계획은 앞으로 자신의 방향성이 될 수 있음을 말이다.

논문의 결과 현장에서 과정으로 태어나다

퍼실리테이터로서 현장 경험을 하면서 관련 분야를 더 연구하고 싶어졌다. 그 마음으로 시작한 석사, 막상 2016년 논문을 준비하는 시점에서 주제를 퍼실리테이션으로 잡는다는 게 그리 녹록지는 않았다. 그 당시는 지금보다도 더 생소한 분야였고 참고 문헌이나 조사 도구, 설문 등도 그리 충분하지 않은 상태였다. 처음엔 교수님도 꼭 이 주제로 써야겠는지를 물으셨으니까 말이다. 그때도 생각은 확고했다. 앞으로도 이 분야의 활동을 계속 이어갈 것이고, 무엇보다도 관심 있는 주제로 써야 지치지 않고 몰입할 수 있음을 알기에 입장을 말씀드렸다. 교수님께서는 흔쾌히 수락하셨고 꼼꼼한 지도로 함께 해주셨다. 쓰는 과정에서도 느꼈다. 마무리해야 하는 기한이 정해져 있고, 피드백을 받는 일련의 시간들이 힘든 건 사실이지만 관련 주제의 논문들을 찾고, 읽는 것 자체는 흥미로웠다. 그리 많지 않은 논문들 속에서 나름의 정의도 내려보고, 수백 명의 설문을 통해 '팀 리더의 퍼실리테이션 역량'의 중요성은 입증되었다. 그렇게 현장에서 힘 있게 말할 수 있는 나름의 근거가 탄생했다. 퍼실리테이티브 리더십 과정을 만들고 팀장들을 대상으로 팀 리더의 퍼실리테이션 역량을 학습할 수 있게 촉진하고 있다. 필자의 논문에서 팀 리더의 퍼실리테이션 역량으로 언급된 다섯 가지*중 현재는 팀장들의 니즈가 높은 회의 촉진, 의사소통, 변화관리 세 부분을 중심으로 진행 중이다.

러닝 퍼실리테이션으로 조직의 성장을 돕다

내가 기업에서 퍼실리테이션을 적용하는 방식은 러닝 퍼실리테이션쪽에 가깝다고 할 수 있다. 퍼실리테이션 Skill-Up 과정이 가장 많은 비중을 차지하며, 또 다른 분야가 성향을 기반으로 조직의 소통문화를 돕는 것이다. 성향을 기반으로 하는 커뮤니케이션이 초반의 강의 분야였기에 자연스러운 흐름이었다. DISC는 로버트 A. 롬 박사의 이론을 기반으로 정일진 코치님과 단순한 네 가지 행동 패턴을 넘어 D/I, I/SC 등 각각 7가지로 펼쳐지는 스타일 블렌드를 학습했고, MBTI 역시 병행해 1년이 넘는 기간을 통해 일반 강사 자격을 취득했다. 그럼에도 여전히 해소되지 않았던 부분은 에니어그램을 알아가면서 나름의 정리가 되기 시작했다. 지금 기업에서의 의뢰 중 한 부분이 성향 기반의 조직 소통문화

---

* 우성희, 「대기업 팀 리더의 퍼실리테이션 역량과 구성원의 직무몰입의 관계」, 2017, 고려대학교 교육대학원 기업교육 석사논문에 언급된 역량으로 회의촉진, 성과창출지원, 의사소통, 프로세스관리, 변화관리의 5가지 역량으로 구성되어 있음.

개선이다. 하루 8시간 정도의 과정에서 성향 진단을 하고 그 정보를 기반으로 소통에 대한 해답을 찾아가는 과정이다. 가장 니즈가 많은 부분은 방송의 힘 덕분인지 MBTI 기반의 퍼실리테이션 워크숍이다. 물론 진단은 MBTI에서 시작하지만, 꼬리표의 맹점에서 벗어나고자 인간을 바라보는 관점 위주로 풀어가는 편이다. 최근에도 모 기업의 임원급 대상의 과정에서 'MBTI 진단을 왜 할까요?'라는 초반의 내 질문에 한 분이 '아닐 것 같은 직원들 처음부터 걸러내려고요.'라는 대답을 해서 순간 강의장 내에 잠깐의 웃음과 씁쓸함, 그리고 과정을 통해 그 생각의 위험성에 대해 알아차림이 공존하는 시간을 경험했다. 몇 년간 꾸준히 함께 하는 모 조직의 퍼실리테이션 Skill-Up 과정은 조직에서의 퍼실리테이션에 관한 인식변화도 느낄 수 있는 의미 있는 시간들이 되고 있다.

궁극적인 목적은 조직문화개선

퍼실리테이션 워크숍을 진행하다 보면 '표면 위로 꺼낸 조직의 이슈들이 현장에서, 개인개발 관점에서 어떻게 지속시킬 수 있을까?'라는 질문이 남는다. 우리는 워크숍을 한번 하고 떠나면 그만이지만 그 조직은 소통을 이어가야 하고, 조직의 성과를 위해 자신의 업무를 연계해야 한다. 워크숍에서 느꼈던 하나됨, 가능성을 유지하기 위해 '우리는 무엇을 할 수 있고, 해야 할까?' 하는 내적 질문에 코칭일 수 있음을 짐작해보며 두 방법론의 시너지를 믿는다. 조직의 성장은 우리 조직의 방 안의 코끼리를 표면 위로 꺼내고 담담히 바라볼 수 있는 힘과 그 안에서 개인이 해야 할 일들을 기꺼이 자신의 수용으로 찾아내는 것, 그 두 바퀴가 조화로울 때 훨씬 유연하게 이루어지기 때문이다. "성공이란, 세월이 흐를수록 가족과 주변인들이 나를 점점 더 좋아하는 것이다." 우리에게는 『좋은 기업에서 위대한 기업으로Good to Great』로 잘 알려진 경영의 구루 짐 콜린스Jim Collins가 한 말이다. 심하게 동의한다. 워크숍 현장에서 우리 조직의 방향성을 함께 봤다면 그 실행은 구성원 각자의 몫이다. 워크숍에서의 그럴듯한 결과물이 각자의 일과 삶에 체화되지 않는다면 개인 관점에서의 개입을 고민해봐야 한다. 도출된 액션플랜이 온전히 그 구성원의 마음속에 수용되었는지, 실행함에 있어서 예상치 못한 변수의 발생은 없는지, 결과를 끌어내는 과정에서 환경조성은 잘 되고 있는지, 의지는 옅어지지 않았는지 퍼실리테이터는 어떻게 도울 수 있을까?

나는 그 힘이 워크숍 이후 이루어지는 팔로우 과정에서의 코칭장면에서 실현될 수 있으리라 믿는다. 워크숍에서 도출했던 그들의 다짐이 우선순위에서 밀릴 때 퍼실리테이터는 어떤 시선으로 그들과 함께 해야 하는가? 그때 발휘되는 힘이 퍼실리테이터의 진정성이라 생각한다. 나는 내 안에 올라오는 온갖 마음들을 담담히 꺼내고 고객과 나눌 수 있는가? '내가 누군가와 연결될 때 하는 행동, 언어, 갖는 마음이 과연 또 다른 내가 봤을 때 흡족한가?', 내 안에 끊임없이 올라오는 내적 질문이다. 실질적인 워크숍 현장 못지않게 스킬업Skill-Up 과정의 러닝 퍼실리테이션을 좋아하는 이유도 이 지점에서 찾는다.

퍼실리테이션을 알리고 함께 할 수 있는 형태는 다양하다. 용어의 생소함에서 시작해 그 효과성과 가능성을 나눈 학습자들이 뿜어내는 희열은 함께 할 때마다 새로운 자극이고, 열심히 확산에 일조해야겠다는 조용한 다짐을 만든다. 러닝 퍼실리테이션에 임할 때 항상 염두에 두는 한 교육생의 피드백이 있다. 정말 돕고 싶다는 생각이 간절했고, 퍼실리테이션이 필요함을 절실히 느낀 그들이 현업에서 잘 활용하고 성장할 수 있기를 바랐던 과정 마지막 날 한 분이 주신 말씀이다. "강사님이라는 호칭 그 이상의 단어가 있다면 그렇게 부르고 싶어요." 함께 성장을 위한 나의 애씀이 그분들께도 전달된 것 같아서 감사했다. 그 장면은 지금도 나의 리소스 앵커Resource Anchor*로 활용 중이다. 그 순간을 떠올리며 지금 여기에 함께 연결된 분들께도 멋진 퍼실리테이션의 세계로 초대할 수 있다는 나만의 암시이다.

*   NLP 코칭에서 등장하는 앵커(Anchor)의 한 종류로 과거에 경험했던 긍정적인 정서적 자원을
     현재 상황에서 다시 이끌어 내기 위해 이루어짐. 시험이나 면접 등 결정적 순간에 자신이 뛰어
     난 성과를 냈던 상황을 상기하며, 그때의 장면을 다시 보고, 듣고, 느끼며 자신을 응원하는 활동.

258

가족을 연결하는
퍼실리테이션의 힘

허지은

"2시간 동안 아이와 싸우지 않고 이야기를 한 것만으로도 놀라워요."

"재밌어요. 엄마 아빠와 매일 이렇게 이야기 나누고 싶어요."

"서로를 이해하는 시간이 되어서 좋았어요."

하고 있는 여러 가지 일 중에서 배워서 잘 나누고 있구나 스스로 만족스러워하는 순간이 바로 퍼실리테이션을 활용한 가족 갈등 해결이나 가족 소통 프로그램을 진행할 때이다.

학습코칭, 청소년 커리어코칭을 하며 만났던 2천명이 넘는 학생과 그 가족들과의 만남이 다른 일을 하면서도 내내 마음 한 켠에 자리잡고 있었다. 자녀의 성장과 변화에 큰 역할을 하는 것은 결국 가족 내 편안한 소통과 관계가 그 중심임을 아이를 낳고 더욱 확고해졌다.

강사양성과정을 운영하고 새로운 교육 프로그램을 기획하는 다른 분야의 일로 넘어와서도 가족에 집중하는 나를 보며 내가 가장 머무르고 싶은 분야가 '가족 소통'임을 발견하게 되었다. 단지 지식의 습득으로 그치지 않고 실제 자신의 삶으로 적용하여 내재화할 수 있게 앎·함·됨을 많은 가족들과 함께 훈련해가고자 하는 갈망이 생겼다. 두 가지 욕구가 만나면서 집단 코칭과 퍼실리테이션을 섞은 나만의 가족 소통 콘텐츠를 만들자는 생각에서 퍼실리테이션을 제대로 배우고 싶어졌다. 그렇게 시작한 퍼실리테이션 경험은 삶과 연결되는 배움과 내재화를 실현하는 데 도움을 주고 있다.

때때로 나의 주된 활동인 부모교육 강의와 퍼실리테이션 활동이 연결이 잘 안 된다고 하시는 분들이 있다. 하지만 여러 분야에서 한 회의 경험과 다양한 퍼실리테이션 도구와 기술을 훈련하다 보면 가정에서 일어나는 스펙타클한(실로 엄청난) 부모됨에 어떻게 적용할까를 고민하고 방법을 모색하는데 실질적인 도움을 얻는다.

부모를 위한 가족 퍼실리테이션 과정에서는 다양한 회의의 기술을 가정에서 직접 활용할 수 있게끔 실습을 병행하여 진행한다. 먼저 가족 내 소통 경험을 나누며 소통에 필요한 요소들을 파악한다. 그리고 가족 안에서 일어나는 사례를 중심으로 이론과 실습을 다루는 시간을 갖는다. 여건이 되면 부모와 자녀가 함께 하는 가족 소통 워크숍을 통해 실제 경험을 쌓는 시간도 함께 마련한다.

퍼실리테이션에 기반해 소통을 경험한 가족들이 가족 소통에서 중요하다고 발견한 요소는 퍼실리테이션의 중요한 요소들과 맞닿아있다. 가족 소통 경험 워크숍을 진행하며 참여자들이 중요하게 발견한 요소들을 정리해보면 다음과 같다.

첫째, 가족회의에도 목적 공유와 결과물 마련을 위한 프로세스 설계가 필요하다.

가족회의를 경험한 후 마지막에는 평소 자신의 가족회의/가족 소통과 어떤 점이 다른지를 묻곤 한다. 대다수 가족이 대화 주제 선정과 공유 방식에서 차이가 난다고 한다. 또한, 무엇을 어떻게 이야기 나눌지 순서를 미리 준비하지 않고 상황에 맞춰 말하기 일쑤였는데 흐름이 있는 대화를 따라가 보니 목적에 맞게 대화가 진행됨을 경험한다. 일반적으로 가족 안에서 '우리 이야기 좀 할까?'의 시작은 발제자 개인의 목적과 답이 뚜렷한 경우가 많다. 그리고 답정너 방식으로 원하는 답이 나오게 이끌다 보니 대화가 아니라 지시, 명령, 설득 등의 소통 유형으로 진행되다 갈등을 빚기도 한다. 프로세스가 있는 대화를 경험한 가족들은 짧은 시간의 가족

회의/가족 소통이라도 무엇을 이야기하는지에 대한 분명한 합의와 공유, 그리고 어떻게 이야기를 전개해야 하는지 프로세스의 필요성을 발견한다.

둘째, 대화를 이어가도록 돕는 좋은 질문을 하자.

가족 워크숍에 참여한, 특히 부모들은 평소 자신의 질문과 퍼실리테이터의 질문이 확연하게 차이가 남을 깨닫는다. 의문 부호는 있지만, 부모의 의도를 전달하기 급급한 혹은 답정녀로 묻고 있는 자신의 질문들을 확인한다. 퍼실리테이터가 준비한 질문을 자녀에게 해보면서 어떤 질문을 하느냐, 어떻게 질문하느냐에 따라 가족이 대화로 몰입하는 '좋은 질문'의 힘을 경험한다. 가족회의에서도 프로세스 설계를 통해 핵심 질문을 마련할 수 있다. 또한 '너는 어떻게 생각하니?', '그렇게 생각하는 이유가 뭐야?', '내가 이해한 게 맞니?' 등 대화를 연결하는 다양한 질문들을 자연스럽게 활용하다 보면 서로에 대한 존중과 신뢰를 회복하는 경험을 하게 된다. 스스로 자기 생각을 정리하고, 결정하고 행동하게 돕는 질문을 활용한 대화야말로 소통은 물론 자녀의 생각힘을 키우는 중요한 요소임을 실감하는 것이다.

셋째, 귀 기울여 들은 것을 기록하고 함께 바라보니 모두가 대화에

참여하고 있다.

이야기를 나누다 보면 '내가 언제 그렇게 말했어?'라는 말을 듣거나 말한 경험이 있을 것이다. '기록으로 남기지 않으면 기억에 남지 않는다.'라는 말이 있다. 때론 아무것도 아닌 일이 감정싸움으로 번질 때가 생긴다. 가정에 있는 스케치북, 포스트잇, 네임펜 등만 활용해도 갈등이 줄어든다. 부모가 적어도 좋지만, 아이들이 직접 서로의 말을 정리하고, 그리게 하는 것만으로도 가족 안에서 자신의 역할을 마련하고 대화에 참여하는 경험을 하게 된다. 딴짓을 하다가도 대화 주제에 다시 집중하게 돕기도 한다. 무엇보다 기록은 상대의 말에 경청하게 한다. 정성스레 작성한 결과물을 함께 바라보다 보면 공동의 책임감도 갖게 된다. 집에서 쉽게 준비할 수 있는 도구만으로도 서로에게 집중하고 모두가 참여하는 대화의 경험을 나눌 수 있게 된다.

넷째, 무엇보다 이야기를 잘 나누려면 안전하고 편안한 환경이 필요하다.

가족이 대화를 잘 나누기 위해 무엇이 필요한가 물으면 반드시 나오는 것에 간식, 카페에서 이야기 나누기가 있다. 맛있는 것을 사랑하는 가족과 함께 나눌 때 그리고 새로운 환경이나 열린 공간에서 으르렁 대기는 쉽지 않다. 심리적 안정감을 형성하게 돕는 환경조성이 중요한 이유다. 물리적인 환경조성도 필요하다. 형제 간의 싸움, 부모 자녀와의 감정 다툼으로 번지지 않게 하기 위한 우리 가족의 소통 약속을 마련하고 시작하는 것도 의견을 나눌 때 중요한 요소이다. 형제가 여럿이라면 발표 시간이나 순서 정하기, 역할 정하기 등도 꼭 필요한 요소이다. 가족 소통 워크숍에서는 '가족의 약속과 역할'부터 마련하고 시작을 한다.

가족 소통 경험 워크숍을 진행하며 퍼실리테이션의 기술이 가족의 소통을 이끄는 자원이 될 수 있음을 늘상 확인한다. 사실 가족 내 소통은 미팅 퍼실리테이션이나 러닝 퍼실리테이션과는 다른 점을 가지고 있다. 부모와 자녀라는 고정 역할이 있으며, 발달 단계상 다른 특징을 가진 대상들이 모여 소통해야 한다. 가족 내 신념이 존재하지만, 구성원 각자의 고유성 또한 존재하고 있다. 모든 문제를 반드시 혹은 정해진 기간 내에 해결해야만 하는 것도 아니다. 때로는 쉬이 해결되지 않는 갈등이 존재하지만 끊기 힘든 사랑의 연결도 함께 존재한다.

행복하고 격려하는 가정을 만들고자 하는 것은 모든 부모의 목표일 것이다. 부모로서 우리는 의견일치의 과정이 성인 세계로 진입하기 위해 발달시켜야 할 중요한 기술이라는 것을 알아야 한다.*

자녀들은 부모에게 조건 없는 사랑을 받아야 한다. 가족 안에서 사랑을 잘 느낄 수 있게 성장을 돕는 대화를 나눠야 한다. 자녀가 성장과 함께 겪게 되는 성장통에도 일정 부분 회의의 기술이 함께한다면 건강한 가족 소통문화를 유지하는 데 도움이 될 것이다. 가족 안에서 건강한 소통 경험을 충분히 한 구성원들은 학교, 직장, 사회 속에서 편안하게 자신의 역할과 의사결정 방식을 마련할 수 있을 것이다. 그러기를 바라는 마음으로 계속해서 가족 소통을 함께 연습해 나가며 많은 가정이 행복하게 소통할 수 있게 돕는 도구로 쓰일 수 있기를 소망한다.

---

* S.페인 스타인, 황매향 역, 『부모가 알아야 할 청소년기의 뇌 이야기』, 2008, 지식의 날개.

지역의 문제 해결을 위한
그 밑의 '주민 욕구' 알아차리기

전현정

"즐거운 회의, 즐거운 퍼실리테이션"

회사원으로서 조직의 경직된 회의 문화만 경험했던 내가 만난 퍼실리테션 회의는 '즐거운 회의' 그 자체였다. '어떻게 회의가 이렇게 즐거울 수가 있지? 어떻게 이런 주제로 빠르게 시간 안에 결과물이 나오지?'라는 의문을 가졌다. 퍼실리테이션을 경험하면 할수록 그 매력에 빠졌으며 현재 나를 조직의 구성원이 아닌 인증 전문퍼실리테이터로 만들어 놓았다. 회사원으로서의 일보다 퍼실리테이션 회의를 기획하고 참여자들과 만나 프로세스에 따라 결과물을 내는 일이 훨씬 즐거웠고 매력적이었다. 그 매력에 흠뻑 빠진 지금 나는 온전한 퍼실리테이터이다.

교육 공동체, 지자체의 기관, 기업, 마을, 마을 활동가, 청소년 등 정말 다양한 분야에서 퍼실리테이션을 활용한 워크숍을 진행하고 있다. 그렇기에 퍼실리테이션의 즐거운 회의를 많은 분들이 경험하고 있다. 이 때 나는 퍼실리테이션을 처음 접하는 사람이나 워크숍 참여자에게 '퍼실리테이션은 어떤 주제와 만나도, 어떤 참여자와 만나도 어우러져 시너지를 내는 회의 도구이다.'라며 소개하고는 한다. 다양한 현장에서 만난 많은 주제와 참여자가 있지만 마을 주민들과 만나 주민들의 저 밑의 욕구를 알아채는 의제 도출 현장의 경험은 항상 설렌다.

우리의 마을과 지역에서는 주민자치회, 마을복지계획단, 마을 계획단, 마을축제기획단 등 여러 마을공동체 활동을 통해 많은 주민들과 마을활동가들이 '주민이 모이면 마을이 변한다.'는 모습을 꿈꾸고 실천하고 있다. 여러분은 횡단보도에 초록색, 붉은색 불빛이 발 아래에서 깜빡이며 신호가 바뀐 것을 알려주거나 신호등 주변에 어르신들이 잠시 쉴 수 있는 장수의자가 설치되어 있는 모습을 본 적이 있을 것이다. 또 어느 날 '우리 마을의 의제를 투표해 주세요.'라는 홍보 문구를 본 적이 있거나 마을의제 투표를 한 적이 있을 것이다. 이렇게 마을 주민이 안전하고 건강한 마을살이를 위해 마을의 문제를 발견하고 문제 해결 아이디어를 도출하여 실행하기까지 일련의 과정이 주민 스스로 자율성을 갖고 이루어지고 있다.

마을의 주민과 활동가들이 함께하는 의제 도출 워크숍에서는 우리 마을에 이런 것을 시행해 보자, 수정해 보자, 발굴해 보자와 같은 아이디어가 도출된다. 이 때 마을의 자랑거리, 매력, 어려운 점, 아쉬운 점을 보완하고 수정하기 위한 우리 마을 다시 살펴보기를 통해 내가 살고 있는 마을을 돌아보게 된다. 참여자들은 마을에서 새로 알게 된 점과 역사를 공유하게 된다. 그 과정을 통해 마을의 문제를 해결하기 위해 주민은 무엇을 해야 할지, 어떤 해결 방안이 있을지 논의를 한다. 이때, 매우 열정적으로 몰입하는 참여자들은 늘 퍼실리테이터로서 고민하고 공부를 더 하도록 만드는 원천이다.

퍼실리테이터는 최대한 마을과 참여자의 정보를 바탕으로 프로세스를 설계한다. 대부분 주민과 함께하는 의제도출 워크숍은 3시간 내외로 진행된다. 하지만 문제를 찾고 해결 방안을 도출하는 시간은 항상 부족하고 현장의 변수를 마주하게 된다. 변수가 있지만 목적에 부합하는 결과물을 도출해야 하는 퍼실리테이터는 매번 고민을 하며 마을에 맞는 프로세스를 새롭게 디자인한다.

한 지역의 3개 동에서 진행되었던 마을복지의제 도출을 위한 워크숍을 소개하고자 한다. 같은 프로세스로 3개의 동에서 워크숍을 운영했을 때 결과물에 어떤 차이가 나타날지 굉장히 흥미롭고 기대되는 세션이었다. 이번 프로세스에서는 다른 마을 워크숍에서 시도해 보지 않은 주민의 욕구 파악을 위한 주민 인터뷰 시간을 가졌다. 마을복지의제 워크숍이 3시간씩 3회차, 총 9시간 동안 이루어졌기 때문에 가능한 일이었다. 주민 인터뷰를 세션에 넣으며 고민도 많았다. 스폰서와 담당 주무관의 이해와 주민 인터뷰 실천 의지, 워크숍 참여자들의 반응, 날씨, 인터뷰이interviewee 선정 등 신경 써야 할 일과 질문지 등 준비 사항이 만만치 않았다. 주민 인터뷰가 있는 세션의 워크숍이 오늘이라면 그 전날 밤까지 질문지를 여러 차례 수정하고 또 수정했다. 마을마다 특색이 다르고 주민의 생활상이 다르기 때문이다.

1회차에서 마을을 탐색해 보고 우리 마을에 살고 있는 주민들을 찾아 보고 그 중에서 복지 의제가 필요한 대표 페르소나를 선정했다. 드디어 첫 번째 마을 워크숍의 2회차 주민 인터뷰 시간을 갖게 되었다. 스폰서는 차량을 준비해 주었고, 스폰서와 담당 주무관은 인터뷰이 선정을 도와주셨다. 다행히 장마철이었지만 비는 내리지 않았고 참여자들도 의지가 있고 적극적이었다.

2회차, 참여자가 각 세 팀으로 나뉘어져 1회차에서 도출된 대표 페르소나인 홀몸 어르신들과의 인터뷰가 진행되었다. 퍼실리테이터와 2명의 참여자가 한 팀이 되어 처음 만난 주민은 30대 장애인 아들과 무릎이 많이 아파 거동이 힘든 아버지였다. 하루 종일 아파트 복도에서 왔다 갔다 하며 밖을 내다보는 것이 하루의 활동 전부라는 이야기를 들었다. 인터뷰 도중에도 계속 웃고 계신 어르신과 아들이 인상적이었고 인터뷰를 마치고 인사를 나눌 때에도 찾아 주어서 너무 감사하다는 인사말까지 들을 수 있었다.

두 번째로 만난 주민은 반려견과 함께 살고 있는 80대 여성 홀몸 어르신이었다. 질문지에 따라 참여자들이 질문을 하고 답변을 정리하였다. 어르신의 힘든 점은 무릎과 허리가 아픈 것과 13년을 함께 한 반려견이 눈도 안보이게 되었고 먹을 것도 제대로 먹지 못해 마음이 아프다는 것이었다. 20분이라는 짧은 시간 동안 어르신과 대화를 나눌 때 간식도 챙겨주시고, 마음을 열어 웃음과 눈물을 보여주었다. 주민과의 인터뷰는 워크숍 현장에서는 느낄 수 없는 무엇인가를 느끼게 해주는 소중한 시간이었다. 주민의 욕구 저 밑에 있는 무엇인가를 알아차릴 수 있는 순간이었다.

자신의 욕구나 타인의 욕구를 이야기하고 상상할 수 있지만 정말 '그들-복지가 필요한 이들'이 요구하는 것은 '이야기' 이상의 것으로 알아차릴 수 있어야 한다. 어려움 저 아래 있는 욕구는 그들만이 알 뿐이다. 퍼실리테이션은 그것을 알아 차릴 수 있고 반영할 수 있는 훌륭한 도구이다.

"주민 분들의 생생한 이야기를 들을 수 있었다.
단순한 한마디를 통해 주민 분들의 필요를 예측할 수 있었다."
— 주민 인터뷰 후 참여자의 소감

3회차에서 마을 살펴보기 결과와 인터뷰 결과지를 기반으로 마을복지 의제를 도출하였다. 3일 연속 워크숍을 운영했더니 참여 인원이 갈수록 줄어들었지만 의제의 질은 다른 어떤 워크숍보다 남달랐다. 생각지도 못한 아이디어들의 참신함에 계속 놀랐고 어느 아이디어 하나 실행되지 못할 것이 없었다. 인터뷰를 나가지 않았더라면 알아차릴 수 없었던 주민의 욕구를 알아차렸기 때문이다. 허리와 무릎이 아파서 옆집에 놀러가도 소파가 없어서 오래 머물지 못하고 집에 빨리 돌아왔던 일, 홀몸 어르신이 가족과 같은 반려견이 아픈데도 어떻게 해줄 수 없던 일, 반려견이 무지개 다리를 건넜을 때 마주하는 어르신의 상실감 등을 해결하는 아이디어는 책상에만 앉아서 도출하기 어려운 일이었다. 참여자 스스로도 우리들의 의제가 꼭 실행되기를 기대하며 행정과의 협력을 다짐했다. 담당 주무관과 관계자, 스폰서, 참여자, 퍼실리테이터 모두가 대만족하는 마을복지 의제가 도출되는 순간을 경험했다.

주민 인터뷰를 통해 마을에서 해결하고자 하는, 또 주민의 불편함을 해결하고자 하는 표면적인 문제점뿐만 아니라 주민의 불편함과 어려움의 저 아래에 있는 '주민의 욕구'를 알아차릴 수 있는 소중한 시간이었다. 주민 인터뷰를 항상 시도하지만 시간적 여유가 허락되지 않아 아쉬웠다. 인터뷰가 있는 워크숍을 통해 주민의 욕구파악이 주민의제를 도출하는데 답이 되는 것을 실감했다. '답은 현장에 있다'. 퍼실리테이션이 나에게 매직으로 다가왔듯 향후 마을의제 도출에 있어서 주민의 '욕구'를 알아차리는 매직이 되는 기회가 많아지길 기대해 본다.

퍼실리테이션으로
교육공동체 변화의 파도에 올라타다

박주연

    나는 청년시절에 UNESCO청소년 활동과 국제자원 활동을 경험하면서 세계시민, 장애, 예술, 여성의 권리에 관한 논의들에 매료되었었다. 그리고 적극적으로 세상을 살아가고 논의를 하는 세계 친구들의 모습에서, 궁극적으로 스스로 생각하고 문제를 함께 해결하는 경험이 결국 세상을 구원하리라 믿게 되었다. 그리고 나의 고민이 시작되었다. 많은 삶의 제약 조건들, 갈등의 요인들을 어떻게 다루어야 할까? 개인의 노력만으로는 어려워 보이는 많은 연결된 이야기들을 어떻게 우리가 함께 논의할 수 있을까? 가능한 개인을 자유롭게 하고 동시에 그 방향성이 가능한 사회에 이바지할 수 있다면, 아름다운 풍요롭고 건강하며 지속적인 현재와 미래가 가능하지 않을까? 삶에 영향을 미치는 교육을 만들 수 있을까? 이러한 질문들을 해결하고자 시간이 지날수록 나는 구체적인 방법론을 찾기 시작했다. 막연한 철학이 아닌 누구나 익힌다면 기술적으로 교환이 가능한 뚜렷한 형태의 무언가가 필요했다. 나의 그런 갈증을 한 방에 해결해 준 것이 퍼실리테이션이었다.

퍼실리테이션을 배우고 실행하면서 조금 더 주체적으로 살아가는 교육과 삶이 가능하겠다는 희망을 느낀다. 퍼실리테이션은 철학이며 기술이고 누구나 익힐 수 있는 기술인 동시에 철학적 사고를 경험하게 한다. 퍼실리테이션은 특히 교육공동체에서 필요로 하는 가치를 전달할 수 있게 한다. 퍼실리테이션은 인간 중심이라는 철학을 바탕으로 인간 발달을 목표로 만들어졌다. 과학적인 인간 작동원리 원리를 바탕으로 집단지성을 끌어낼 수 있는 발전된 기술이다. 교육적인 관점으로 바라보았을 때 퍼실리테이션의 가치는 무한하다. 퍼실리테이션을 하면서 존중에 관한 철학 강의를 하지 않아도 퍼실리테이션이 가진 기법과 매체는 존중을 전달할 수 있었다. 신뢰라는 단어의 모호함이 사라지고 굉장히 구체적인 실행할 수 있는 역량의 하나로 읽히기 시작했다. 문화학자인 마셜 맥루한Martial Mackruhan의 '매체는 메시지다'라는 말처럼 매체가 메시지와 일치할 때 만들어지는 시너지 적인 가치를 이해할 수 있었다.

1972년 '포르 보고서Faure Report'가 유네스코에서 발간되었다.

1970년대 세기적인 전 세계 교육전문가들이 모여서 만든 국제교육발전위원회International Commision on the Development of Education가 교육에 대한 총체적인 아이디어를 모아서 발간된 것이 보고서로, 이 보고서는 존재의 교육으로의 방향성을 제시하는데, 내가 퍼실리테이터로 성장하는데 틀을 제공해 주었다.* 교육을 '인간 존재의 과정'으로 본다면 사람들은 자신을 표현하고, 세상과 소통하고 질문하는 것을 배우게 된다. 여기에 학교와 삶의 분리는 없고, 가르치는 자와 배우는 자가 분리되기는 어렵다. 모든 정보와 자극들을 스스로가 생각해보고 적용해보고 어떻게 작동되는지 발견해가는 잠재성이 드러나는 과정만이 있을 뿐이다.

내가 보기에 퍼실리테이션은 기본적으로 이러한 인간의 모든 존재의 과정을 돕기 위해 만들어져있다. 나와 모두의 존재를 인정하고, 함께 배우고 성장하게 한다. 모두의 존재를 존중하자는 모호하게만 느껴지는 철학적인 이야기들을 실질적으로 퍼실리테이터의 태도, 경청과 질문 그리고 기록으로 '눈에 보이게' 경험할 수 있는 것이 퍼실리테이션 현장이다. 21세기 미래 교육의 방향은 개별화된 존재를 지원하는 교육이다. 학교와 사회의 경계 없는 통합적 교육을 원한다. 실질적 삶을 담은 다양한 이해관계자의 협력

---

* 에드가르 포르 외 7인, 이현경 역, 『존재하기 위한 학습: 교육 세계의 오늘과 내일』, 2021, 유네스코한국위원회.

과 다학제적인 삶의 질문들을 지원하는 교육이 요구된다. 그러기 위해서 민주적인 소통 기술은 이제 필수적 역량이다.

요즘 학교자치 조례를 보면, 학교 리더십에 주도적으로 민주적 회의 운영과 문화 촉진을 못 박을 만큼 학교 현장에서도 민주적인 소통에 대한 요구는 강해지고 있다. 지난 몇 년간 많은 학교 운영자분들과 만났다. 학교 안과 밖에서 민주적 의사결정이 필요한 현장은 확산되고 있다. 퍼실리테이터로 나는 학생, 학부모, 방과후 교사, 학교 관련 기관, 급식업체, 학교 건축가, 학교 운영위원회, 교사와 교장 선생님, 교육청, 관련 정부기관 등 다양한 이해관계자를 함께 또 같이 만나왔다. 이러한 경험은 나에게 교육에서의 퍼실리테이션과 퍼실리테이터 역할을 명료히 하는 계기가 되는 기반을 마련해 주었다. 퍼실리테이터는 분절된 학교의 영역을 연결하여 교육의 생태계를 복원하며 소통으로 피가 돌고 생명력을 주는 역할을 한다. 모든 구성원의 지혜를 활용하여 학교가 잘 성장하도록 돕고 궁극적으로 우리 사회에 필요한 배움과 성장에 기여하도록 하는 장은 무한하다.

교육 분야에서 퍼실리테이션은 사실 모든 것을 가능하게 하는 '치트키'이다. 목적에 맞추어 의제를 설정하고 합의점을 도출하는 프로세스 퍼실리테이션을 사용한다면 일상적인 교무회의에 사용되기도 하며, 보다 유연하고 통합적인 교육과정 설계를 돕는데 유용하다. 또한 교육과정 돌아보기와 같은 학교 자체 평가의 방법으로 단위별 학교에서 쓰이기도 하며, 참여식 수업을 통해 실행을 돕는 민주시민 교육에도 적합한 방식이다. 또한, 같은 맥락으로 학생자치회의 역량 강화에도 쓰일 수 있다. 그리고 점차 학교 구성원이 학교 공간, 교육과정, 운영 시스템 등 주체적으로 구성하고 디자인하는 사용자 참여 디자인의 형태인 퍼실리테이션의 요구도 현장에서 점차 커지고 있다.

학교의 생존력은 지역의 교육자원을 잘 활용한 교육과정의 제공에 있기에 학교 구성원들의 경험과 고유한 지식을 공유한 특색 교육과정 설계에 대한 요구는 점차 강화될 것 같다. 학교 구성원을 넘어서 마을 교육공동체, 학교 밖 문화예술 교육기관의 참여와 같은 질 높은 교육을 위한 다양한 지역의 이해관계자와의 복잡한 관계성을 요구하는 소통도 점차 증가하고 있다.

변화를 반영한 교육정책 마련 및 실행을 위한 원탁토론회는 의견수렴인 동시에 상호적으로 정책 홍보 및 공유의 효과성이 입증되어 많은 지자체에서 활발하게 진행하고 있다. 고등교육 기관의 연구에도 집단 인터뷰에서 높은 질적인 정보를 얻기 위한 연구 방법론으로 퍼실리테이션을 활용하기도 한다.

교육과정 설계를 지원하기 위한 많은 전문적 학습 공동체의 교사분들을 만나왔다. 교사분들은 서로의 소통과 성장을 쉽게 도울 수 있으며, 개별화 교육 및 학습자 중심교육과정의 방법론 적용에 대한 요구를 만족시킬 수 있는 좋은 대안이 되고 있다. 퍼실리테이션의 원리와 도구 기술을 활용한 러닝 퍼실리테이션은 주제에 상관없이 지식의 사용과 적용을 돕는다. 인권, 자존감, 예술 모든 분야의 탐색을 돕고, 삶의 적용을 쉽게 한다. 변화가 빠른 온라인 도구들을 학습하는 형태로도 적합하며, 책을 매개로 학습을 촉진하는 다양한 북 퍼실리테이션 형태도 가능하다.

유치원의 누리과정, 초등학교의 놀이 중심교육과정, 중학교의 자유학기제, 고등학교의 고교학점제의 방향성 모두 학습자의 선택과 자기주도적 학습을 지원하는 교육의 중요성을 말하고 있다. 퍼실리테이션의 철학은 인간이 정보를 어떻게 받아들이고 주관적으로 의식하고 선택하고 행동하는지에 대한 이해를 바탕으로 발전해 왔기에 자기 주도성을 기르는 모든 교육과정에 쓰일 수밖에 없다. 교사, 학부모 단체 분들, 마을 교육 활동가, 지역의 교육지원가, 학생, 운영자들과 함께 하는 현장은 살아 숨쉰다. 나는 그 삶의 현장에서 함께 삶을 살아가고 있다는 멋진 존재감을 느낀다. '참여가 참여를 만든다.'는 퍼실리테이션 참여 원리를 넘어 참여로 스스로 학습하고 실행하며 자기 삶의 방향성을 구축하는 그 멋진 파도에 같이 올라 탔으면 한다.

◆

업^{job}업^{up} 되게 돕는
커리어 마스터 & 그룹 시너지 창출의
에너자이저

김재인

내일 지구가 멸망할지라도 나는 오늘 한 그루의 사과나무를 심겠다.

─철학자 스피노자

당신은 어떠한가? 철학이라는 게 재미있어 관점에 따라 해석이 달라질 수 있다. 그 매력에 이 말을 누가 했는지도 몰랐던 어린 시절, 나름의 궁금함이 있었다. 이 말을 한 사람은 사과나무 심는 일을 하는 과수원 사장님일까? 사과 한 알로 중력 법칙을 알아낸 뉴턴일까? 누구라 한들 이 말은 어떤 뜻을 담고 있는 것일까? 어떤 어려움이 와도 자신이 하고자 했던 일, 혹은 해왔던 일을 멈추지 않겠다는 말일까? 그럼 나는 내일 지구가 멸망한다 해도 멈추지 않고 하고자 하는 일은 무엇일까?

갈 길을 몰라 헤매던 자, 이정표가 되다

부모가 영향력이 컸던 청소년기 시절의 꿈은 의사였다. 이는 성적에 발맞춰 점점 작아지더니 결국 '결혼을 잘 하려면'으로 변질되었다. 그렇게 20대 절반은 나를 모른 채 보내버렸다. 이후 한 번밖에 없는 인생살이, 하고 싶은 것을 해보자 했을 때 그저 즉흥적 선택으로 또 다른 20대 반을 보냈다. 30대 반은 진로에 있어서 혼란의 퍼펙트 스톰으로 보냈다. 결혼과 출산, 경력단절을 거치며 '여기는 어디, 나는 누구?!'라는 암막 속에 갇혀있었다.

'당신의 삶에서 당신의 일이 flex 될 수 있도록 돕는 일' 그것이 내가 하고 있는 일이다. 암막을 헤치고 나온 나는 커리어를 고민하는 이들을 돕고 싶었다. 이 일에 있어 개인적으로는 코칭을 진행하기도 하지만 그룹으로는 러닝 퍼실리테이션, 혹은 퍼실리테이션의 이론과 실제를 병행하기도 한다. 사람이 살면서 가치를 잃지 않고 품위를 지키며 산다는 것이 중요하다고 여기는 신념이 있다. 매슬로우의 욕구이론에서도 확인할 수 있듯이 기본적인 욕구가 충족되고 나면 상위 욕구를 추구하게 된다. 가장 상위의 욕구는 자아실현이다. 나는 무엇으로 자아실현의 욕구를 충족할 수 있는가? 누구는 돈이고 누구는 행복이고 누구는 여행 등의 다양한 답을 들을 수 있다. 그러나 그것의 근본적 해결방법은 직업적으로 자신의 정체성을 담고 있는 자신의 일이라고 말할 수 있을 것이다. 자신이 할 수 있고, 하고 싶고, 해야만 하는 일에 대해 정리가 되었는가? 누군가의 경력개발을, 경력 이음을, 경력 전환을 돕는다는 것은 그들의 인생을 품위 있게 살 수 있도록 돕는 일이다. 나는 그들의 성장과 성과에 중립적이면서도 신뢰로울 수 있게 진심을 담아 퍼실리테이션을 활용하고 있다.

'인간에게는 무한한 가능성이 있다.' 이 말에 믿음이 가기까지 많은 시간이 필요했다. 필요한 많은 시간 속에서도 수동적 기다림을 거부하고 찾아 나선 지식과 기술의 성장이 있던 나는 라이프 코치로 시작하여 리더십 코칭, 비즈니스 코칭, 현재는 커리어 멘탈 코치로 관계와 강점, 리더십과 관련한 코칭 및 그룹 퍼실리이테션을 진행하고 있다. 개인적으로 카오스의 시간 여행이 있었던 만큼 어둠 속에서 막막해 하는 사람들에게 작은 빛이라도 될 수 있다면 그들의 이정표로서 내게 의미가 있고 재미가 있다는 것을 알게 된 것이다.

의미와 재미를 낳는 핵심 질문 메이커

의미와 재미를 추구하는 마음은 언제부터인지 만나는 이들에게 질문을 선물한다. 선물되는 질문은 그들의 고정된 관점을 다른 관점으로, 학습된 의식을 보다 풍성하게, 좁았던 시야를 탁 틔여 전환할 수 있도록 알아차림하게 돕는다.

코칭이나 퍼실리테이션을 진행할 때에는 개인 혹은 그룹에게 진짜 원하는 목적, 목표와 결과물을 연결 짓게 돕는 초점 혹은 핵심 질문 즉 포커스 퀘스천Focus Question 만들기 역량이 필요하다. 질문의 역량이 있다면 그룹코칭에도 매우 효과적이다. 에너지가 부정적이고 자신과 서로를 신뢰하지 못하는 그룹을 만났을 때도 퍼실리테이션을 활용한다. 자신이 처한 환경과 잘못된 습관 등으로 소리없이 높아진 상자 속 자신이 자연스럽게 세상과 소통되고 긍정적 에너지로 촉진되는 작업이 되기 때문이다. 또 개인으로 시작하여 공동의 목적을 갖게 되기까지, 그러한 과정에서 희열과 즐거움을 느끼며 자신들의 생각과 정서를 기록하고 공유하는 퍼실리테이션 기록의 기술 활용도 빼놓을 수 없다.

이처럼 퍼실리테이션은 시작 시 공동의 목적을 먼저 공유하고 질문, 경청, 기록의 기술을 활용하여 시간과 결과물을 관리하게 된다. 내가 하는 일은 공동의 목적이 나중에 만들어지기도 한다. 어느 '여성새로일하기센터'에서의 일이다. 20여 명의 경력단절여성을 대상으로 하는 직무소양교육을 위해 퍼실리테이션 방법을 활용해 달라는 요청이었다. '직업 강사로서 일을 하기 위해 필요한 것은 무엇인가'에 대한 답을 찾아가는 것이 강의 목표였다. 약 40시간의 과정 중반을 달려온 즈음이었다. 그들이 생각하는 강사라는 직업과, 그 직업 속에서 얻을 수 있는 가치를 물었다. 업으로써의 강사 일을 시작하고, 진행할 때 예상되는 혹은 겪고 있는 어려움도 물었다. 그리고 현재와 미래에 시도해 볼만한, 혹은 도전해 볼 만한 것들을 공유하고 그룹의 의견을 기록하게 하였다. 그들은 프로세스의 자취를 돌아본다. '자신만 이렇게 힘든 게 아니구나'로 시작해서 처음 이 일을 하고자 했던 초심을 점검하고, 다른 이들과 어떻게 네트워킹을 이루며 무엇을 새롭게 만들어 볼 수 있는지가 명확해지는 순간이 온다. 그룹의 시너지를 올려 목적과 결과물을 관리하는 퍼실리테이션의 강력한 힘을 이런 때 느끼곤 한다. 나는 그들의 처음부터 끝까지 함께 하고 변화 무쌍한 역동을 따라 반영하면서 큰 틀의 시간을 운용해간다. 정보와 정서를 처리하는 방법에 있어 그룹의 에너지를 민감하게 체크하고 반영하는 일을 하는 이가 바로 퍼실리테이터이기 때문이다.

요즘은 커리어, 학습공동체의 역량 연수 및 과정으로 디자인 씽킹Design Thinking 프로세스를 요청하는 교원, 학생, 지자체도 많아졌다. 앱을 개발하는 한 학과에서 공모전에 나갈 준비를 위한 과정에 도움을 얻고자 연락이 왔다. 이 공모전의 경험은 프로그램 기획자, 개발자의 꿈을 꾸고 있는 청년들에게 커리어 패스가 될 수 있는 상황이었다. 다만 팀으로 진행하다 보니 그들의 소통과 시간관리에 문제가 생기곤 하는데 이때도 역시 참여와 소통을 이끄는 퍼실리테이션을 활용하면 유연하게 해결할 수 있다. 퍼실리테이션은 공동의 목적을 가지고 팀이 구성되었을 시 각자의 틀림이 아닌 다름을 수용하고 그것이 연결되면서 '더 탁월함'을 발현시킬 수 있는 힘을 가지고 있다. 모두의 의견 속에 지혜가 담겨있음을 인정하고 각자 잘할 수 있는 일, 잘 도울 수 있는 일을 구분하니 업무분장이 수월하다. 예상치 못한 문제가 발생했을 때 근본적 원인을 찾아내고 함께 해결할 수 있는 방법도 마련하게 되는 것이다. 이처럼 퍼실리테이션하는 과정은 퍼실리테이터인 나에게도 함께하는 그들에게도 의미와 재미 곧 동반성장을 남겨준다.

내일 지구가 멸망한다 해도 나는 의미와 재미가 남겨지는 일을 하고 싶다. 자신에게 의미와 재미가 무엇인지 찾고 싶은가?

당장 퍼실리테이션하라.

♦

지역과 교육공동체의
소통과 변화를 촉진하는 퍼실리테이터

한영숙

소통을 디자인하는 사람으로서 살아가는 것은 개인이나 공동체의 목적에 도달하도록 돕는 활동을 하면서 함께 협력하여 더 좋은 세상을 만드는데 기여를 하는 것이라 여겨진다.

평생학습을 촉진하는 퍼실리테이터

내가 퍼실리테이터라는 단어를 처음 만났던 시기는 대학원에서 사회교육개론 수업을 수강하던 무렵이었다. '성인교육자는 촉진자'라는 한국어 단어 괄호 안에 영어단어가 바로 '퍼실리테이터'였다. 성인 학습자들은 경험이 많고 백지 상태에서 학습을 하는 것이 아니기에 성인 교육자는 학습자들에게 일방적 강의를 할 것이 아니라 그들의 경험과 지식을 스스로 말할 수 있는 기회를 제공하는 촉진자로서 역할을 해야 한다는 말이었다. 그렇게 처음 접했던 퍼실리테이터에 대한 개념은 나의 공식, 비공식 활동에서 참여와 소통을 촉진하는 역할자로 나서는데 주저하지 않는 영향을 주었다.

학습을 촉진하는 자로서의 처음 경험은 결혼 전 몸담고 있었던 모 사회교육기관에서 일하면서 가질 수 있었다. 내가 생각하는 최고의 배움은 자신이 누구인지 알게 되는 것과 진정한 자신으로서 자신이 속한 공동체에서 어떤 기여를 하고 싶은지 발견하는 것이라 생각한다.

최근에는 어느 지자체와 대학교에서 시민을 대상으로 하는 시민대학 '자유인생학교'에서 강사로 활동하고 있다. '진정한 나로서의 협력과 상생'이라는 제목으로 시민대상 워크숍을 2시간 진행하고 있다. 남녀 노소, 다양한 연령층의 시민들이 서로 소통하면서 자신을 더 알아가고 상대방을 이해하도록 촉진하는 일이다. 참여자들은 때로는 눈물을 흘리기도 하고 부부간에, 자녀와 부모 간에 몰랐던 모습을 발견하고 서로에게 공감하는 모습을 보곤 한다. 학습을 촉진하는 자로서 참여한 학습자들이 자신의 인생 이야기들을 재해석하고 관점을 달리하는 모습을 보며 보람을 느끼고 있다.

국제개발협력 현장 지역에서
주민 교육을 지원하는 퍼실리테이터

결혼하면서 남편을 따라 13여 년간 국제개발협력 현장에서 살게 되었다. 방글라데시의 농촌개발협력 현장에 2년, 몽골 유목민 지역개발협력 현장에서 9년, 미국에서 1년을 살았다.

몽골에서 9년여의 시간이 지났을 때, 한국의 개발NGO 지역개발센터에서 주민교육을 총괄하는 교육부장 직책을 수행하였다. 한국인과 몽골인으로 구성된 교육팀의 교육운영 역량을 개발하여 연수과정이 효과적으로 수행되도록 코칭하는 역할을 했었다. 한국으로 돌아오게 된 후에는 몽골 지역 외에도 베트남과 동티모르, 미얀마 지역에 주민 역량 교육을 지원하는 일을 위해 현장에 가기도 하고 교재를 만들어 전달하기도 하였다.

2018년도에는 베트남 지방 공무원들이 한국으로 와서 우리 나라의 지역개발을 배우기 위해 연수를 오는데 이 일에 총괄 PM을 맡은 적이 있었다. 진안 마을과 홍성 마을, 횡성군, 부천시와 광명시 등 한국의 대표적인 마을 만들기 사업의 사례를 탐방하면서 우리 나라의 마을 만들기 사업의 변천과정도 알게 되었고 마을 만들기에서 중요한 것은 정책의 변화가 주민참여를 넘어 주민 주도의 마을 만들기 사업으로 나아간 것을 알게 되었다. 이렇게 마을 만들기 사업을 함에 있어서 퍼실리테이터의 역할이 매우 중요하다는 것을 발견하게 되었다.

국제개발협력 현장도 마찬가지로 주민이 더 이상 외부의 지원에 의존하는 수혜자에서 시민 의식을 가지고 스스로 살아가고 싶은 마을의 모습을 꿈꾸고 실현 가능한 발전 계획을 수립하도록 주민들의 역량을 촉진하는 방향이 중요해졌다.

마을과 마을 교육공동체에서
퍼실리테이션의 중요성 발견

한국으로 돌아온 후 한국의 변화를 이해하고 새롭게 배우고자 2014년 모 지자체 시청에서 '마을리더 아카데미' 교육과정에 참여하고 2016년도 ○○교육청에서 '마을교육공동체' 연수에 참여했었다. 이때 연수에 참여하면서 퍼실리테이션을 접할 기회가 한두 번씩 쌓이게 되다 보니 퍼실리테이션이 하나의 자격과정이 있다는 것을 알게 되었다. 그래서 인증퍼실리테이터가 되기 위한 절차를 밟고자 하는 동기가 생겨났고 누구의 추천이라기보다 인터넷을 검색하다가 쿠퍼실리테이션 그룹을 알게 되어 퍼실리테이션 기본과정 교육을 받게 되었다. 퍼실리테이션 인증 교육은 그동안 국제개발협력 현장에서 있었던 다양한 경험과 지식이 하나의 체계를 가지고 정리되는 데에 큰 도움이 되었다.

한국에서 퍼실리테이션에 한 발자국 더 들어가는 구체적인 경험을 하게 된 계기는 내가 살고 있는 지자체에서 시민 퍼실리테이터로 활동하면서부터이다. 교육을 받으니 자신감도 생겨서 내가 속한 지역에서 활동하며 경험도 쌓고 기여해보자는 마음이 생겨 지원하였다. 모 지자체의 시민 퍼실리테이터 활동은 다양한 주제의 정책 토론회를 진행하는 경험을 쌓게 해 주었다. 현장에서의 감을 익히는 시간이 되었다.

현장에서 활동을 하면 할수록 퍼실리테이션을 더 잘 하고 싶고 참여자들을 더 잘 참여시키고 함께 결과물을 낼 수 있는 배움의 필요성을 느끼게 되었다. 그리하여 기타 다양한 심화 교육 과정에 참여해 학습을 이어나가게 되었고 자토모 같은 학습 동아리에 참여하여 지속적인 성장을 도모하고 있다.

교육 공동체를 돕는 퍼실리테이터로서의 전문 분야가 확장되다

교육부가 2018년에 권역별로 나누어 교사 대상 수업, 기록, 평가를 위한 대토론회에 참여했을 때이다. 그날 우리 조에 참여했던 선생님이 내게 "학교자치에 관심 있으세요?"라고 물었다. ○○교육청 교육연구원에서 주관하는 2019년 공모사업에 지원한 선생님은 함께 운영할 퍼실리테이터가 필요했고 나는 학교를 대상으로 하는 퍼실리테이션을 경험해보고 싶었었다. 그렇게 인연이 되어 2019년도에는 다양한 형태로 학교 현장에서 퍼실리테이션 수업을 진행해 보았다.

학교 현장은 자치를 실현하기 위한 방법으로서 퍼실리테이션이 매우 필요한 곳이다. 학생 임원들의 학교 의제 발굴과 해결 방안, 퍼실리테이션을 활용한 학급회의, 퍼실리테이션을 활용한 학교 행사 기획하기, 흡연 예방을 위한 디자인 씽킹 퍼실리테이션, 퍼실리테이션을 활용한 세계시민교육 등 학생들을 대상으로 하는 퍼실리테이션수업을 다양한 형태로 실시하였다.

학생 대상의 퍼실리테이션은 ○○교육청 소통전문가 과정에 퍼실리테이터로 참여하게 되면서 교사대상으로 확장이 되어갔다. 2025년도에 전면 실시하게 될 고교학점제를 준비하기 위한 학교 문화세움 워크숍, 그린 스마트 미래학교 워크숍, 교육 공동체를 돕는 퍼실리테이션이라는 주제로 교장단 자격 연수도 진행하면서 학교 선생님들의 협력적 소통 역량을 돕는 일을 하고 있다. 앞으로는 학교와 마을이 연계하여 모든 아이들의 성장을 실현하는 교육이 되도록 비전과 전략을 공유하기 위한 퍼실리테이션이 더욱 요청되는 시점이라 여겨진다.

퍼실리테이터로 살아가는 것은 참 행복한 일이다. 때로 늘 변화되는 주제와 그에 따른 정책 이해, 지속적 학습의 필요성으로 부담을 가지고 있지만 함께 협력하는 퍼실리테이터들과 상호 학습하며 성장해 가고 있다. 앞으로 어떤 주제와 분야로 퍼실리테이션이 확장되어 갈지는 모르지만, 개인을 넘어 지역 공동체, 조직의 변화를 위해 퍼실리테이터들의 활동 영역은 더 세분화되고, 전문화되리라 전망한다. 함께 협력하여 더 좋은 세상을 만들기 위해 소통과 참여를 디자인 하는 퍼실리테이터로서 한걸음 더 성장해 갈 것을 기대한다.

♦

당신의 퍼실리테이션 전문성을
드러낼 수 있는 특별한 무기는
무엇입니까?

박상신

최근 11년 동안, 필자는 외국계 회사의 교육부서 매니저와 컨설팅 회사의 컨설턴트로 일하면서 지속적으로 퍼실리테이션 관련 업무를 하고 있다. 여러 기업과 조직을 중심으로, 정부 부처, 시도의 공공기관, 공기업, 교육청, 학교, 스타트업 등 다양한 고객 및 동료 퍼실리테이터들과 함께 일을 하였다. 지금은 주로 전문 산업 분야의 국내외 기업을 대상으로 컨설턴트로서 퍼실리테이션, 트레이닝, 역량평가 그리고 코칭을 하고 있다. 서로 다른 특성의 업무 중에서도, 특히 '퍼실리테이션'은 모든 업무에 적용하며 활용하고 있다. 퍼실리테이션은 '나'와 '업무'의 중심이자 기본이다.

자신의 분야에서는, 누구나 철학과 전문적인 스킬을 가지고 있다. 업무를 통해 익혔든, 관심 있는 분야에 대해 학습을 하였던, 일상생활에서 습득을 하였던 말이다. 같은 분야에서 일하는 사람들이더라도 각자가 가지고 있는 전문성은 모두 동일하지는 않으며, 때로는 그 전문성이 한 사람을 '특별한 전문가'로 만들어준다. 퍼실리테이터인 필자 역시도 마찬가지이다.

지난 경험들을 돌이켜보면, 퍼실리테이터에게는 중요한 것들이 정말 많은 것 같다. '모두에게는 지혜가 있고 틀린 답은 없다'는 전제부터 시작하여, '중립성', '신뢰', '진정성'의 핵심 가치들, 자기결정성, 복잡성 등의 관련 이론들, 고객과의 인터뷰와 의사소통, 발산과 수렴의 흐름, 회의 프로세스 디자인, 다양한 기법과 도구들, 현장에서 준비과정, 동료 퍼실리테이터와의 협업, 참여자와의 상호작용, 결과물 정리와 성찰 등 하나라도 놓칠 수 없는 것들이다.

퍼실리테이션은 기본적인 이론과 철학, 기법과 도구를 바탕으로 다양한 현장의 요구에 따라 수많은 조합으로 이루어져 적용하게 된다. 기법과 도구를 많이 아는 것도 중요하지만, 자신만의 핵심 무기가 있다면 퍼실리테이션 회의를 준비하고 실행하는 모든 단계에서 활용할 수 있고, 차별화된 퍼실리테이션을 만들어갈 수 있게 된다. 나만의 기법이나 도구를 개발할 수도 있고, 현장에서 돌발 변수가 생기더라도 전문성을 유지한 채 당황하지 않고 적절히 대응할 수도 있다. 물론 현장에서 무의식중에 역량을 발휘하며 유용하게 무기들을 사용하려면, 사전에 충분히 연습하고, 시뮬레이션하는 것이 필요하며, 현장에서도 지속적으로 적용하고 검증해 보는 것이 필요하다.

퍼실리테이터로서 업무를 하면서 가장 중요하게 생각하고, 가장 많이 활용하고 있는 두 가지, 나만의 무기가 있다. 바로 '프로세스'와 '질문'이다. 어떻게 하면, 실제 퍼실리테이션을 활용한 현장에서 프로세스 디자인과 질문을 잘 할 수 있을지, 필자의 경험을 바탕으로 그 방법론에 대해 나누고자 한다. 이 책을 읽어보는 분들이 함께 생각해보고, 자신의 무기를 만드는데 도움이 되었으면 한다.

먼저, 회의 프로세스 디자인이다. 퍼실리테이터는 회의를 구상하고 설계할 때 가장 많은 고민을 한다. 프로세스를 잘 디자인하면 그 회의는 이미 성공했다고 볼 수 있다. 프로세스 디자인을 잘하려면, 먼저 다양한 회의 현장에 협력 퍼실리테이터 혹은 참여자로 참여해보는 것이 좋다. 다른 퍼실리테이터가 디자인한 회의에 직접 참여해서, 해당 회의는 어떤 프로세스로 디자인되었는지 잘 관찰해 보고, 현장에서는 이 프로세스가 어떻게 작동하고, 참여자들에게는 어떤 역동이 일어나며 결과를 만들어내고 있는지 직접 경험해 보는 것이다. 그리고 참여했던 회의 프로세스를 다시 재구성하고 시뮬레이션을 해보는 것도 필요하다. 기법과 도구도 새롭게 선정해 보고 재구성한 프로세스를 기존 프로세스와 비교하며, 어떤 결과가 나올 수 있고, 참여자는 어떤 역동이 일어날지도 생각해 본다. 마지막으로 가능하다면 최대한 많은 회의 프로세스를 보는 것이 좋다. 단순하게 어떤 순서인지를 보는 것이 아니라, 어떻게 구성되어 있으며, 왜 이렇게 구성하였는지, 참석자들은 프로세스 안에서 어떻게 역동을 나타낼지, 결과물은 어떻게 나올 수 있을지를 생각해보며 분석해야 한다. 이를 반복하면, 주제별 회의 프로세스 단계들이 다르게 보이기 시작할 것이다.

다음은 질문이다. 질문은 퍼실리테이션 회의에서 참석자를 촉진할 수 있는 중요한 도구이다. 프로세스에 포함된 초점질문 이외에도 현장에서 참석자들과 함께 호흡하며 적절한 질문을 한다면, 참석자들은 더 깊이 생각하고 다양한 의견을 함께 나눌 수 있다. 퍼실리테이션 회의 현장에서 질문을 잘하려면, 회의 전에 사용할 질문 리스트를 만들어보는 것도 좋은 방법이 되고, 질문 도구 프레임워크를 잘 이해하고 이를 활용하는 것도 효과적인 방법이 된다. 질문 리스트를 만들기 위해서는, 우선 회의 목적과, 프로세스 그리고 단계별 초점 질문에 대해 잘 이해하는 것이 필요하고, 이를 바탕으로 실제 현장을 떠올려보며 참석자들에게는 어떤 멘트와 질문들을 할 것인지 생각해봐야 한다. '어떤 질문을 할 것인

가?', '어떤 질문을 먼저 할 것인가?', '어떤 질문을 연속성 있게 할
것인가?'를 사전에 충분히 고민하며 질문 리스트로 정리해보는
것이 좋다. 준비하는 질문은 많으면 많을수록 현장에서 큰 도움이
된다. 이 때 함께 활용할 수 있는 질문 도구들이 있는데, 필자가
가장 많이 사용하는 질문 도구들은 ORID*, GROW**, DVDM***,
4F**** 등이 있다. 현장의 상황과 참석자 그룹에 맞는 가장 효과적
인 도구의 프레임워크를 활용하여 참석자들에게 질문하는 것이
중요하다. 이 질문 도구를 잘 활용하는 것만으로도 나만의 독특한
무기를 만들 수 있는 방법이다. 각 질문 도구들은 상황과 논의 내
용에 따라 적용하는 범위가 다를 수 있지만, 한두 가지 도구에 대
해 정확하고 깊이 있게 알고 있으면, 상황에 맞게 변형하여 적용
해 볼 수 있다. 회의 현장에서 사람들을 촉진할 때도 사용할 수 있
으며, 회의 프로세스를 디자인할 때나 회의가 종료하고 성찰할 때

---

* Objective(사실확인 단계), Reflective(감정성찰 단계), Interpretive(의미해석 단계),
Decisional(실행결정 단계). 상황을 설정하고, 개방형 질문을 활용하여 객관적 자료나 사실,
반영적 대답이나 (정서적)반응, 경험에 대한 해석, 결정을 차례로 이끌어냄. 집중대화기법
(Focused Conversation Method)이라고 하며, ICA(Institute of Cultural Affairs) 한국지부인
ORP연구소에서 관련된 정식 교육을 받을 수 있음.

** Goal(목표), Reality(현실), Option(대안), Will/Wrap-up/Way-Forward(의지, 결론). 문제 해
결, 목표 설정을 위한 기법으로 영국에서 개발되었으며, 코칭에서 많이 활용되고 있음.

*** Definition(정의), Value(가치), Difficulty(난관), Method(해법). 구기욱 쿠퍼실리테이션그룹
대표가 개발한 질문법.

****Facts(사실), Feelings(감정), Findings(발견), Future(미래). 교육전문가인 Dr Roger
Greenaway 가 개발한 성찰 모델.

도 활용할 수 있다.

　언급한 두 가지 이외에도, 무기로 만들 수 있는 것들은 많이 있다. 참여자들의 의견과 수렴되는 내용을 정리, 요약하는 스킬, 차트를 기록하거나 이미지화 하는 스킬, 참여자와 상호작용하며 경청하는 스킬, 성찰과 피드백하는 스킬 등이다. 또한 사회의 주요 키워드들도 전문성을 만드는데 참고할 수 있다. 퍼실리테이션과 관련된 지금의 주요 키워드들을 찾아보면, '수평적 조직과 리더십의 변화', '대화와 토론 문화의 확산', '지역개발과 자치의 심화', '조직개발과 자기계발의 확장', '가족과 조직 문화의 변화', '참여와 반영', '결정과 행동', '협력과 확산' 등으로 말할 수 있을 것이다.

　본인의 무기를 만들기 위해서는, 본인이 잘하고 있거나 잘 할 수 있는 것을 선택하여, 강점으로 그리고 차별화 포인트로 만들며 전문성을 가질 수 있도록 노력해야 한다. 가까운 일상에서부터 이를 적용하며 지속적으로 시도한다면, 본인의 업무에 퍼실리테이션 무기를 장착할 수 있을 것이고, 모두가 다시 찾는 퍼실리테이터가 될 수 있을 것이다.

　당신은 어떤 무기를 가진 퍼실리테이터가 되고 싶습니까?

못다한 우리의 이야기

'퍼실리테이터는 퍼실리테이터답게 일하고, 살아가며 존재가 되어 가는가?'에 대한 실험을 자토모와 함께 하며 할 수 있었다. 모임이 그러하고 책을 쓰는 과정이 그러했다. 우리는 서로에게 거울이 되어주고 학습과 일과 삶과 존재에서 서로를 더욱 빛나게 하는 사람들이 되어 갔다.

처음 책을 함께 써보자고 제안한 과정, 책의 주제를 발굴하고 각 장마다 팀을 나누어 글을 쓰는 팀 작업, 다시 조를 편성해서 기본 팀의 글을 읽고 크로스 체크를 하고 피드백 하는 과정 등 모든 단계에서 서로를 촉진하며 공동의 목적을 이루게 되었다.

책을 함께 쓴다는 건 엄청난 팀워크가 필요한 과정이다. 우린 분명 이 과정을 거치면서 이전보다 더 성장하는 공동의 경험을 하였고 우리 안에 있는 고유함이 드러나기도 하였다. 아이디어를 제안하는 사람, 자원을 연결하는 사람, 지루해진 회의에 분위기를 쇄신해주는 사람, 약속한 기일을 기억하게 해주는 사람, 일을 일찍 착수하여 모델을 만들어 주는 사람, 다양한 정보를 연결해주는 사람, 서로간의 소통을 촉진해주는 사람, 우리들의 공동 일을 꼼꼼히 챙기고 우리 모임에 퍼실리테이터 역할을 맡아주는 사람 등 어느 누구하나 충돌하거나 화내지 않고 서로의 집단지성을 믿고 함께 하며 마무리 지을 수 있었다. 책을 한번 써보자는 말을 하기는 쉽지만 실제로 책이 세상에 모습을 드러내기까지는 여러 과정과 팀안에서의 각자의 역할을 잘 했기에 여기까지 올 수 있었다고 느낀다.

자토모의 멤버지만 개인 사정으로 책쓰기에는 함께 하지 못한 김은하 퍼실리테이터와 김지혜 퍼실리테이터에게도 감사의 마음을 전한다. 우리와 함께 자토모 모임을 시작했지만 건강이 좋지 않아 먼저 세상을 떠난 장혜영 퍼실리테이터…. 코로나 기간이라 직접 조문을 다녀오지 못한 분들을 위해, 줌에서 함께 추모의 시간을 가지며 기억했던 것이 떠오른다.

각자 책을 쓰면서 얻게 된 '퍼실리테이터답다'라는 생각들을 소회하면서 마무리하려 한다.

💬 **박주연** 자토모의 멤버로 함께 책을 쓴다는 것은 마치 새로운 놀이터에 초대받는 것 같았다. 그 놀이터는 안전했고, 내가 두려움 없이 시도해 볼 수 있도록 돕는 따뜻한 안내자가 있었다. 우리는 서로의 안내자가 되어 주었다. 순간마다 퍼실리테이션스럽다를 경험하는 과정이었다. 이 책을 쓰는 과정을 통해 나는 퍼실리테이션스럽게 살아간다는 의미를 조금 더 깊이 그리고 조금 더 넓게 확장하게 되었다. 함께하는 사람들에 대한 신뢰와 소통 그리고 진정한 배려로 살아가는 것이 퍼실리테이터답다라는 것이고 그러한 순간들을 만들어준 멋진 퍼실리테이터들의 말, 태도, 생각들에서 배울 수 있었다. 이러한 장에 초대받고 함께 놀듯이 만들고 이렇게 결실이 이루어진 것에 대한 깊은 축하를 보낸다.

💬 **우성희** 성장을 위해 끊임없이 노력하는 우리 멋진 멤버들! 이들과 함께 있을 때 나 또한 살아있음이 느껴지고 자신감이 뿜뿜 한다. 우리는 수년간 이 성장터에서 각자의 경험을 기반으로 감정도 나누고 생각도 나누었다. 그야말로 전인적으로 통합적 학습이 이루어진 순간들이었다. 이제 그 결과물을 함께 공유하니 우리에겐 이 또한 의미있는 한 걸음이다. 이 프로젝트의 중심을 잡고 수시 자극을 주었던 상신샘께 무한 감사를 드리고, 서로를 지지대 삼아 여기까지 온 우리들! 기쁨을 함께 누리고 싶다.

이 공간에서의 소통을 통해 '퍼실리테이터답다'라는 것은 워크숍 현장에서뿐만이 아닌 자신의 삶 속에서도 퍼실리테이션의 본질을 항상 염두에 두고 사는 게 아닐까 생각해 본다.

💬 **한영숙** 각자 자신을 퍼실리테이션하며 걸어온 여정에서 함께 걸어가며 길을 만들며 서로에게 퍼실리테이션하는 우리가 되어있다는 것이 감사하다. 똑같은 생각을 하지 않아도, 똑같은 경험을 하지 않아도 서로의 경험과 관점을 존중하며 의식을 확장하도록 도와준 자토모 덕분에 감을 잃지 않는 퍼실리테이터로 존재하고 있나보다. 퍼실리테이터답다는 것은 이렇게 그룹 안에서 시너지를 느끼며 서로의 존재를 즐기고 구성원들이 자기다움의 정체성을 잃지 않으면서 자발적으로 참여하고 소통하도록 돕는 분위기 메이커가 되는 것, 그래서 한 방향으로 나아가도록 한 단계 더 깊은 곳으로 연결되도록 돕는 것이라 생각한다.

💬 **김재인** 제법 시간이 많이 걸렸다. 합의를 이루는 과정, 퍼실리테이션답게 시작과 마무리를 해야 한다는 나름의 시간들이 이 시간을 채웠다. 눈비비고 일어나 5분만 지나면 다시 반짝반짝해지는 멤버들과 함께 참 많은 이야기를 나누었다. 과거 현재 미래의 시간들을 이야기하면서 퍼실리테이션의 근력을 키웠다. 편안하고 안전한 공간이였

지만 현실과 혹독함에도 견뎌낼 수 있는 그런 힘이 되어준 시간들이 쌓였다. 함께 동행한 우리 자토모 멤버들 자랑스럽고 존경한다.

💬 **허지은** 자신의 것을 기꺼이 나눌 수 있고 서로의 것을 편안하게 들을 수 있는 존재로 서로에게 함께 한 것만으로도 늘 감사하다. 거기에 퍼실리테이션을 함께 학습하고 실행한 결과물이 세상에 나온다 생각하니 긴 시간을 함께 해준 서로에게 더더욱 감사할 따름이다. 일로서만이 아닌 삶 속에서의 연결을 늘 경험하게 해준 이 모든 활동이 퍼실리테이터 다움을 찾아가게 도와주는듯하다. 퍼실리테이터다움이란 바로 서로의 다름을 연결하고, 우리의 일과 삶을 연결하며 개인을 넘어 조직을 서로 연결시키는 연결성이 아닌가 생각한다. 우리가 함께 한 이 책을 통해 여러분도 삶과 일을 연결시키는 힘을 경험하길 바란다.

💬 **전현정** 시작을 하니 끝이 있구나를 또다시 느끼는 프로젝트였다. 이미 책을 세 네 권은 출판한 것 같은 느낌이 들 정도로 그 많은 새벽에 우리들의 이야기와 퍼실리테이션 이야기를 나누었다. 틈틈이 자유 토론을 하며 나누던 대화 내용도 책에 담고 싶어할 만큼 애정이 컸다. 긴 시간의 프로젝트는 긴 여운으로 남고 포기하지 않은 우리들에게 큰 감사를 나눈다. 자토모 첫번째 대형 프로젝트를 통해 '퍼실리테

이터답다'는 것은 멀리 가려면 함께 가라는 말을 실천하는 것이라 정의해 본다. 특히, 긴 시간 함께 갈 수 있게 길을 안내했던 박상신샘께 무한 감사를 드린다.

💬 **박상신** 와우! 자토모 멤버들과 함께 첫번째 책을 완성하였다! 다양한 배경과 경험, 같은 혹은 다른 관점과 생각들을 가진 멤버들과 함께, 정말 많은 시간동안 이야기를 나누며 정리하였다. 더 하고 싶은, 더 담고 싶은 이야기들도 많았다. 이번에 참여하지 못한 멤버까지 모두 모여 두 번째 작업도 기약해 본다. 이번 프로젝트를 통해, '퍼실리테이터 답다'는 것은, 함께 의견을 나누고, 서로가 독려하며, 포기하지 않는, 나의 일상에서 한 단계 더 높은 방향으로 한 걸음 전진하는 모습을 말하는 것이 아닐까 생각해본다.

인증퍼실리테이터 도전하기 (KFA, IFA)

────────────────────────────

FACILITATOR

♦

인증퍼실리테이터 자격
취득하기

"당신은 인증퍼실리테이터인가요?"

퍼실리테이션을 배우고 현장을 경험하며 전문가로서 보다 폭넓고 깊이 있는 활동을 하기 위해 한국퍼실리테이터협회의 CF 혹은 CPF 자격을 인증 받는 과정이 있다. 한국을 대표하는 퍼실리테이션 전문조직인 한국퍼실리테이터협회는 국제퍼실리테이터협회(IAF)의 역량 기준을 기반으로 자격 인증 제도를 2010년부터 확립하여 시행하고 있다. 퍼실리테이터로서의 적합한 역량을 갖추고 있는 퍼실리테이터들에게 자격 심사를 거쳐, 인증퍼실리테이터 및 인증전문퍼실리테이터 자격을 부여한다. 한국퍼실리테이터협회·(사)글로벌퍼실리테이션협회(이하 KFA or 협회)에서는 퍼실리테이터 자격증 이름, 즉 인증받은 퍼실리테이터를 다음과 같이 정의하고 있다.

KFA 인증퍼실리테이터: Certified Facilitator

KFA 인증전문퍼실리테이터: Certified Professional Facilitator

한국퍼실리테이터협회 홈페이지 http://www.facilitator.or.kr

 한국퍼실리테이터협회
KOREA FACILITATORS ASSOCIATION

KFA 인증퍼실리테이터

KFA는 '퍼실리테이터의 역량 기준을 마련하고, 이에 대한 공정하고 엄격한 평가를 통하여 그 역량을 객관적으로 인정받을 수 있도록 퍼실리테이터 자격인증과 퍼실리테이션 교육과정 인증 제도를 시행'하고 있다.[*] KFA는 한국의 유일한 정통 퍼실리테이터 인증자격 기관으로 1년에 분기별 정기 인증심사를 4차례 진행하고 있다.

인증자격에는 인증퍼실리테이터인 CF_{Certified Facilitator} (이하 CF)

---

[*] 한국퍼실리테이터협회 홈페이지(https://facilitator.or.kr/)

308

와 인증전문퍼실리테이터인 CPF Certified Professional Facilitator (이하 CPF)로 구분된다. 최근 사회적으로 퍼실리테이션에 대한 이해도가 정립되고 퍼실리테이터에 대한 수요가 증가하다 보니 인증자격 취득자가 꾸준히 늘어나고 있는 추세이다.*

KFA 퍼실리테이터 역량은 지난 2020년 KFA-CPF를 대상으로 1차, 2차 델파이 방법으로 사례들을 수집·분석된 역량 모델링을 바탕으로 정리되었다. 그 후 협회는 KFA-CF, KF-CPF 대상으로 역량 모델링 검증 작업을 위한 설문 조사를 실시했으며 질적 자료 분석을 통해 정리된 역량과 행동 지표에 대한 양적인 자료를 수집하여 검증하였다. 앞서 살펴본 것과 같이 KFA 홈페이지에는 검증된 퍼실리테이터의 역량이 제시되어 있다.

KFA- CF 인증자격 취득하기

그렇다면 KFA의 인증퍼실리테이터는 어떤 절차와 방법을 통해서 인증 받을 수 있는지 알아보자. KFA-CF로 인증받기 위해서는 KFA가 인증한 교육 기관에서 24시간의 인증 교육 과정을 우선

---

* 유희재, 「퍼실리테이션의 영역과 인증자격」, 2017, 『HR insight』 750호, 102-105p.

수료해야 한다. 교육을 받은 후에는 최근 2년 간 5회, 최소 4명 이상의 그룹을 대상으로 진행한 퍼실리테이션 실행 확인서와 퍼실리테이션 실행 경험 기술을 제출해야 한다. 인증 방식은 서류 합격자에 한해 인증심사위원 인터뷰인 면접 시험으로 심사를 받는 과정이 진행된다. 최근에는 코로나19 팬데믹으로 인해 온라인 심사가 운영되기도 했다. KFA-CF에 도전해야겠다고 계획을 세웠다면 KFA협회 홈페이지에서 미리 실행 확인서 서식을 다운로드해 퍼실리테이션을 실행할 때마다 고객에게 확인을 받아두는 것이 인증 과정 도전 시 유용하다.

KFA-CF는 협회의 소정 양식에 따라 지원서를 작성한 후 온라인 접수를 하는데 위에서 설명한 실행 확인서와 함께 협회가 인증한 퍼실리테이션 교육(24시간) 수료증 사본을 반드시 제출해야 한다. 구술시험 심사는 협회가 제시하고 있는 퍼실리테이터 역량(지식, 태도, 스킬)과 제출한 서류에 관한 질문으로 이루어진다. 인증시험 결과는 합격 여부와 평가 리포트가 이메일로 함께 전달된다. 합격이 되면 좋지만, 불합격되더라도 평가 리포트가 전달되는데 평가 리포트를 토대로 보완하여 재응시를 할 수 있다. 불합격자는 1회에 한해서 1년 이내에 재응시를 할 수 있으며 응시 원서비는 1/2을 납부해야 한다.

KFA-CPF 인증자격 취득하기

KFA-CPF는 40시간 이상의 협회 인증 교육을 수료하고 최근 3년간 10회, 최소 4명 이상의 그룹을 대상으로 실행한 퍼실리테이션 실행 확인서를 소정 양식에 따라 제출해야 한다. CPF의 지원 자격은 KFA-CF 자격 소지자와 국제퍼실리테이터협회International Association of Facilitators의 IAF-CPF 소지자만이 지원할 수 있다. 인증 방식은 응시자와 인증 심사위원이 매칭된 후 심사위원이 고객 역할을 하며 실습 시험이 시작된다.

KFA-CPF 인증심사는 IAF-CPF 인증과정과 비슷하다. 시연을 위한 주제 확인과 프로세스 설계는 가상의 고객 역할을 하는 심사위원과 이메일을 통해 질의응답 형식으로 이루어진다. 여러가지 주제 중 하나를 응시자가 임의로 결정하고 나면, 이후의 모든 과정은 인증 심사과정으로 진행된다. 인증 시험 당일은 고객 역할을 했던 심사위원과의 질의응답을 통해 설계한 프로세스 중 일부분을 선택해 30분 동안의 퍼실리테이션 시연을 진행한다. 30분간의 시연을 위해 전체 프로세스가 어떻게 진행되었는지 큰 그림을 그려보고 시연을 준비해야 한다. KFA-CPF 인증심사에서 가장 성장 포인트가 되는 것은 심사위원과의 인터뷰 시간이다. 퍼실리테이션 시연하기 전과 후, 각각 20분간 사전 인터뷰와 사후 인터뷰가 진행된다. 인증심사 과정이 끝나고 돌아보니 가장 떨리기도 한 순간이지만 나 자신을 돌아볼 수 있는 성찰 지점이기도 하다. 이러한 인증과정을 통해서 23년 2월 현재 한국퍼실리테이터협회 소속의 KFA-CF 435명, KFA-CPF 96명, 총 531명이 배출되어 다양한 분야에서 활발히 활동 중이다.

국제인증전문퍼실리테이터^{IAF CPF} 자격 취득하기

국제퍼실리테이터협회는 아래와 같이 국제인증전문퍼실리테이터를 정의하고 있다. 1994년 공식적으로 성립되어 전 세계 퍼실리테이터들을 연결하는 플랫폼으로 자리 잡고 있다. 전 세계적으로 권역별 퍼실리테이터 컨퍼런스를 대규모로 개최하고 있고, 이에 맞추어 퍼실리테이터 자격시험도 동시에 개최되고 있다. 국제퍼실리테이터협회의 관련 내용을 보다 자세히 알고 싶다면 IAF Charter문서를 살펴보면 핵심 비전을 찾아볼 수 있다.

'The IAF Certified TM Professional Facilitator (CPF) is the professional designation for IAF members who demonstrate having Core Facilitator Competencies. The Core Competencies represent a fundamental set of skills, knowledge, and behaviors that support effective facilitation in a wide variety of contexts.'*

IAF-CPF는 퍼실리테이터의 핵심 역량을 보유한 IAF에서 인증받은 전문 퍼실리테이터이자 IAF 회원임을 의미한다. 핵심 역량이란 넓은 의미에서 효과적인 퍼실리테이션을 지원하는 기술, 지식, 행동의 핵심적인 내용을 의미한다."

한국퍼실리테이터협회의 역량 기준이 국제퍼실리테이터협회의 역량 기준을 기반으로 하고 있기에 기본적인 내용은 유사하다. 다만 언어적 표현에서 명료함을 갖도록 역량표를 꼼꼼히 확인하는 것은 필수적이다. IAF와 IAF-CPF 관한 자세한 내용과 인증과정 및 일정은 www.iaf-world.org에서 확인할 수 있다. 대륙별, 지역별 개최되는 심사 일정을 확인하여 본인의 일정에 맞게 준비하는 것이 필요하다. 자격 시험은 시험일 5개월 이전에 신청과 등록이 완료되어야 한다. 코로나 이전에는 심사 당일 해당 지역의 심사 장소에 직접 방문하여 진행되었지만, 현재는 코로나로 인해 비대면 심사가 진행되고 있다.

---

* 유튜브 'International Association of Facilitators (IAF)' 〈The International Association of Facilitators: Who We Are & What We Do〉, 2019.04.09.

국제인증자격시험 자격 취득 절차

국제인증자격시험의 자격 취득 절차는 크게 아래와 같이 이루어진다.

① 회원 가입

IAF 회원 가입을 해야만 응시할 수 있다. 시험 시기에 맞추어 가입하면 비용을 절약할 수 있다.

② 관련 서류 작성

홈페이지 담당자에게 참여 일정 관련 자료를 보내 달라고 하면, 관련 서류 및 마감 일시를 보내준다. 관련 서류는 보통 한 달에서 두 달 정도 걸쳐 작성해야 하고 아래와 같은 내용이 포함되어 있으며 모든 서류는 영문으로 작성해야 한다.

- 이력서
- 워크숍 간략 이력
- 워크숍 증빙 자료
- IAF에서 제시한 핵심 역량이 드러날 수 있는 에세이

③ 서류 접수

총 2차에 걸쳐서 이루어진다.

 - 1차: 이력 및 지원서 접수 송부
 - 2차: 에세이 및 관련 워크숍 증빙자료 송부

④ 서류 심사 결과 통보

역량이 드러날 수 있는 에세이 작성이 되지 않은 경우와 제출한 내용의 분량이 초과된 경우 주 심사위원과 부 심사위원의 판단하에 수정 요청이 있을 수 있다. 이후 서류 심사 결과를 통보한다.

⑤ 서류 합격 후 고객 인터뷰 진행 및 설계 과정 진행

서류 합격 후에는 임의로 주어진 주제에 대해 가상 고객 역할을 하는 주 심사위원을 대상으로 인터뷰와 워크숍 프로세스 디자인이 진행된다. 이때 고객과 여러 차례의 인터뷰를 통해 의뢰한 내용의 설계가 이루어지도록 전문가적 소통이 필요하다. 모든 소통은 국제적인 상황을 고려하여, 이메일을 통하여 소통한다. 심사위원에게 쓰는 메일과 고객에게 쓰는 메일을 분리하여 소통하기도 한다. 주 심사위원과 이루어지는 모든 소통 과정이 평가에 포함되기 때문에, 가능한 명료하게 퍼실리테이터의 고객 인터뷰 역량이 잘 드러나도록 이메일을 작성하는 것이 필요하다. 그리고 가능한 한 차례의 조율보다는 프로세스 디자인에 대한 고객의 의사를 묻고, 고객의 욕구를 만족시키고 있는지 확인하는 전문가적인 태도를 보여주어야 한다.

⑥ 워크숍 시연 및 두 번의 인터뷰

인증시험의 하이라이트는 30분 간의 워크숍 시연이다. 워크숍 시연에서는 심사를 맡은 주/부 심사위원들과 함께 시험에 지원한 수험자들이 참여자가 되어 시연이 이어진다. 시연 전과 후에는 인터뷰가 진행되는데 시연 전 오전에는 역량 관련 질문을 하는 인터뷰가 진행된다. 이후 30분의 시연이 이어진다. 시연 전 5분 정도 워크숍의 배경과 주요 프로세스 및 결과물 도출에 대해 안내를 할 수 있다. 시연의 과정이 무엇을 하려는 것인지 설명하고 참여를 요청한 후 시작한다. 시연에는 전체적인 과정을 볼 수 있도록 시연 앞과 뒤에 이어지는 프로세스 안내에 대한 그림이나 결과물 장표를 준비해 두어야 한다. 두 번째 인터뷰는 시연 후 성찰 인터뷰가 진행된다. 국내의 KFA-CPF 인증자격과 다른 점은 합격 여부를 바로 알 수 있다는 것이다. 또 KFA-CPF 인증자격 과정도 IAF-CPF 인증자격과 마찬가지로 두 번의 사전·사후 인터뷰가 진행된다. 다른 점은 IAF-CPF 사후 인터뷰에서 성찰시 다른 퍼실리테이터 시연 과정에 대한 관찰과 피드백 성찰도 포함한다는 것이다.

⑦ 평가 리포트

전체 일정이 마무리되고 나면 한 달 후에 역량이 포함된 전체적인 평가 리포트를 받게 된다. 지속적으로 성장하고 배우는 성찰의 직업인 퍼실리테이터로서 가장 감사한 부분이라 할 수 있다.

국제인증자격을 취득하고 나서 가장 좋은 점은, 전 세계의 퍼실리테이터들과 연결되는 공동체의 일원이 될 수 있는 것이다. 하나라도 서로 배우고 가르쳐 주려는 퍼실리테이터 커뮤니티는 지속적으로 성장해야 하는 삶의 여러 모습을 공유해 준다. 기회가 되면 도전해 보자. 진행 시 가장 중요한 부분은 기본 프로세스에 대한 충분한 숙지 및 서류 심사 시기가 국가마다 지역마다 상이하니 미리 점검하고 준비 과정에서 오류가 없도록 하자. 그리고 시간적 여유가 있다면 자격시험 후 이어지는 지역 컨퍼런스에 반드시 참여하자. 네트워크를 통한 세계적 퍼실리테이션 활동의 연결망을 만들 수 있다.

다음 표는 국내 KFA-CPF 취득절차와 IAF-CPF 취득절차를 비교 정리하였다. 자세한 내용은 협회 홈페이지를 참고하기 바란다.

KFA CF	KFA CPF	IAF CPF
KFA 협회 가입 www.facilitator.or.kr	KFA 협회 가입 www.facilitator.or.kr	IAF 가입 www.iaf-world.org (미가입 시 지원 불가)
- 24시간 협회 인증교육 수료 - 최근 2년 이내 최소 4명 이상 그룹 대상 5회 이상 실행	- 40시간 협회 인증 교육 수료 - 최근 3년 이내 최소 4명 이상 그룹 대상 10회 이상 실행	- IAF 회원 멤버십 가입 - 관련 활동 입증 서류(자유 양식) - 1년 이상 활동 및 관련 교육 훈련 기관 입증자료
- 신청서 - 이력서 - 교육 및 자격 이수확인서 - 퍼실리테이션 실행확인서(협회 지정 서식) - 퍼실리테이션 실행 경험 에세이	- 신청서 - 이력서 - 교육 및 자격 이수확인서 - 퍼실리테이션 실행확인서(협회 지정 서식) (IAF-CPF인 경우 퍼실리테이션 실행 경험기술)	〈1차 서류 접수〉 - 이력서 - 워크숍 간략 이력 〈2차 서류 접수〉 - 워크숍 증빙자료 - IAF에서 제시한 핵심 역량이 드러날 수 있는 에세이
	- 가상의 워크숍 고객 인터뷰 - 프로세스 설계	- 가상의 워크숍 고객 인터뷰 - 프로세스 설계
- 구술시험 - 인증심사위원 인터뷰 30분	- 구술시험 - 인증심사위원 사전 인터뷰 20분	- 구술시험 - 인증심사위원 사전 인터뷰 20분
	- 실습시험 - 퍼실리테이션 30분 시연	- 실습시험 - 퍼실리테이션 30분 시연
	- 구술시험 - 인증심사위원 사후 인터뷰 20분	- 구술시험 - 인증심사위원 사후 인터뷰 20분 - 결과 발표
결과 발표+평가 리포트	결과 발표+평가 리포트	평가 리포트(30일 소요)

[표 2] 퍼실리테이터 인증시험 자격 취득절차*

* KFA, IAF 홈페이지에서 참고해 재구성함.

♦

인증퍼실리테이터가
된 이후 달라진 점

　자토모의 멤버 9명은 이러한 인증 과정을 경험한 KFA-CF, KFA-CPF, IAF-CPF로 구성되어 있다. 그렇다면 인증퍼실리테이터가 된 후 그 이전과 달라진 점은 무엇일까? 자토모 멤버들은 '개인의 성장'과 '비즈니스 수요' 두 가지 관점으로 이야기를 하고 있다.

　개인의 성장 관점에서는 첫째, '스스로 자부심과 성취감을 느끼고 있다'라는 이야기를 가장 많이 하고 있다. 더불어 스스로의 자부심과 자긍심을 갖고 자신감을 잃지 않기 위한 노력은 덤이라고 말한다. 두 번째로는 '책임감을 갖고 끊임없이 전문성을 입증하기 위해 학습하며 배움의 끈을 이어가고 있다'는 것이다. 퍼실리테이터들은 '인증자격 과정을 경험하고 나서 스스로의 역량이 내재화된 것을 현장에서 발견하고 있다. 또, 현장에서의 전문성 입증을 위해서 학습은 선택이 아닌 필수'라고 입을 모은다. 세 번째는 '퍼실리테이션을 하는 동료들을 많이 알게 되었고 비슷한 관심사를 함께 고민하며 성장할 수 있는 훌륭한 계기가 되었다'고 한다. 동료로서 현장에서의 고민, 어려운 점, 성공 사례를 나누며 퍼실리테이터로서 함께 성장해 나가고 있다.

비즈니스 수요 관점에서는 첫째, 협력 퍼실리테이터는 물론 메인 퍼실리테이터로서 훨씬 다양한 활동 분야에서 많은 현장 경험을 할 수 있다는 것이다. 둘째, 인증퍼실리테이터로서 고객사에 프로필을 제시할 때 별다른 설명 없이도 자격증으로 인정되므로 한번 연결된 고객의 또 다른 의뢰는 물론 고객의 확장성을 몸으로 체감할 수 있다. 셋째, 많은 인증퍼실리테이터와 형성된 네트워크 안에서 서로가 서로에게서 배우고 대규모 프로젝트와 소규모 프로젝트를 넘나들며 협업하는 퍼실리테이터로 함께 하고 있다.

자토모 멤버의 인증 도전 이유

자토모 멤버들이 인증자격과정에 도전한 이유는 크게 세 가지로 설명할 수 있다. 자신의 전문성 획득과 조직 내에서의 차별화 전략, 그리고 자신의 고유 업무에 퍼실리테이션의 철학과 가치, 도구를 반영하기 위한 학습 과정으로 도전한 것이다. 각자의 분야에서 퍼실리테이션을 만났기 때문에 자신의 고유 업무와 경험을 기반으로 인증퍼실리테이터에 도전했다.

본인이 속한 조직에서 민주적 회의 방법을 접목하기 위해 자신의 전문성 획득의 기회로 삼았다. 자신만의 차별화, 즉 마을이나 기관, 또는 조직 내에서 전문적 영향력을 발휘하기 위한 목적이 있었다. 또 자신의 분야와 퍼실리테이션을 접목한 프로그램을 만들어 운영하기 위해 도전을 하기도 했다. 인증과정 결과도 중요하지만, 이 과정에서 보다 집중적이며 전문적인 학습이 이루어지고 그에 따라 조직 내에서 인증퍼실리테이터로서 개인의 차별화를 꾀할 수 있었다. 가족, 지역, 코칭, 조직, 활동가, 교육 분야 등 개개인의 고유 영역에서 전문성 획득을 기반으로 한 '인증퍼실리테이터'로서 차별화의 시작이었다.

요즘 고객들은 협회 인증 자격증을 제출하라는 요구가 증가하고 있다. 많은 고객이 인증 받은 전문 퍼실리테이터들을 신뢰한다는 의미일 것이다. KFA-CF 또는 KFA-CPF에게 신뢰감을 가지기에 믿고 맡겨주는 고객이 증가하고 있는 것을 체감하고 있다.

KFA-CF를 취득 후 느끼는 점은 '현장의 경험이 퍼실리테이터로서 전문성을 입증할 수 있다'라는 확신이 생긴 것이다. KFA의

체계적인 인증 시스템과 신뢰도가 있다는 믿음을 가지고 있는 많은 KFA-CF는 KFA-CPF는 물론 IAF-CPF에 도전하고 있으니 여러분도 도전해 보길 바란다.

"확실히 'CF, CPF는 자격을 취득하는 그 과정 자체가 학습'이라는 말에 백 퍼센트 공감한다." 인증자격 취득과정을 경험한 퍼실리테이터들이 이구동성으로 전하는 이야기를 소개해 보았다. 여러분도 앞의 말에 공감할 수 있기를 기대해 본다.

인증자격 과정에 도전하며 마주하게 된 배움

그럼 자토모 멤버들이 인증자격 과정에 도전하며 마주하게 된 배움은 무엇일까? 자토모 멤버의 인터뷰를 통해 인증퍼실리테이터 도전 과정에서 얻었던 공통적인 배움과 경험을 수집한 내용은 다음과 같다.

자토모 멤버 대부분은 협회의 객관적 평가를 통해 자신의 퍼실리테이터 역량을 점검하고 전문성을 획득하여 차별화를 이루고자 인증 자격 과정에 도전했다. 객관적인 평가를 통해 자신의 역량을 점검할 필요가 있다는 생각이 들었기 때문이다. 인증퍼실리테이터에 도전하는 과정에서 자신의 흩어진 경험들을 자신만의 고유한 스타일로 정립하게 되었다. 그 과정에서 퍼실리테이터의 역량이 업그레이드되는 기회가 되었다. 물론 스스로 부족한 역량도 발견하면서 내적 발전의 기회로 삼는 발판이 되기도 하였다.

여러분은 인증퍼실리테이터에 대해 어떤 생각을 하게 되었을지 궁금하다. 자격인증을 받는다는 것이 개인인 '그 사람'의 능력이나 실력을 나타내는 것이라고 생각할 수도 있다. 하지만 KFA 혹은 IAF 인증퍼실리테이터들은 '인증'이라는 단어로 그 사람의 능력 또는 실력이라고 생각하지는 않는다. 다만 인증 과정의 중간중간 스스로를 점검하게 되는 과정에서 매듭 엮어 가듯이 개인의 배움과 성장이 연결된다고 믿는다. 믿음과 성장의 관계는 직선으로 우상향하는 것이 아니고 계단식으로 또는 나선형으로 성장하기 때문이다.

지속적 성찰과 전문성 획득은
퍼실리테이터를 춤추게 한다

현재 KFA 인증자격 과정은 '자격 취득 후 실행'이 아니라 '실행 후 자격 입증'의 형태로 운영된다. 지속적인 성찰을 거친 역량 강화 측면에서 매우 의미 있는 학습 과정이라고 할 수 있다. KFA 협회에서 모델링하고 제시한 퍼실리테이터의 역량 기준을 바탕으로 스스로 부족한 점과 성장할 점을 살펴볼 수 있는 과정이다. 퍼실리테이터로서 지녀야 할 전문성을 인지할 수 있는 기회이다. 인증 자격 과정은 스스로 전문성을 인지하고 퍼실리테이션 실행 시 자신감을 얻고자 하는 가장 빠른 성장과 학습의 과정이다.

♦

인증퍼실리테이터 자격 취득을 위한 자토모 멤버의 꿀팁

여러분의 인생에서 가장 어렵고 힘들었던 시험은 어떤 시험인지 질문을 던져본다. 시험이라는 시험은 모두 어렵고 힘들다는 생각이 든다. 사실 시험이라는 것이 치르고 나면 아무것도 아닌데 준비할 때의 부담감이란 말할 수 없이 떨리고 걱정이 되기 마련이다. 학교에서 공통으로 보는 시험도 어렵지만 내가 나의 전문성을 입증하고자 스스로 도전하는 시험도 예외는 아닐 것이다. 지금부터는 인증퍼실리테이터에 도전하며 자토모 멤버들이 느꼈던 부족한 부분과 중점을 둔 부분을 여러분과 나눠보려고 한다.

▶ CF 인증 에세이는 1,500단어인가? 1,500자인가?

CF 인증서류 심사 시 퍼실리테이션 실행 경험 기술은 1,500단어 이상 작성이 원칙이다. 1,500단어가 아닌 1,500자로 착각해서 작성했지만 서류 합격과 불합격의 사례가 있다. 합격인 경우는 서류 접수를 마감 시간보다 여유 있게 제출하여 수정할 수 있을 때이다. 반면에 1,500자로 작성해서 제출했지만, 서류 마감 시간이 촉박하여 수정할 수 없어 서류 심사에 불합격한 경우도 있다. 1,500단어를 1,500자로 작성하여 서류 마감 시간 몇 분을 남기고 제출하는 바람에 수정할 타이밍을 놓쳐서 다음 심사 일정을 기다려야 했던 것이다. 퍼실리테이션 실행 경험 기술은 1,500단어 임을 기억하자.

> 💬 **자토모 멤버의 Tip**
> 첫 인증 과정 도전인 CF 인정 서류 작성 시 1,500'자'가 아닌 1,500'단어'로 작성하고 서류 제출 마감 기한보다 일주일 정도 일찍 제출하자.

▶ 퍼실리테이션 실행 경험 기술서, KFA 역량을 공략하라.

CF 제출서류인 에세이(퍼실리테이션 실행 경험 기술)에 일부 퍼실리테이터 역량이 드러나지 않아 서류심사에서 불합격하는 경우가 있다. 어느 사례에서는 갈등 해결 역량 부분이 에세이에서 드러나지 않았다는 피드백과 함께 서류 불합격 통보를 받았다.(불합격되어도 에세이 피드백은 서류로 전달된다) 서류 불합격 후 CF에 재도전할 때, 갈등 해결 부분의 역량이 드러나지 않았다는 심사위원의 피드백을 바탕으로 실행 경험 사례를 다시 제출했다. 다른 사례로 변경하지 않고 다시 제출한 것이다. 해당 사례에서 있었던 갈등 상황과 해결했던 과정의 프로세스를 다시 한번 돌아보며 실행 경험을 기술했다. 심사위원이나 제삼자가 읽어보고 정확히 이해할 수 있도록 말이다. 또 해당 역량이 잘 드러날 수 있도록 수정하여 퍼실리테이션 실행 경험 기술을 작성하여 서류 전형에 재도전했고 그 결과 합격했다.

KFA 인증과정은 불합격하든 합격하든 심사위원 평가 피드백을 받게 된다. 이 피드백은 불합격하면 하는 대로, 합격하면 하는 대로 소중한 의미를 준다. 인증심사 이후 현장 준비를 할 때, 심사위원 피드백을 상기시키며 성장의 원동력으로 삼기 때문이다.

💬 **자토모 멤버의 Tip**

CF 시험 과정 중 심사위원과의 인터뷰에서는 질문과 답변을 통해 나의 부족한 부분을 파악하고 추가 답변을 할 수가 있다. 하지만 서류 전형에서는 작성한 퍼실리테이션 실행 경험 기술로만 판단하기 때문에 서류 제출 전에 다른 사람에게 읽어보고 피드백을 들어보는 것도 필

요하다. 퍼실리테이션 경험이 많은 퍼실리테이터에게 본인의 사례와
역량에 대한 피드백을 미리 받아보자.

▶ 본인의 알아차림과 성찰 위주의 면접 준비

워크숍의 준비부터 워크숍 실행과 성찰 과정에서 본인의 알아
차림을 위주로 면접을 준비한 사례가 있다. 워크숍의 프로세스 숙
지, 참여자와의 상호 관계, 진행 시 부족한 점과 그 원인이 무엇이
었는지 성찰 위주의 인터뷰 준비였다. 퍼실리테이션 실행 경험 기
술에도 성찰 결과와 부족한 점을 서술하였고 그 부분에 대해서 질
문을 예상하고 인터뷰를 준비했다.

인터뷰 초반에 본인의 단점, 부족한 점을 언급하며 이러한 부분
은 고치고자 노력하고 있다며 진정성 있는 모습을 보였다. 심사위
원들도 10분 정도의 인터뷰 시간이 지나고 나니, 단점인 말을 빨
리하는 것이 조금 나아졌다고 하며 성찰 포인트를 꼭 짚어주었다.

💬 **자토모 멤버의 Tip**

인터뷰 전 에세이 제출 서류를 분석한다. 에세이 사례 워크숍의 사전
인터뷰를 시작으로 프로세스 설계부터 마무리까지 떠올려 보고 성찰

을 해본다. 나의 부족함이나 긍정적인 부분 등 알아차릴 수 있는 포인트가 생긴다. 그 부분에서 긍정적으로 변화할 수 있는 성찰 지점을 찾아보고 내가 면접관이라면 잘 하는 것보다는 조금 부족한 부분을 질문할 것이라고 역지사지로 생각해 보자. 내가 면접관이 되어 질문과 답변으로 인터뷰 준비를 해보자.

▶ **편안한 마음으로 다가가면 퍼실리테이터로서 성장할 수 있는 피드백이 온다.**

지금 소개하는 사례는 KFA-CPF 인증 도전 사례이다. 워크숍 시연을 끝내고 사후 면접을 보기 위해 면접 시험장에서 대기하던 중 퍼실리테이터들의 대화를 듣게 되었다. "몇 번째세요?" "저는 두 번 떨어졌어요."라며 대화를 나누는 모습을 보았다. 어떤 사람은 어두운 표정으로 인터뷰를 마치고 나오는 모습을 보며 '아…. CPF 시험에 한 번 떨어지는 것은 기본인가?' 하며 사후 면접을 보았다. '한 번에 붙기는 힘든 시험이구나.'라고 맘을 먹어서 그런지 편안하게 아는 것들을 대답하고 오히려 역질문하면서 면접장을 가벼운 마음으로 나왔다. 편안한 마음이 생길 수 있던 것은 다양한 주제와 참여자들을 만나 현장을 경험했던 워크숍 장면 하나 하나에 최선을 다했기 때문 아닐까? 다행히 한 번에 합격하였고 무엇보다 면접 피드백 결과지를 받은 것이 가장 도움이 되었다. 지금까지 여러 자격 시험에 도전해 보았지만 이렇게 상세하게 역량에 대해 세부적으로 피드백을 받은 경우는 처음이었다. 피드백 내용을 읽으며 내가 가진 부분과 도전할 부분에 대해 정리가 되었다. 이러한 면접 피드백 결과지라면 불합격을 했더라도 충분히 도움을 받았을 것이라는 생각이 들었던 면접 피드백이다.

💬 **자토모 멤버의 Tip**

KFA-CPF 도전 합격률은 매번 다르지만 50% 내외이다. 한 번에 합격하면 얼마나 좋을까? 하지만 조급하게 생각하지 말고 현장에서의 경험을 기반으로 내 역량을 보여줄 수 있을 때 도전하기를 권한다. 설사 한 번 불합격했다고 하더라도 우리에게는 소중한 심사위원의 피드백 결과지가 기다리고 있다. 인증심사만을 위해 KFA 역량 표를 참고하는 것이 아니라 평소에도 퍼실리테이터의 역량에 대해 관심을 갖고 항상 상기해보자.

KFA-CF, KFA-CPF로 성장하기

인증퍼실리테이터들은 KFA-CF, CPF 인증자격 과정을 거치며 내가 보여주고 싶은 나의 잘난 모습이 아니라 퍼실리테이터로서 지녀야 할, 그리고 발현해야 할 역량을 잘 나타냈는가가 중요하다고 말한다. 퍼실리테이션 실행 경험 기술을 기록하거나 면접, CPF 시연을 준비할 때 협회의 역량 기준표를 자세히 들여다 보고 그 워크숍이 역량 기준표에 근거를 둔 내용을 표현하고 있는지 살펴 보아야 한다.

KFA-CPF 자격시험은 CF 시험과는 다르게 30분간 워크숍 시연이 있다는 점이 가장 큰 부담감이다. 심사위원은 워크숍 참여자가 되고 미리 퍼실리테이터가 준비한 세션을 30분 동안 시연을 한다. 시연과 관련된 준비물은 본인이 미리 준비해 와야 한다. 더불어 KFA-CPF에 도전하는 퍼실리테이터는 제시된 퍼실리테이터 역량을 잘 살펴 보아야 한다.

KFA에서 제시하는 퍼실리테이터 역량은 기반 차원, 디자인 차원, 퍼실리테이션 차원으로 구분된다. 첫째, 기반 차원은 전문가 의식, 전문성 개발, 유연성이다. 둘째, 디자인 차원은 고객 니즈 파악, 협력관계 조성, 프로세스 설계이다. 셋째, 퍼실리테이션 차원의 역량으로는 참여환경 조성, 효과적 커뮤니케이션, 전문적인 퍼실리테이션, 상황관리, 리스크 관리, 명확한 결과 도출이 제시된다. KFA 역량을 숙지하고 그에 따른 설계와 시연은 필수이다. 시연 실습에 큰 걱정을 하는 분이 많다. 하지만 이미 KFA-CPF 자격시험에 도전하는 퍼실리테이터는 KFA에서 제시하는 역량을 퍼실리테이션 현장에서 체득하고 내재화 된 분들이기에 시연 실습에 대한 큰 걱정은 잠시 접어두자.

KFA-CF, KFA-CPF 도전에 망설이는 분들이 있다면 본인 스스로 평가하기가 쉽지 않으므로 인증자격 도전을 통해서 점검해 볼 것을 권유해 본다. 한 번에 합격하는 것도 좋지만 무엇보다 중요한 것은 내재화된 역량일 것이다. 본인의 역량은 본인이 가장 잘 알고 있을 것이기에 스스로를 점검하고 학습의 기회로 삼기 위한 도전의 시간을 권유해 본다.

◆

인증퍼실리테이터
자격 취득을 계획 중이라면?

　우리는 지금까지 인증자격 과정과 그 속에서의 경험을 살펴 보았다. 전문성을 갖추기 위해 준비하고 노력했던 자토모 멤버들의 경험 이후 갖게 된 성찰적 내용을 더 자세히 연결해 보려고 한다.

　자신의 퍼실리테이션 역량에 관심이 있다면 귀 기울여 이야기를 들어 보기 바란다. 같은 멤버들의 경험 이야기를 인터뷰하고 함께 정리해 놓았기에 반복되는 부분이 있을 수 있으나 이 또한 학습자의 자세로 중요한 부분임을 상기하면 더욱 도움이 될 수 있을 것이다.

　퍼실리테이터로 활동하기 위하여 가장 쉽게 접근할 수 있는 방법은 인증 과정을 거치고 당당히 전문 퍼실리테이터가 되는 것이다. 인증전문자격을 취득하게 되면 넓고 다양한 경험이 가능하게 되고 전혀 알지 못했던 퍼실리테이터들과 전국적으로 만나 폭넓은 경험을 쌓을 기회도 접할 수 있다.

다만 우리나라는 몇 년간 우후죽순 퍼실리테이션과 관련된 많은 자격증이 생겨났다. 비전과 공공의 의미를 가지고 준비된 과정들과 탁월한 사람들에 의해 만들어진 내용도 있겠지만 이를 뒷받침해 줄 수 있는 것은 공신력이 아닐까 한다.

자격증의 공신력이라고 하면 물론 국가 인증자격들도 많겠지만 여기에서 공신력이란 지속 가능함, 역량 및 성장의 포인트를 말하고 싶다. 그저 일련의 지식으로 혹은 정보로만 끝나는 과정이 아니라 하고자 하는 일에 시너지가 되고 새로움에 연결되며 경험적 성장을 할 수 있게 돕는 도구로서의 자격증을 일컫는다. 이 같은 자격증은 명백한 객관적 기준을 가지고 평가 및 역량 강화를 돕는다. 게다가 이 자격증과 인증교육 과정을 관리하는 플랫폼인 한국퍼실리테이터협회 역시 공신력 있는 관리 기관이라는 생각을 가지고 있다.

한국퍼실리테이터협회는 2009년, 5인의 KFA 발기 추진위원회가 구성되어 초대회장으로 윤경로(KFA-CPF), 2대 회장 방기택(KFA-CPF), 3대 회장 오우식(KFA-CPF), 4~5대 회장 이영석(KFA-CPF/ICA-CTF/ToP Trainer), 6~7대는 신좌섭(KFA-CPF/IAF-CPF) 회장이 역임하였다. 2022년 8월 한국퍼실리테이터협회 8대 회장으로 유희재(KFA-CPF/IAF-CPF)가 취임하여 협회의 정통성 유지와 정회원들의 원활한 교류의 장을 이어가고 있다.

우리는 각자 다른 곳에서 좀 더 넓고 깊어지는 퍼실리테이터가 되기 위해 인증과정을 거쳤다. 이와 같은 인증 도전 과정의 시간에 참고하면 도움이 될 내용을 살펴보자.

하나. 시뮬레이션 해보기

퍼실리테이션을 진행할 시 혹은 인증의 문턱을 넘기 위한 노력 중에는 원하는 결과의 모습을 생생하게 그려보는 것이 필요하다. 일어날 수 있는 상황, 대처 방법 등을 생각해보며 예상 질문을 만들어 보고 답변을 정리해 볼 필요가 있다. 때론 친구가 때론 자녀가 대상자가 되어 연습 상대가 될 수도 있다. 이러한 원하는 결과 그려보기를 매번 진행하다 보면 퍼실리테이션의 결과물 깊이가 남다르다는 것을 느낄 수 있다.

둘. 자신만의 특화된 강점을 어필하기

우선 주제를 선정할 시 자신이 관심 있는 주제를 선택한다. 왠지 있어 보이는 주제나 제목에 마음을 빼앗길 필요가 없다. 내가 잘 할 수 있는 것, 내가 진행해 봤던 것이면 더할 나위 없다. 주제가 선정되었다면 남들이 많이 하는 도구와 기법을 활용하기보다

는 역시나 자신의 색깔을 드러낼 수 있으면 좋다. 예를 들어 자신
이 그룹의 역동 관리에 자신이 있다면 그것을 보다 효과적으로 나
타낼 수 있는 도구와 기법을 고려하여 선정한 후 퍼실리테이션을
진행하는 것이다.

셋. 자신이 진행했던 실행 내역을 다시 검토하기

제3의 시각으로 나의 실행 내역 중 의문점이나 의구심이 드는
부분을 심사위원은 질문한다. 그 때 세션별 내가 활용했던 도구와
기법이 왜 사용되었는지 자신만의 답변을 가지고 있어야 한다. 보
다 효율성을 언급하는 피드백을 듣게 된다면 저항이나 변명하려
하지 말고 수용하는 자세로 다음 기회에 참고해 보겠노라 답변하
면 된다. 심사위원에게 굳이 자신이 진행했던 내용을 설득하려고
할 필요는 없다. 간혹 인증 대상자들은 심사위원의 질문이나 반
응에 긴장한 나머지 오해를 하여 대응(변명이라고도 할 수 있다)하는
반응을 보이는 이가 있다. 피드백을 평가나 충고로 여기기 때문인
데 이때 겸손하게 더 나은 퍼실리테이션을 하기 위한 경청 모드가
필요하다. 내가 경험했던 다양한 경험 속에서 성장한 내용이 나타
나고 느낌과 성찰적 내용을 답변한다면 긴장의 시험 시간이 아닌
즐기는 시간이 될 것이다.

넷. 인증은 끝이 아닌 시작이라고 생각하기

인증 이후의 계획과 도전에 대해 어필하면 좋다. 인증으로 말미암아 퍼실리테이션적 문화를 확산시키고 보다 성장할 가능성을 보여줘야 한다. 이는 인증 이후 자신의 퍼실리테이터로서의 여정에도 큰 도움이 된다. 본인이 더욱 집중하고 싶은 분야, 대상에 대해서도 고민하라. 어떤 분야에서, 어떤 사람들에게 퍼실리테이션으로 기여하며 살고 싶은가? 에 대해 미리 생각해 보면 도움이 될 것이다.

마지막으로 겸손하고 수용적 자세 지니기

거듭 말하지만 '말 한마디로 천 냥 빚을 갚는다.'라는 말이 있다. 가끔 발끈할 수 있는 발언을 일으키는 심사위원을 만날 수 있다. 예를 들어 '여기서 이 도구, 기법을 왜 썼는지 이해가 안 가네요. 퍼실리테이션을 한 것이 맞나요?' 등 표면적으로만 듣는다면 감정 조절이 필요한 순간인 것이다. 그러나 인증의 시간은 내가 잘하는 점만을 점검받는 것이 아닌 앞으로 얼마나 더 성장할 수 있는가의 가능성을 보여주는 시간이라고 생각한다면 자기 생각만을 고집하기보다는 겸손한 수용적 자세도 필요하다. 이를 형식적인 준비가 아닌 학습자의 자세로 배우고 돌아오는 시간으로 삼는다면 당신은 합격 소식을 주변 사람들에게 전하게 될 것이다.

각주에 안내된
퍼실리테이션 도구

FACILITATOR

- **그라운드 룰**Ground Rule 회의에 적용하기 위해 만든 규칙. 사전에 만들어서 제시하거나, 회의 시작 단계에 참여자들이 함께 만들어서 회의 중 적용함.

- **동의단계자**Gradient of Agreement Scale 합의에 따른 의사결정을 이끌어내기 위하여 참여자의 동의 정도를 단계별로 세분화하여 파악하는 척도. Sam Kanner, 『Facilitator's Guide to Participatory Decision-Making』(2014, Jossey-Bass)에서 8단계의 의사결정 합의의 수준이 소개됨.

- **디바이스**Device 온라인 회의 접속을 위한 기계장치. 스마트폰(핸드폰), 태블릿 PC, 랩톱(노트북), 데스크톱(PC) 등을 통칭함.

- **디자인 씽킹**Design Thinking 디자인 과정에서 디자이너가 활용하는 창의적인 전략이다. 디자인 씽킹은 또한 전문적인 디자인 관행

보다 문제를 숙고하고, 문제를 더 폭넓게 해결할 수 있기 위하여 이용할 수 있는 접근법임.

- **디지털 리터러시**Digital literacy 디지털 기기에 대한 이해와 활용능력.

- **리치 픽처**Rich Picture 참여자의 생각을 그림이나 이미지, 기호 등으로 표현하고 그룹의 숨어 있는 이슈와 문제를 찾아내는 데 활용되고 있음.

- **뮤랄**Mural 시각적 협업을 위한 디지털 작업공간.

- **미로**Miro 모든 팀을 위한 시각 협업 플랫폼(https://miro.com/ko/).

- **생각 주차장**Parking Lot 주제에서 벗어나는 주제로 가지 않도록 하면서, 아이디어 제안자를 존중하는 기법으로 의견을 담아두는 주차장의 역할을 함.

- **스티커 메모**Sticker Memo 온라인 회의에서 의견을 기록할 때 사용되고 있는 온라인 포스트잇. 회의에서 사용되는 온라인 화이트보드 도구에 따라 명칭이 조금씩 다름.

- **스티키노트**Sticky Note 포스트잇과 같은 접착식 메모지. 회의 중에는 개인의 의견을 기록하는 데 활용되고 있음.

- **알로**Allo 협업 워크스페이스 플랫폼(https://allo.io/).

- **웹엑스**Webex 온라인 회의를 할 수 있도록 만들어진 클라우드 플랫폼. 보안 기능이 강화되어 있음.

- **이해관계자 지도**Stakeholder Map 핵심 이해관계자들의 상호 연결 관계를 파악하고 동기와 니즈를 이해해 시각적으로 구성해 나타내는 방법으로 인식하지 못한 이해관계자를 밝힐 수 있음

- **잼보드**Jamboard 구글의 공동작업 디지털 화이트보드

- **줌**Zoom 온라인 회의를 할 수 있도록 만들어진 클라우드 플랫폼. 비디오와 오디오 회의, 채팅, 웨비나 등을 진행할 수 있도록 구현되어 있음.

- **체크인**Check-in 회의 시작 단계에서 주로 활용되고 있음. 빠른 속도로 돌아가면서, 이름과 어디에서 왔는지 소개함. 재미를 위해 동물과 같은 메타포를 사용하도록 요청할 수 있음. ICAInstitute of Cultural Affairs 한국지부인 ORP연구소에서 관련된 정식 교육을 받을 수 있음.

- **타임키퍼**Time Keeper 시간을 기록하는 사람. 회의 중에는 참여자들이 발언 시간을 균등하게 갖기 위해서 활용되고 있음.

- **토론의 전제**Working Assumption 토론에 참여하는 사람들을 위한 ICA에서 정리한 가정을 말함. '모든 사람에게 지혜가 있다.', '가장 현명한 결과를 얻기 위해서는 모든 사람의 지혜가 필요하다.', '틀린 답은 없다.', '전체는 어떤 부분의 합보다 크다.', '모든 사람이 경청하고 경청 받을 자격이 있다.'. ICAInstitute of Cultural Affairs 한국지부인 ORP연구소에서 관련된 정식 교육을 받을 수 있음.

- **토킹스틱**Talking Stick 발언권이 주어지는 작은 막대나 지팡이. 다른 사람이 끼어들거나 방해하지 못하도록 규칙을 정하고, 발언자의 말에만 경청할 수 있도록 활용되고 있음.

- **패들렛**Padlet 사람들과 콘텐츠를 만들고 공유할 수 있게 하는 웹사이트(https://padlet.com/).

- **포커스 퀘스천**Focus Question 집단이 작업을 시작하기 위한 출발점으로, 창의적인 답변을 유도하면서 집단의 관심을 특정한 주제에 맞추는 질문. '초점질문'이라고도 하며, ICAInstitute of Cultural Affairs 한국지부인 ORP연구소에서 관련된 정식 교육을 받을 수 있음.

- **CWM**Consensus Workshop Method 특정 주제에 초점을 둔 질문에 대해 브레인스토밍하게 하고, 카드나 플립차트에 그 답을 적게 함. 다음으로 아이디어를 범주화하고, 각 범주를 명명한 후, 토의 결과를 평가함. '합의형성기법'이라고도 하며, ICAInstitute of Cultural Affairs 한국지부인 ORP연구소에서 관련된 정식 교육을 받을 수 있음.

- **DVDM** Definition(정의), Value(가치), Difficulty(난관), Method(해법). 구기욱 쿠퍼실리테이션그룹 대표가 개발한 질문법.

- **GROW** Goal(목표), Reality(현실), Option(대안), Will/Wrap-up/Way-Forward(의지, 결론). 문제 해결, 목표 설정을 위한 기법으

로 영국에서 개발되었으며, 코칭에서 많이 활용되고 있음.

- **ORID**Focused Conversation Method Objective(사실확인 단계), Reflective (감정성찰 단계), Interpretive(의미해석 단계), Decisional(실행결정 단계). 상황을 설정하고, 개방형 질문을 활용하여 객관적 자료나 사실, 반영적 대답이나 (정서적)반응, 경험에 대한 해석, 결정을 차례로 이끌어냄. '집중대화기법'이라고 하며, ICAInstitute of Cultural Affairs 한국지부인 ORP연구소에서 관련된 정식 교육을 받을 수 있음.

- **SWOT 분석 도구** SWOT는 강점(Strength), 약점(Weakness), 기회 (Opportunity), 위협(Threat)의 머리글자를 모아 만든 단어로 경영 전략을 수립하기 위한 분석 도구임.

- **4F** Facts(사실), Feelings(감정), Findings(발견), Future(미래). 교육 전문가인 Dr Roger Greenaway 가 개발한 성찰 모델.

- **4R 모델**4R Model 현장에서 일어나는 상황들에 대해 퍼실리테이터 역량을 적용하면서 체계적이고 효과적으로 대응하기 위해, 박상신 퍼실리테이터가 개발한 4R 현장대응 모델.

퍼실리테이터
역량

FACILITATOR

1. 디자인 차원

역량	정의	하위요소	하위요소별 정의
고객 니즈 파악	능동적인 고객니즈 파악을 통해 문제의 핵심 상황과 원인을 파악하고 문제 해결의 목표를 구체화한다.	정보수집	능동적인 자세로 다양한 정보수집 방법을 활용하여 고객의 니즈를 파악한다.
		문제의 핵심 파악	다양한 관점으로 현상과 문제를 파악하여 해결해야 할 핵심이슈와 원인을 찾아낸다.
		구체적 목표 설정	고객이 워크숍을 통해 기대하고 달성하고자 하는 목표를 평가 가능한 언어적 표현을 사용하여 구체화한다.
협력관계 조성	문제 해결을 위해 얻고자 하는 결과에 대해 고객과 합의하고 이를 위한 상호 파트너십을 형성한다.	결과에 대한 합의	고객과 진행절차와 방법, 역할과 책임, 결과물의 내용과 형태, 기간 등에 대해 사전에 명확히 합의한다.
		파트너십 형성	고객과 사전에 관련 이슈에 대해 논의하고 워크숍 목표달성의 책임의식을 갖도록 유도한다.
		이해관계자 활용	다양한 이해관계자를 확인하고 영향력을 분석하여 협력을 이끌어내기 위한 방법을 활용한다.
프로세스 설계	고객 문제 해결에 적합한 워크숍의 프로세스와 방법을 설계하고 이를 위한 최적의 환경 요소를 설계에 반영한다.	고객니즈에 맞는 설계	이해관계자의 요구를 반영하고 문제 해결을 위한 구체적 프로세스를 설계한다.
		적절한 기법과 도구 사용	프로세스에 맞는 퍼실리테이션 방법과 도구를 선택하여 조직 및 참여자에 맞게 응용한다.
		최적의 환경 요소 설계 반영	효과적인 시간 배분과 공간을 활용하고 집단 역동을 일어나게 하는 참여자 구성과 상호작용 방법을 설계한다.

2. 퍼실리테이션 차원

역량	정의	하위요소	하위요소별 정의
참여환경 조성	워크숍 목적에 맞는 물리적 환경조성 및 라포형성과 긍정적 분위기 조성을 통해 참여자들의 참여를 촉진한다.	철저한 현장준비	워크숍 시작 전 물리적 환경을 조성하고, 갑작스러운 상황변화를 반영하여 신속히 설계를 변경한다.
		라포형성	워크숍 초기에 참여자와 신뢰 관계를 구축하도록 하고 안전한 발언 환경을 조성한다.
		참여 촉진	워크숍 실행 간 긍정적 분위기를 조성하여 상호 존중하고 참여를 촉진하여, 집단이 하나의 목표로 나아 갈 수 있도록 한다.
		참여 촉진	개인의 다양한 기대와 사고를 존중하고 참가자들의 불만족한 상황을 관찰하고 대응한다.
효과적 커뮤니케이션	참여자들의 이야기를 적극적 경청과 효과적 질문과 피드백을 통해 워크숍을 촉진한다.	적극적 경청	참가자의 말에 긍정적인 리액션을 보내고, 적극적으로 경청하여 참가자가 정확히 이해했는지 확인한다.
		효과적 질문 스킬	상황에 따른 다양한 질문기법을 활용하여 참여 유도와 창의적 아이디어를 도출하고, 필요 시 통찰력 있는 탐색적 질문을 사용한다.
		피드백 스킬	의미부여와 요약을 통해 공통의 이해를 이끌고, 참가자 행동에 대해 관찰하고 피드백한다.
		논리적 설득	핵심 메시지와 적합한 근거를 제시하여 논리적인 설명을 한다.
전문적 퍼실리테이션	다양한 퍼실리테이션 기법과 방법을 능숙하고 정확하게 구사하며, 상황에 맞게 변형하고 응용한다.	다양한 퍼실리테이션 방법 활용	참가자의 집단지성, 이해와 학습, 창의적 사고를 위한 다양한 그룹 프로세스 및 시각적 방법을 활용한다.
		숙련된 스킬 발휘	퍼실리테이션 도구와 방법의 원리에 대한 이해로 자신감 있게 다룬다.
		상황에 맞는 방법/스킬 응용	상황변화에 맞춰 도구나 방법, 프로세스를 변경한다.

역량	정의	하위요소	하위요소별 정의
상황관리	계획한 시간 내에 목표를 달성할 수 있도록 워크숍의 전체 흐름을 관리하며 상황에 맞게 대응한다.	목표관리	사전 계획과 목표를 유지하고 집중할 수 있도록 관리한다.
		진도관리	사전 취지에 벗어나지 않게 하고 예상치 못한 제약에도 계획했던 프로세스를 진전시킨다.
		시간관리	상황변화에 따라 참가자의 동의를 얻어 효과적인 시간관리를 한다.
		에너지관리	집단 전체의 에너지를 확인하고 소수의 의견을 존중하여 참여를 유지시킨다.
		기록관리	정확하고, 한눈에 볼 수 있도록 요약하여 기록한다.
리스크 관리	워크숍에서 발생하는 다양한 형태의 갈등과 저항에 효과적으로 개입하여 건설적 방향으로 진전시킨다.	저항극복	저항을 민감하게 파악하여 현상과 원인을 규명하고, 적절한 개입으로 건설적 방향으로 이끈다.
		돌발상황 대응	돌발상황에도 통제권을 확보하여 참가자의 목표에 대한 수용과 전체 흐름에 영향을 관리한다.
		갈등관리	갈등 상황에서의 상호 이해를 촉진하고, 대립을 조정하여 합의를 도출한다.
명확한 결과도출	워크숍의 결과물을 구체화하여 참여자들의 합의 수용을 이끌고 Follow-up을 촉진한다.	결과도출	아이디어를 체계적으로 정리하고 실행 가능한 형태로 구체화하여 목표에 부합하도록 결과를 도출한다.
		합의도출	결과물을 참가자의 이해를 돕기 위하여 효과적으로 공유하고, 집단의 사결정을 하여 합의를 형성한다.
		결과 F/U	결과물에 대한 논의와 참석자들의 실행 의지를 강화하여 Follow-up을 촉진한다.

3. 기반 차원

역량	정의	하위요소	하위요소별 정의
전문성 개발	성공적 퍼실리테이션을 위해 고객의 특성을 이해하고 다양한 퍼실리테이션 기법과 방법을 지속적으로 학습하고 적용한다.	철저한 사전학습	사전에 고객의 사업에 대한 깊이 있는 이해와 워크숍 진행과 관련된 기법과 기술을 숙지한다.
		퍼실리테이션 학습/적용	다양하고 새로운 퍼실리테이션 기법과 방법을 학습하고 적용한다.
		지속적 자기개발	연구와 학습에 지속적으로 참여하고, 관련 분야의 지식을 함양하며, 자신의 워크숍 결과에 대해 성찰하고 개선한다.
전문가 의식	전문 퍼실리테이터로서 중립성과 도덕성을 유지하며, 고객과의 약속을 준수하고 고객니즈를 충족시킨다.	중립성 유지	개인적 입장과 관계에서 벗어나 중립적인 자세로 객관적으로 행동한다.
		도덕성	퍼실리테이션의 발전을 위해 적극적으로 참여하고 사회에 긍정적인 영향을 미칠 수 있도록 행동한다.
			자신과 고객이 불리한 상황에서도 정직성을 유지하며 이해 간 상충이 있을 경우 파트너에게 밝혀 회피할 방법을 모색한다.
		책임감	고객이 원하는 바를 얻을 수 있도록 목표달성을 위해 최선을 다하고 결과물의 책임감을 가진다.
유연성	전문 퍼실리테이터로서 객관성과 중립성을 유지하면서, 다양한 관점에 대해 개방적이고 유연하게 대응한다.	상황적/행동적 민감성	워크숍 과정의 흐름과 참석자들의 중요한 변화를 파악하여 효과적으로 대응한다.
		자기조절	어떠한 어려움과 압박 속에서도 일관된 감정과 에너지를 유지하고 문제 해결을 위해 최선의 방법을 찾는다.
		유연한 태도	모든 과정에서 다양한 관점과 아이디어를 수용하여 상황에 유연하게 대처한다.

참고문헌과 자료

- 김용섭, 『언컨택트』, 2016, 퍼블리온.
- 김상욱, 『시스템 사고와 창의』, 2018, 충북대학교 출판부.
- 데이비드 피터 스트로, 신동숙 역, 『사회변화를 위한 시스템 사고』, 2022, 힐데와 소피.
- 데일헌터, 정혜선 역, 『그룹 시너지 창출 퍼실리테이션』, 2012, 시그마프레스.
- 리처드 G. 위버·존 D. 패럴, 송경근 역, 『우리가 열광하는 관리자 퍼실리테이터』, 2012, 한언.
- 마이클 윌킨슨, 고수일 역, 『회의에 날개를 달아주는 퍼실리테이션 스킬』, 2009, 다산서고.
- 문성홍, 『경험학습 퍼실리테이션』, 2021, 리얼 러닝.
- 브라이언 스탠필드, 이영석 역, 『컨센서스 워크숍 퍼실리테이션』, 2014, ORP PRESS.
- 샘 케이너외, 구기욱 역, 『민주적결정방법론-퍼실리테이션 가이드』, 2017, 쿠퍼북스.
- 스티븐 M.R.코비, 김경섭·정병창 역, 『신뢰의 속도』, 2009, 김영사.
- 웨인 다이어, 오현정 역, 『행복한 이기주의자』, 2019, 21세기북스.

- 유네스코 한국위원회 재발간, 『존재하기 위한 학습: 교육 세계의 오늘과 내일』, 2021, 유네스코 파리 국제교육발전위원회 보고서(1972).
- 유희재, 「퍼실리테이션의 영역과 인증자격」, 2017, 『HR insight』 750호, 102-105p.
- 이창준, 『미닝메이커』, 2022, 플랜비디자인.
- 마셜로젠버그, 캐서린 한 역, 『비폭력대화』, 2017, 한국NVC센터.
- 조지프 캠벨, 이윤기 역, 『천의 얼굴을 가진 영웅』, 2018, 민음사.
- 지용구, 『복잡성에 빠지다』, 2019, 미래의 창.
- Robert Kegan, 『The Evolving Self』, 1983, Harvard University Press.

독자 참여 공간

책을 읽으며 함께 생각을 나누어 보아요

오늘부터 퍼실리테이터

초판 1쇄 인쇄 2023년 5월 1일
초판 1쇄 발행 2023년 5월 22일

지은이 김재인, 박상신, 박주연, 우성희, 전현정, 한영숙, 허지은

편집 정대망
마케팅 총괄 임동건
마케팅 안보라
경영지원 임정혁, 이순미

펴낸이 최익성
펴낸곳 플랜비디자인

표지 디자인 e11even
내지 디자인 박은진

출판등록 제2016-000001호
주소 경기도 화성시 영천동 283-1 A동 3210호

전화 031-8050-0508
팩스 02-2179-8994
이메일 planbdesigncompany@gmail.com

ISBN 979-11-6832-050-5 (04320)